MARIUS SEPET

SAINT-GILDAS DE RHUS

APERÇU D'HISTOIRE MONASTIQUE

PARIS
ANCIENNE MAISON CHARLES DOUNIOL

Lk7
35735

SAINT-GILDAS DE RUIS

OUVRAGES DU MÊME AUTEUR

Jeanne d'Arc. Tours, Alfred Mame et fils. Editions diverses.

Gerbert et le changement de dynastie. Paris, Victor Palmé, 1870, in-8.

Le Drapeau de la France. Paris, Victor Palmé, 1873, in-12.

Les Prophètes du Christ. Etudes sur les origines du théâtre au moyen-âge. Paris, Didier, 1878, in-8.

Le Drame chrétien au moyen-âge. Paris, Didier, 1878, in-12.

Les Préliminaires de la Révolution. Paris, Retaux-Bray, 1890, in-18 jésus.

La Chute de l'ancienne France. — Les Débuts de la Révolution. Paris, Victor Retaux, 1893, in-18 jésus.

Napoléon, son caractère, son génie, son rôle historique. Paris, Perrin, 1894, in-12.

La Chute de l'ancienne France. — La Fédération. Paris, Victor Retaux, 1896, in-18 jésus.

En Congé. — Promenades et séjours. Paris, Téqui, 1898, in-12.

Les Maîtres de la poésie française. Tours, Alfred Mame et fils, 1898, gr. in-8.

Saint Louis, dans la collection « Les Saints ». Paris, Victor Lecoffre, 1898, in-12.

SOUS PRESSE

Voyages de corps et d'esprit.

EN PRÉPARATION

La Chute de l'ancienne France. — La Fuite du Roi. — La Constitution.

Les Origines du théâtre moderne. Essais et esquisses.

MARIUS SEPET

SAINT-GILDAS DE RUIS

APERÇUS D'HISTOIRE MONASTIQUE

PARIS
ANCIENNE MAISON CHARLES DOUNIOL
P. TÉQUI, SUCCESSEUR
29, rue de Tournon, 29
—
1900
TOUS DROITS RÉSERVÉS

AVANT-PROPOS

A la première page de cette étude on en trouvera indiqués l'origine et le caractère. Commencée pour en faire un article de revue, elle s'est étendue peu à peu aux proportions d'un volume. Cela montre l'intérêt qu'elle a eu pour nous. Nous souhaiterions naturellement que le lecteur en pensât de même.

Peut-être, s'il veut bien y prêter une attention favorable, les descriptions, les scènes successives et variées que renferme ce volume, depuis le sixième siècle jusqu'à nos jours, ne seront-elles pas pour lui sans utilité, ni sans agrément. Peut-être emportera-t-il en nous quittant une notion plus nette de quelques-uns des aspects de notre histoire religieuse, de nos institutions et de nos mœurs nationales, et de leurs vicissitudes à travers les âges.

L'étude sur Abélard, qui forme une notable partie de cet ouvrage, devrait, si notre intention avait été remplie, jeter un certain jour sur les origines du haut enseignement en France et sur les mœurs scolaires du douzième siècle. Nous avons essayé d'y donner une idée juste de la société cléricale de cette époque, des mouvements, des passions intellectuelles qui l'agitaient. Pour cela, comme du reste pour tout le livre, nous avons mis largement à profit les travaux de nos devanciers en telle ou telle voie. Nos sources ont été soigneusement indiquées soit dans le texte, soit dans les notes. Mais nous devons ici un témoignage particulier de reconnaissance aux beaux travaux de M. l'abbé Vacandard, qui honorent tant leur auteur et tout le clergé de France.

Nous avons, dans ces *Aperçus*, voulu présenter les choses comme elles ont été. L'histoire n'est ni un panégyrique, ni une satire ; c'est un tableau. La moralité qui en dérive tient à son exactitude même.

Clamart, le 28 décembre 1899.

SAINT-GILDAS DE RUIS

APERÇUS D'HISTOIRE MONASTIQUE

Durant l'agréable séjour que nous fîmes avec notre famille, au mois d'août 1897, dans le couvent des religieuses de la Charité de Saint-Louis, à Saint-Gildas de Ruis (1), hospitalière maison qui, chaque année, reçoit, au profit de l'orphelinat qu'elle abrite, d'assez nombreux pensionnaires durant la saison des bains, il n'était guère possible que, les yeux si souvent fixés sur la vieille église abbatiale, paroissiale aujourd'hui, qui domine le cloître sur lequel s'ouvraient nos fenêtres, nous ne fussions pas attirés par la perspective de haute et lointaine histoire qu'un tel spectacle évoquait devant les regards de notre esprit. Les lectures faites, les renseignements recueillis dans la maison même, les recherches reprises et poursuivies depuis

(1) Voir le récit de ce séjour dans notre volume actuellement sous presse : *Voyages de corps et d'esprit*.

notre retour, nous ont suggéré l'idée du présent travail, qui n'est pas, à proprement parler, une monographie complète et détaillée de Saint-Gildas, mais un coup d'œil, ou, pour mieux dire, une série d'aperçus, qui ne nous ont pas paru dépourvus d'intérêt et d'utilité, sur les vicissitudes d'un monastère neuf fois séculaire, dont l'histoire se rattache par des points successifs et variés, quelquefois saillants, à quelques-uns des événements, des épisodes, des institutions, des personnages importants du passé, antique ou récent, de l'Eglise et de la France, et se relie, dans tout son cours, aux caractères divers, aux aspects pittoresques et changeants de l'histoire des mœurs. Nous l'avons un peu conçu comme une sorte de voyage, accompli dans le temps au lieu de l'être dans l'espace, et pour lequel nous demandons qu'on veuille bien nous concéder, à l'occasion, les détours, les excursions, les ascensions, les rencontres, les incidents, les insistances, quelque chose, en un mot, de la liberté et de l'imprévu qui ne sont précisément pas, croyons-nous, le moindre agrément des voyages proprement dits.

I

LE MONASTÈRE CELTIQUE

On n'admirera jamais trop la puissance de conquête et d'assimilation des Romains. Non seulement les légions de César restèrent maîtresses du sol de la Gaule, mais, à leur suite, s'y implantèrent de façon indéracinable la législation, la langue et l'esprit de la cité universelle. Au début du cinquième siècle, à la veille des invasions, il n'y subsistait plus que d'assez faibles vestiges du vieux fond celtique, même à cette extrémité orientale du territoire, dans cette péninsule armoricaine, où il semblerait au premier abord (et l'histoire s'y est longtemps trompée) que l'idiome et les mœurs des contemporains de Vercingétorix eussent dû trouver un dernier et inexpugnable refuge. Selon l'expression d'un critique de première autorité sur ce sujet, l'Armorique est alors « un pays romanisé » (1). Aussi est-ce moins un fait de race que de situation géographique, auquel il faut attribuer l'indépendance éphémère conquise par la péninsule, durant l'agonie de l'empire d'Occident et la première période de la conquête germanique. « Vers 408, comme l'expose le même critique (2), les Armoricains, ainsi que les habitants des autres provinces gauloises, prennent les armes et chassent les magistrats romains, qui ne savent pas les défendre et ne font que les pressurer. Honorius, en 411, envoie une armée contre les Barbares qui désolaient la Gaule ; il est vainqueur et les provinces révoltées se soumettent. En 417, Exuperantius est gouverneur de l'Armorique. Les cités armoricaines s'étant révoltées (443 ?), Aetius lance contre elles un chef alain, Eocarich. Saint Germain d'Auxerre, venant de Grande-Bretagne, intervient, arrête Eocarich et se rend à Ravenne auprès de l'Empereur, pour intercéder en faveur des Armoricains. Au moment où il revient éclate une nouvelle révolte des cités. Elle fut sans doute promptement étouffée, la Gaule, d'après Sidoine Apollinaire, obéissant tout entière aux préfets de Valentinien III. Les Armoricains secondent

---

(1) J. Loth, *L'Emigration bretonne du Ve au VIIe siècle de notre ère*. Rennes, 1883, in-8, p. 92.
(2) Ouvrage cité, pp. 72-73.

les efforts des Romains pour repousser les tentatives des Visigoths sur les pays situés au-delà du Rhône. Lorsque la puissance romaine est définitivement brisée par les Francs dans les Gaules, ils forment une confédération indépendante et se défendent vigoureusement contre les Francs. Ceux-ci devenus chrétiens, un accord intervient entre eux et les Armoricains. Les soldats romains isolés en Armorique se mêlent aux Armoricains en paix avec les Francs, mais leurs descendants restent encore reconnaissables à certaines habitudes militaires particulières. Par cet accord avec les Armoricains, la domination de Clovis se trouve étendue de la Seine à la Loire. »

Si la conversion de Clovis et de ses Francs facilita leur entente avec les Armoricains, c'est que ceux-ci, comme la grande majorité des Gallo-Romains, étaient chrétiens lors de l'invasion germanique. Trois sièges épiscopaux, Nantes, Rennes et Vannes, se partageaient, à l'époque de Clovis, la juridiction sur la péninsule (1). L'apostolat du grand évêque de Tours, saint Martin, pour la propagation du christianisme jusqu'aux dernières couches de la population rurale de Gaule, œuvre continuée par ses disci-

(1) J. Loth, ouvrage cité, pp. 74, 75.

Contraste insuffisant

NF Z 43-120-14

ples, avait eu son effet jusqu'au fond de l'Armorique, où il semble toutefois que subsistassent encore au V° et au VI° siècles un nombre assez notable de paysans païens, adonnés à une idolatrie superstitieuse, qui conservait sans doute en cette région certaines traces plus ou moins marquées de l'ancienne religion celtique et de l'enseignement druitique (1). Mais ces paysans mêmes ne parlaient plus le vieux gaulois ; leur langue était le latin vulgaire, alors déjà en cours d'évolution pour devenir le *roman*, puis le français (2). Les dialectes celtiques encore aujourd'hui vivants ou demi-vivants dans une partie de la péninsule et les populations qui les parlent sont issus d'une tout autre origine. Le nom même qui maintenant sert à désigner l'ancienne Armorique est une importation d'outremer. La Bretagne du temps de Clovis, c'était l'Angleterre ou Grande-Bretagne d'aujourd'hui.

La grande île, peuplée de Celtes comme le continent gaulois, avait comme lui éprouvé la puissance de Rome, mais plus tardivement et

---

(1) J. Loth, ouvrage cité, p. 75. Cf. A. de la Borderie, *Etudes historiques bretonnes. Gildas et Merlin*. Paris, Champion, 1884, in-8. *Du rôle historique des saints de Bretagne*, p. 137.

(2) Cf. *Romania* (article de M. G. Paris), t. XIII (1884), p. 438. — A. de la Borderie, *Histoire de Bretagne*, Rennes, Plisson et Hervé ; Paris, Alphonse Picard, 1890, in-4, pp. 146, 175 et suiv., 186, 187, 198 et suiv.

avec un effet moindre. Commencée à une date ultérieure, la conquête avait dû se borner à une partie du territoire, dont la colonisation, gênée, puis interrompue par la décadence croissante de l'empire, était demeurée très imparfaite. En 407 les troupes romaines de Bretagne furent rappelées pour renforcer, inutilement d'ailleurs, la résistance à l'inondation barbare qui menaçait l'Italie et qui allait se déverser victorieusement sur la Gaule.

Leur départ laissa en Bretagne non pas comme chez nous des populations latinisées, mais des Bretons, ayant reçu sans doute la marque romaine, mais restés pourtant dans leur ensemble des Celtes de langue et de mœurs, et que leur contact, bien qu'hostile, avec les Pictes et les Scots, demeurés toujours indépendants, contribua sans doute à ramener aux coutumes de leurs ancêtres, qui florissaient également alors en toute liberté dans l'île voisine d'Hibernie, qu'on appela depuis Irlande. Toutefois, le christianisme apporté aux Bretons par des missionnaires venus de Gaule, ne se retira point avec les soldats romains ; il s'affermit au contraire et se développa dans la Grande-Bretagne durant le cours du cinquième siècle. On vit même s'y épanouir une culture ecclésiastique assez brillante, due, à ce qu'il semble, à l'influence de saint Germain d'Auxerre qui, à deux reprises, en 430 et en 447, passa la mer pour combattre la propagation dans l'église bretonne de l'hérésie du moine Pélage, lui-même breton d'origine. Un trait caractéristique de cette église, que saint Germain, s'il n'en fut pas l'initiateur, dut en tout cas, d'après ses sentiments connus, plutôt fortifier qu'atténuer en elle, ce fut la prépondérance croissante dans son organisation de l'élément monastique, transmis d'Orient en Occident par saint Athanase, et sans doute de Gaule en Grande-Bretagne par quelques-uns des disciples ou des imitateurs des grandes fondations de Marmoutier et de Lérins. Cette prépondérance paraît du reste avoir eu ici un rapport spécial avec l'organisation civile et politique des Bretons retournés aux vieilles mœurs celtiques, c'est-à-dire qui avaient repris le système antique et patriarcal de la tribu, du clan, auquel s'adaptait particulièrement bien la vie monastique (1).

Mais, d'autre part, cette constitution traditionnelle maintenait le fractionnement de la race en petites peuplades, dont les petits chefs, sous le nom de rois, avaient sur leurs sujets une

(1) J. Loth, ouvrage cité, pp. 85 et suiv., 131, 132 et suiv., 138, 139. — A. de la Borderie, *Etudes historiques bretonnes. Saint Gildas, l'historien des Bretons*, p. 217 et suiv. — Montalembert, *Les Moines d'Occident*, T. I, 5ᵉ édition, p. 225 et suiv., T. III, 4ᵉ édition, pp. 17-19.

autorité peu étendue et peu solide, et de plus, ajoutant leurs querelles particulières aux dissidences et rancunes de clans, se livraient entre eux de continuels et sanglants combats. Cette anarchie livra la Grande-Bretagne à l'invasion germanique, comme l'épuisement d'énergie propre, lors de la chute de l'empire romain, y avait livré la Gaule. Imprudemment appelés de leurs cantonnements d'outre-mer, comme auxiliaires dans ces guerres civiles, les Angles et les Saxons, païens encore, passèrent de leur sol natal dans la grande île du nord-ouest, et y ayant pris pied, s'y trouvant bien, refusèrent de la quitter et commencèrent à la conquérir. Une lutte acharnée s'engagea, qui dura un siècle et demi, mais où les Bretons, malgré une résistance opiniâtre, furent vaincus et refoulés.

« Vers l'an 450, dit un récent et éloquent historien de l'apôtre romain de l'Angleterre(1), commence en Grande-Bretagne l'invasion saxonne. Une cinquantaine d'années après, les lieux de débarquement et les premières conquêtes ne forment encore sur les côtes de la grande île, à l'est et au sud, qu'une suite de postes sans cohésion. Au milieu du sixième siècle, les zones

(1) *Saint Augustin de Canterbury et ses compagnons*, par le R. P. Brou, S. J., dans la collection : «*Les Saints*» Paris, Victor Lecoffre, 1897, in-18, pp. 1-3.

de conquête ont grandi jusqu'à se rejoindre ; la race teutonne occupe une bande large et irrégulière qui fait, presque sans déchirure, le tour de la moitié de l'île. Mais toujours de nouvelles masses arrivent de Germanie ; c'est un courant continu, certains cantons d'Allemagne en sont dépeuplés. Le Kent est si bien envahi qu'il n'y reste pas un Breton : il est vrai qu'il a fallu près de dix ans pour anéantir les Celtes et les déloger de leurs inexpugnables forteresses de la forêt d'Anderida. Le Wessex met vingt-six ans à se fonder dans le sud ; puis, à cet endroit, l'invasion s'arrête pendant un demi-siècle et ne reprend que plus tard sa marche envahissante. Sur la côte orientale, les tribus germaines affluent toujours, hommes, femmes, troupeaux. La poussée vers l'intérieur est irrésistible, Les Bretons sont chassés de partout, ne gardant vers la seconde moitié du sixième siècle que la vallée de la Tamise jusqu'à Londres.

« Invasion féroce, au moins dans les premiers temps. La résistance des Bretons, qui avaient retrouvé l'énergie d'autrefois, exaspérait les hordes Jutes et Saxonnes. Par malheur, l'ensemble manquait dans la résistance plus encore peut-être que dans l'attaque. Si les chefs germains agissaient chacun pour son propre compte, les roitelets bretons ne s'inspiraient que de leurs dangers personnels. L'histoire de la guerre contre les Romains recommençait ; efforts héroïques, magnifiques coups de main, mais insouciance et égoïsme. On ne secouait son indifférence que lorsque, gagnant de proche en proche, les Saxons étaient en vue.

« Le moine Gildas, qui, du fond du pays de Galles, assistait à ces déroutes continues. s'écriait dans son style étrange : « Juste châtiment des anciens crimes, d'une mer à l'autre mer s'étala l'incendie venu d'Orient, attisé par des mains sacrilèges, dévastant les villes et les campagnes, et ne s'arrêtant que lorsque sa langue rouge et sauvage eût léché à peu près toute la surface de l'île, jusqu'à l'Océan occidental... Alors, sous les coups de bélier, les villes croulaient, les habitants, avec les chefs de leurs églises, les clercs et tout le peuple... parmi les crépitements de la flamme tombaient morts à terre. Effroyable spectacle! à travers les places publiques, portes des tours arrachées de leurs gonds, pierres des murs, saints autels, cadavres en lambeaux, rouges de sang coagulé et à demi gelé, tout était mêlé, broyé, comme sous un épouvantable pressoir. Pas d'autre sépulture que les maisons en ruines où le ventre des bêtes et des oiseaux de proie ; je ne parle pas de l'âme des saints, si toutefois il s'en est trouvé beaucoup que les anges aient pu, en ce temps-là, porter dans les hauteurs des cieux... Combien de ces misérables, poursuivis jusque dans la montagne, étaient égorgés par masses! d'autres, mourant de faim, se livraient pour toujours en esclaves, trop heureux d'échapper pour une heure à la mort. Il y en avait qui passaient la mer avec de grands gémissements, et sous les voiles gonflées, ils chantaient en ramant : *Dedisti nos tanquam oves escarum, et in gentiles dispersisti nos, Deus.* Quelques uns, retranchés dans les montagnes, au milieu des précipices, dans les forêts épaisses, sur les rochers de la mer, toujours au guet et tremblants, gardaient pourtant une patrie. »

Le moine Gildas se lamentait en ces termes tout pleins d'une expressive et lyrique véhémence, dans l'ouvrage spécial qu'il composa sur les causes de la ruine de sa patrie : *De excidio Britanniæ.* Il était l'une des lumières de l'Eglise bretonne au sixième siècle. Né dans les dernières années du siècle précédent ou dans les premières années de celui-ci, il avait participé avec une vaillante ferveur à la renaissance de zèle apostolique et de culture littéraire dont la mission de saint Germain semble avoir été le point de départ. Il est difficile de dégager les traits exacts de sa carrière de la confusion des traditions et des légendes qui se sont accumulées autour de son nom (1). Mais il paraît avoir agi dans une double voie : l'évangélisation de la Bretagne du nord et de l'Irlande, dont la conversion, commencée au cinquième siècle, laissait encore beaucoup à faire ; la réforme de la chrétienté bretonne, en proie au relâchement du clergé séculier et à la cruauté licencieuse des roitelets, que de continuelles guerres civiles et la lutte acharnée contre les envahisseurs saxons avaient ramenés, eux et leurs sujets, à une quasi-barbarie. Il faut entendre de quel ton l'ardent et terrible saint les gourmande: « La Bretagne a des rois, elle a des juges ; mais ces juges sont impies et ces rois sont des tyrans. Ils ne pillent et ne foulent que les innocents ; ne vengent et ne patronnent que les scélérats et les voleurs. Ils ont plusieurs femmes, mais ce sont des courtisanes et des adultères. Ils jurent souvent, mais se parjurent ; font des vœux, et les rompent immédiatement ; ils prennent les armes mais toujours contre

(1) Cf. l'intéressant travail de M. de la Borderie, *Saint Gildas, l'historien des Bretons*, ouvrage cité, p. 217 et suiv. — *Romania*, t. XII (1883), p. 628 ; t. XIV (1885) p. 175. — Th. Mommsen et H. Zimmer, dans *Monumenta Germaniæ historica. Auctorum antiquissimorum*, t. XIII, pp. 4 et 6. — *Analecta Bollandiana*, t. XV (1896), pp. 352 et 353.

leurs concitoyens et contre la justice. Ils poursuivent volontiers les voleurs à travers champs ; mais les larrons qui siègent à leur table, ils les aiment, ils les comblent de présents. Ils font de larges aumônes, mais ils entassent sur leurs têtes des montagnes de crimes. Ils siègent dans la chaire des juges, mais ne s'inquiètent guère des règles de la justice. Ils méprisent les innocents et les humbles ; mais les hommes de sang les orgueilleux, les parricides, les adultères, tous les ennemis de Dieu, loin de les détruire, eux et leur nom, comme ils le devraient lorsque l'occasion s'en offre, ils les portent aux nues de tout leur pouvoir. Ils ont dans leurs prisons des captifs, que la fraude plus que la justice a chargés de chaînes. Ils se présentent devant les autels pour prêter serment ; l'instant d'après ils les foulent aux pieds comme des pierres souillées de boue. » — « La paix de la patrie, crie-t-il à l'un d'eux, tu la détestes autant qu'on peut détester un serpent venimeux. Les guerres civiles et les brigandages, tu en as toujours soif. Resté seul dès à présent comme un arbre desséché au milieu de la plaine, rappelle-toi, je t'en prie, la vaine présomption de tes pères et de tes frères et leur mort précoce en pleine jeunesse. Crois-tu donc, pour tes religieux mérites, obtenir de vivre cent ans, ou peut-être même autant que Mathusalem ?

Non ! non ! Mais si tu tardes à revenir à Dieu, il ne tardera pas à brandir son glaive contre toi, ce Roi qui par son prophète dit : « Je donne la mort et la vie ; je frappe et je guéris, et nul ne peut fuir ma main (1). »

Pour le double but qu'il poursuivait, saint Gildas employait le même moyen : le développement et la propagation de l'institut monastique, si conforme, nous l'avons dit, aux mœurs de sa race. Une part considérable et une influence décisive devaient revenir à cet institut dans l'un des évènements principaux des temps barbares et de l'histoire des Bretons : l'émigration dans la péninsule armoricaine des peuplades de la grande île, écrasées, refoulées par les Anglo-Saxons, et la colonisation à nouveau, sous la direction des moines celtiques, d'une portion considérable de cette région, qui devait prendre en conséquence le nom de Bretagne, qu'elle conserve encore aujourd'hui, tandis que la domination, de jour en jour plus étendue, des conquérants germaniques imposerait à la Bretagne d'autrefois, concurremment avec le nom de Grande-Bretagne, celui de terre des Angles ou Angleterre.

« L'émigration bretonne en Armorique, du Ve

---

(1) La Borderie, ouvrage cité, pp. 307, 310.

au VII⁰ siècle de notre ère, dit M. Loth (1), est un des faits les mieux prouvés de l'histoire.

« Au V⁰ siècle, la péninsule armoricaine, comprenant les cités des Namnètes, Redones, Veneti, Ossismii, Curiosolites, est complètement romaine de langue et de culture. Son sol est sillonné de voies romaines reliant des villes importantes, situées pour la plupart sur le littotoral : le centre de la péninsule, couvert de forêts, est peu peuplé. Les habitants sont en grande partie chrétiens : les cités des Namnètes, des Redones, des Veneti, sont constituées en évêchés.

« Au VI⁰ siècle, la péninsule armoricaine, moins la plus grande partie du territoire des Redones, des Namnètes et un coin du pays des Veneti, a entièrement changé de face : nom, langue, mœurs, tout y est transformé. Au lieu d'Armoricains alliés des Francs, on voit apparaître des Bretons, leurs ennemis déclarés. Sans parler du témoignage des hagiographes et des historiens, le nom de ce peuple, sa langue, le nom de ses plus importantes tribus, nous apprennent qu'il vient de l'île de Bretagne et principalement de l'ouest et du sud-ouest. Une première invasion des Angles et des Saxons a

(1) Ouvrage cité, pp. 235-237.

déterminé, vers le milieu du V° siècle, dans ce pays, un mouvement d'émigration. C'est à la panique causée par la brusque attaque de ces peuples germains que nous devons l'apparition sur le continent des douze mille Bretons de Riothime, à la solde de l'empereur Anthémius contre les Visigoths, et peut-être aussi la fondation de Coriosopitum (Quimper) par les Cornovii insulaires. Le gros des émigrés ne paraît pas cependant avoir quitté l'île avant les premières années du VI° siècle ; c'est seulement à cette époque que les deux principales tribus passées en Armorique, les Cornovii et les Domnonii, se trouvent en contact direct avec les envahisseurs. L'émigration a dû se continuer pendant tout le cours du VI° siècle, comme le montrent quelques vies de saints. Le territoire des Cornovii en Grande-Bretagne n'a été complètement occupé que vers 607.

« Les Domnonii couvrent tout le littoral nord de la péninsule armoricaine depuis le Couesnon jusqu'à la rade de Brest. De bonne heure, les pagi d'Ach et de Léon forment une principauté gouvernée par des chefs particuliers, sous la suzeraineté des rois de Domnonée. Les Cornovii s'emparent de tout le territoire situé entre la rade de Brest, les monts d'Arrée, l'Océan, l'Ellé, le Blavet, l'Oust et la source du Leff. A l'ouest, sur la rive gauche de l'Ellé et du Blavet, sont cantonnés les Bretons de Bro-Waroch, dont le pays est ainsi appelé du nom de leur plus glorieux chef au VI° siècle. Nous ne savons pas exactement de quel point de l'île de Bretagne ils sont partis. Ils se répandent autour de la ville de Vannes ; leur avant-garde, dès la première moitié du VI° siècle, est solidement établie dans la presqu'île de Guérande. C'est cette peuplade belliqueuse qui mène la lutte contre les Francs : il n'est guère question que d'elle parmi les peuplades bretonnes, chez les écrivains mérovingiens et carlovingiens.

« Les Bretons sortent d'un pays qui a été longtemps sous la domination de Rome, mais que la civilisation romaine n'a pas assimilé. Quelques mots latins dans leur langue, des ruines romaines sur le sol de la Bretagne, sont à peu près les seules marques du passage des Romains. Les Bretons sont chrétiens. Les émigrants comptent dans leurs rangs un très grand nombre de moines. Les monastères s'élèvent rapidement en Armorique. Plusieurs deviennent des centres de population importants. Les monastères de Samson à Dol, de Malo à Lan-Aleth, de Brieuc à la place où s'élève la ville de Saint-Brieuc, de Tutwal à Tréguier, deviennent le berceau d'autant d'évêchés. Leur juridiction, d'abord sans doute mal définie, ne tarde pas à se renfermer dans des bornes précises. Noménoé, au IX° siècle, n'a pas eu à créer d'évêchés à Dol, Saint-Brieuc, Aleth et Tréguier : il n'a fait que reconnaître un fait accompli, lui donner une consécration officielle et aussi séparer nettement la dignité épiscopale de la dignité abbatiale, qui, sinon de droit, au moins de fait, paraissent avoir été inséparables jusqu'au IX° siècle, dans ces circonscriptions religieuses. Les évêchés de Cornouailles et de Léon, fondés par des moines insulaires, semblent, de tous les évêchés bretons, avoir eu les premiers une existence officielle et régulière. Le principe qui a présidé à la formation des évêchés bretons est le même qui a dicté la transformation des cités en évêchés, avec cette seule différence qu'il ne s'agit pas de cités gallo-romaines, mais de tribus bretonnes. »

« Ce qu'on doit entendre par le mot d'*émigration bretonne*, dit M. de la Borderie (1), c'est l'ensemble de toutes les bandes d'émigrés, plus ou moins nombreuses, qui durant plus d'un siècle, à partir de l'an 460 environ, sont venues successivement et presque incessamment débarquer en Armorique. Si, parmi ces bandes,

(1) *Du rôle historique des saints de Bretagne*, ouvrage cité (*Etudes historiques bretonnes*), pp. 123-136. — Cf. *Histoire de Bretagne*, t. I, p. 280 et suiv.

beaucoup étaient conduites par des chefs militaires, un grand nombre aussi devaient avoir pour guides des chefs ecclésiastiques...

« Ouvrons les Actes anciens des saints qui sont venus de l'île s'établir en notre péninsule, tous y arrivent avec des armées de disciples : saint Tudual en avait soixante-douze, saint Léonore soixante-treize, saint Brioc (ou Brieuc) cent soixante-huit, etc. Ces chiffres élevés eussent déjà pu faire soupçonner aux historiens que les émigrations de nos saints étaient plus que des émigrations individuelles; mais parce que les légendes citent toujours les clercs en première ligne et ne donnent jamais le chiffre des émigrants laïques dont ceux-ci se trouvaient accompagnés, ils se sont apparemment imaginé que les bandes venues en Armorique à la suite des saints de l'île de Bretagne étaient purement ecclésiastiques. Grande erreur, comme on va le voir, et là-dessus nous en appelons aux légendes elles-mêmes. Dans les Actes de saint Paul Aurélien, premier évêque de Léon, on lit ce qui suit, au sujet du passage de ce saint en Armorique : « Il avait avec lui douze prêtres du Christ, beaucoup d'autres personnes qui lui étaient attachées, soit par les liens du sang, soit par ceux de l'affection, et un nombre d'esclaves proportionné »

« Ce n'est donc pas seulement leurs disciples, leurs clercs, que les moines et les évêques de l'île de Bretagne emmènent avec eux sur le continent : c'est aussi leurs parents, leurs amis, les serviteurs de leurs amis et de leurs parents. Et l'on sait comme est compréhensif chez la race bretonne ce terme de *parents* : au Xe siècle, dans les lois Cambriennes, les liens de la parenté *légale*, déjà sans doute plus restreinte qu'au VIe siècle, s'étendaient jusqu'au dix-huitième degré. On peut juger par là de l'importance des émigrations dirigées par nos saints. Et le fait relevé dans la vie de saint Paul n'est point exceptionnel. On en retrouve plusieurs fois la confirmation dans les légendes originales qui nous restent, encore bien que ces légendes, aujourd'hui malheureusement en petit nombre, soient généralement peu explicites. Les Actes de saint Magloire, entre autres, nous disent formellement que saint Samson (cousin de saint Magloire) passa en Armorique *cum tam clericorum quam laïcorum collegio*. Et si l'on veut encore quelque chose, non de plus concluant, mais de plus explicite, qu'on lise les Actes de saint Teliau. — Une épidémie cruelle, connue sous le nom de *peste jaune*, désolait la Cambrie, emportant les hommes et les animaux, semant partout la mort. Saint Teliau, évêque de Landaff, primat de tout le Deheubarth (South-Wales actuel) tenta de fléchir le courroux céleste.

« Alors (nous disent ses Actes), grâce aux prières de saint Teliau et de plusieurs autres saints, la colère divine s'apaisa quelque peu ; et Teliau, sur un avertissement venu du ciel, se réfugia en des régions lointaines avec tous ceux que le fléau n'avait point encore moissonnés (*cum his qui residui fuerant*). Et voici comment cela s'accomplit. Un ange dit à Teliau : — Lève-toi, rassemble les débris de ta nation (*reliquias gentis tuæ*), et te mettant à leur tête va-t-en au pays d'outre-mer. — Saint Teliau se leva donc, et emmenant avec lui plusieurs évêques ses suffragants, et des personnes de toutes les classes, et des hommes et des femmes, il gagna d'abord le Cornwall; puis de là se rendit avec tous ses compagnons chez les habitants de l'Armorique qui lui firent un accueil empressé. »

« Ce texte n'a pas besoin de commentaire. Il y a, à la suite de saint Teliau, non seulement des clercs, non seulement des parents et des amis, mais des gens de tout sexe et de toute condition, une nation ou au moins une tribu tout entière. Objectera-t-on qu'ici la cause de l'émigration, c'est la peste jaune, non l'invasion saxonne ; l'épidémie, non la guerre? Cause pour cause, il n'importe, puisque le fait est le même et du même temps. Il s'agit toujours d'une émigration *outremer* : et pourrait-on nous dire en quoi il eût répugné davantage aux Bretons de prendre pour guides leurs chefs ecclésastiques quand ils émigraient devant la peste ?

« Voici donc le résultat que nous pouvons constater :

« Les émigrations de nos saints sont autre chose que des émigrations individuelles ou des émigrations purement ecclésiastiques. Ce sont des bandes véritables, des clans, et quelquefois des tribus que les moines et les évêques de l'île de Bretagne amènent avec eux dans notre péninsule ; — ou du moins de ces tribus et de ces clans ce que le fer et la peste ont épargné.

« Et il n'est pas téméraire d'affirmer qu'à chaque saint qui débarque en Armorique venant de la Grande-Bretagne, c'est une nouvelle bande d'émigrés qui débarque avec lui. Fait laissé dans l'ombre jusqu'ici, et qui n'en sera pas moins très fécond quand on voudra étudier d'une manière sérieuse l'histoire de l'émigration bretonne.

« Nous savons donc maintenant que, dans cette émigration, l'élément ecclésiastique et en particulier les saints, tiennent une place immense ; nous savons que les moines et les évêques de l'île de Bretagne ont partagé avec les chefs de guerre l'important privilège de guider sur les flots les barques des émigrants bretons ; nous savons pourquoi, enfin, de ces barques fugitives, par dessus le concert varié des lamentations individuelles, monte et s'élève, comme la voix du commandant, la solennelle psalmodie des chants ecclésiastiques. »

Parmi les monastères édifiés en Armorique par les émigrés bretons du sixième siècle, nous en remarquons un pittoresquement situé sur une colline dominant la mer et les rochers qui la bordent, à l'extrémité d'une des presqu'îles du pays vannetais, terre aujourd'hui fertile et plantureuse, alors en grande partie couverte de bois, « rudement assaillie au sud par l'Océan grondeur, doucement caressée au nord par le calme Morbihan » (1) ; nous en remarquons un dont le nom de *Ruis*, dans les textes anciens *Reum-Visii*, serait celtique et rappellerait l'origine de ses premiers moines. « La dernière partie du nom se retrouve dans Caer-Wys, dans le comté de Flint (Nord-Galles), et probablement aussi dans Powys (Pou-Vis, pays de Vis?), partie est de la Cambrie (2). » Le nom de son patron est plus significatif encore. La tradition, recueillie au onzième siècle dans un texte dont

---

(1) La Borderie, *Saint Gildas, l'historien des Bretons*, ouvrage cité, p. 262.
(2) J. Loth, ouvrage cité, p. 187.

les sources diverses et l'exacte valeur historique ne sont pas encore déterminées avec certitude, en attribue directement la fondation à l'illustre apôtre et amer censeur de ses concitoyens, Gildas, surnommé le Sage, dont nous écoutions tout à l'heure les lamentations douloureuses et les accents indignés (1).

Le monastère de Saint-Gildas de Ruis fut certainement, dans la période d'occupation et de colonisation bretonne de la péninsule armoricaine, du sixième au dixième siècle, l'un des centres religieux les plus importants et les plus renommés de la nouvelle nation celtique.

Par un procédé de comparaison et d'induc-

(1) L'identité du fondateur de Ruis et de l'auteur du *De excidio Britanniæ*, admise déjà par Mabillon, l'est également par MM. de la Borderie et Loth, Mommsen et Zimmer. Assurément, ce sont là des autorités du plus grand poids. Toutefois, avouons-le, nous n'oserions pas être aussi affirmatif. Cette identité, dans l'état actuel de notre information, ne nous semble ni absolument invraisemblable, ni non plus indiscutable. — Si, en conséquence de nouvelles recherches, la critique en venait à distinguer deux saints contemporains du nom de Gildas, l'un demeuré en Grande-Bretagne, l'autre passé en Armorique, cela rappelerait l'homonymie de deux grands saints irlandais de la même époque, saint Columba et saint Colomban. — Dans cette hypothèse, il ne serait pas, ce semble, impossible que le second saint Gildas, celui d'Armorique, eût été un disciple, peut-être même un parent de Gildas-le-Sage, qui aurait reçu de cet homme illustre ou spontanément adopté son nom.

tion très ingénieux et très légitime, M. de la Borderie s'est attaché à reconstituer pour nous le caractère et l'aspect de ces groupes civilisateurs. Demandons-lui quelques-uns des traits principaux qui les font revivre :

« Pour restituer, dit-il (1), la physionomie des monastères d'Armorique au VIe siècle, nous pouvons nous aider des traits qui nous sont fournis et par ceux des Bretons insulaires et par ceux des Scots (2) : secours précieux, en raison des nombreux renseignements venus jusqu'à nous sur les monastères d'Irlande et plus encore sur celui de l'île d'Iona, fondé près des côtes d'Alban par le Scot saint Columba ou saint Coulm, qui est encore aujourd'hui le patron de plusieurs de nos paroisses (3).

« Un monastère breton ou scotique du VIe siècle renfermait presque toujours une popula-

---

(1) Ouvrage cité, p. 263 et suiv. — Cf. *Histoire de Bretagne*, pp. 507 et suiv., 512 et suiv.
(2) Au VIe siècle, ce nom était encore aussi bien celui des habitants de l'Hibernie (Irlande), berceau de la race scotique, que de ceux de la région du nord de la Grande-Bretagne, qui plus tard prit d'eux le nom d'Ecosse.
(3) « Entre autres, ajoute l'auteur en note, Plougoulm (Plou-Coulm), près Morlaix, dans le Finistère, et Saint-Coulomb, près Saint-Malo, dans l'Ille-et-Vilaine. » — Cependant saint Columba n'est jamais venu en Armorique.

tion nombreuse : au moins cent cinquante personnes, souvent bien plus ; dans le monastère de saint Cado (Nant-Carban), il y en avait trois cents ; plus de deux mille dans celui de Bangor au pays de Galles ; en Irlande, jusqu'à trois mille, à Clonard, sous la direction de Finnian ; et autant, un peu plus tard, à Clonfert, sous celle de saint Brendan...

« En se bornant à cent cinquante personnes, s'il avait fallu loger cette troupe dans des édifices de pierre, comme on le fit plus tard au moyen-âge, créer un monastère, eût été au VIe siècle une longue et bien difficile affaire. Mais alors tous les bâtiments monastiques, y compris l'église (*ecclesia, oratorium, monasteriolum*), étaient en bois. Chez les Scots, la cellule de chaque moine formait une loge ou cabane séparée, toutes ces loges — sortes de baraques en planches ou même simplement en clayonnage étaient rangées en file les unes à côté des autres, sauf la cellule de l'abbé, de dimensions un peu plus considérables, placée dans une position que nous indiquerons tout-à-l'heure.

« Les moines mangeaient en commun ; pour cela il leur fallait un grand bâtiment, le réfectoire (*refectorium, prandii tectum*), auprès duquel il s'en trouvait un autre contenant la cuisine (*coquina*). Enfin, il y avait encore le logis destiné à recevoir les étrangers (*hospitium*).

« Ces divers bâtiments, ainsi que l'église et les loges des moines, étaient placés plus ou moins régulièrement autour d'une cour qui formait le centre du monastère et qu'on nommait le placis ou préau (*plateola*). La cellule de l'abbé (*cella, domus*), construite de madriers, s'élevait un peu en arrière dans une situation dominante, parfois sur un monticule, de façon à embrasser, surveiller toute la communauté.

« L'ensemble de ces constructions était environné d'un *vallum*, c'est-à-dire d'une muraille de terre ou de pierre couverte d'un fossé, de figure circulaire le plus souvent, — clôture et rempart du monastère. Aussi, en Irlande, quand un chef voulait fonder un établissement de ce ce genre, il donnait d'ordinaire à l'abbé un fort (*rath*), dans l'enceinte duquel on élevait les bâtiments...

« En dehors du *vallum* se trouvaient les dépendances du monastère : l'étable, l'écurie, le grenier, le four à sécher le grain, et s'il y avait là quelque cours d'eau, le moulin. Quant à la forge et à l'atelier de charpenterie, indispensable dans un établissement tout bâti en bois, on incline à croire qu'ils étaient dans l'intérieur du *vallum*, mais ce point nous semble douteux. Si le monastère était au bord de la mer, il y avait habituellement un petit port garni de barques pour son service...

« Enfin, les chefs monastiques de ce temps, en Irlande et en Bretagne, durent tenir compte du goût qui pressait souvent leurs moines de quitter la vie commune pour s'imposer dans la vie érémitique de plus rudes austérités. En dehors du *vallum*, à quelque distance du monastère, on construisait une ou plusieurs très petites cellules en pierre, en forme de ruche d'abeilles, avec une entrée fort basse, où les anachorètes se retiraient pour suivre en toute liberté les inspirations de leur zèle, sans échapper complètement à la surveillance de leur abbé. Ce ou ces ermitages s'appelaient le Désert, *desertum*...

« Dans les monastères scotiques, notamment à Iona, les *frères* qui constituent la famille monastique sont divisés en trois classes : 1° les anciens, *seniores*, voués uniquement à la prière et aux œuvres de piété ; 2° les ouvriers, *operarii fratres*, principalement appliqués aux travaux manuels ; 3° les jeunes, novices et écoliers, désignés sous le nom de *juniores*, *alumni* ou *pueruli familiares*. En Armorique, la distinction est très nette entre les moines proprement dits, *monachi*, *patres*, *majores*, et les écoliers, *scolastici, juvenes, minores, parvuli monachi*. Mais (jusqu'à présent) nous n'y avons point vu les moines partagés en *seniores* et en *operarii fratres* ; sauf impossibilité résultant de la maladie ou de l'âge, le travail manuel était une obligation pour tous...

« Le chef de la famille monastique était l'abbé appelé *abbas*, — *abba pater*, — *pater spiritalis*, — ou simplement *pater*, — et encore *patronus*, *magister*, *præceptor*, très souvent *senex*. Il habitait à part, un peu à l'écart du reste du monastère. Ses moines ne l'abordaient qu'en se prosternant devant lui et ne lui parlaient qu'après en avoir reçu la permission. Tous ses ordres devaient être obéis pleinement et immédiatement ; sa volonté était tenue pour la volonté même de Dieu ; y contrevenir était une offense contre Dieu plus que contre l'abbé.

« Il avait sous lui, pour l'assister, un officier appelé *œconomus*, souvent mentionné dans les Actes des saints bretons, notamment dans ceux de saint David, de saint Cado et de saint Samson. L'économe dirigeait — par délégation de l'abbé — toute l'administration temporelle du monastère, il suppléait l'abbé en son absence, il était le premier après lui, aussi appelait-on sa charge *magisteriale officium*. Dans la communauté dont saint Paul Aurélien était le chef, à son arrivée en Armorique, cette charge était confiée à saint Tégonec.

« Au-dessous de l'économe était le *pistor* (boulanger), dont l'office ne se bornait point, comme on pourrait le croire, à fabriquer le pain de la communauté. Il avait la garde et la disposition de toutes les provisions, en particulier de tous les vivres, et était chargé (comme on dirait aujourd'hui) d'assurer et diriger le service de l'alimentation de la famille monastique...

« Les autres offices d'ordre inférieur ne sont guère mentionnés, sauf le cuisinier (*coquus*) et même le cuisinier-chef (*archimagirus*) chargé du double soin d'apprêter les mets et de faire toutes les dépenses pour la cuisine...

« Les moines d'Irlande — du moins ceux de saint Columba — étaient habituellement vêtus d'une tunique (*tunica*) et d'une coule (*cuculla*) : la tunique, vêtement de dessous, parfois de couleur blanche ; la coule, qu'on appelait aussi *cappa* ou chape, vêtement de dessus passablement large, fait d'une grosse étoffe de laine laissée dans sa couleur naturelle, et muni d'un capuchon. Par le froid ou le mauvais temps, on substituait à la coule un véritable manteau plus ample et d'étoffe plus chaude, appelé *amphibalus*. Les moines scots étaient chaussés de sandales, qu'ils ôtaient ordinairement avant de se mettre à table...

« Le costume des moines bretons ressemblait presque entièrement à celui des Scots. Ils portaient, eux aussi, la coule et la tunique. La coule figure, entre autres, sous le nom de *cocula*, dans la Vie de saint Cado qui atteste formellement sa ressemblance avec le vêtement des moines d'Hibernie, et sous celui de *cappa* dans un curieux épisode de la Vie de saint Malo. On trouve aussi la tunique (*tunica*) dans la Vie inédite de saint Lunaire. Mais le texte le plus curieux, pour l'objet qui nous occupe, est celui de la Vie de saint Gwennolé, où on voit, jusqu'au IX° siècle, les moines de Landevenec vêtus jour et nuit d'une tunique, d'un surtout de peau de chèvre, le poil en dehors (*melote*), munis d'une chaussure dont on ne dit ni le nom ni la forme, et en voyage d'un manteau (*palliolum*) représentant l'*amphibalus* des Scots, comme leur peau de chèvre reproduit la coule, sauf la matière. De même, quand saint Brieuc et ses moines abordent à l'embouchure du Gouët, un cavalier qui les aperçoit rapporte qu'ils sont vêtus d'habits de peau velus et de couleur rouge : ce qui se rapporte sans doute à la teinte fauve de certains poils de chèvres, car il est peu probable qu'on se donnât la peine de les teindre. »

Le régime des monastères bretons, imité, par l'intermédiaire des plus anciens monastères de Gaule, des coutumes des moines d'Orient et des austérités des Pères du désert, était d'une sévérité plutôt excessive.

L'une des principales règles religieuses suivies dans l'Eglise celtique, celle de saint David, ne se lit pas sans effroi. « D'après la règle de saint David, dit le P. Brou (1), tout le monde est debout au chant du coq ; on prie jusqu'à l'heure du travail ; puis, vêtus de peaux de bête, les moines partent pour les champs, où se passe la journée. On vit de son travail, le monastère ne recevant absolument rien des nouveaux arrivés. Silence perpétuel, et, autant que le permet la faiblesse humaine, prière continue. Pas de bœufs pour aider au labour, afin que le travail soit plus rude. Le soir venu, on rentre pour la lecture et l'office : un maigre dîner attend les moines, car le jeûne est ininterrompu : du pain, des racines, du sel, de l'eau et du lait. Trois heures d'oraison achèvent la journée. Pour mériter de mener cette vie, le postulant doit mendier dix jours durant à la porte la faveur d'entrer ; et on ne lui répond que par des refus et presque des insultes. Puis, quand la grâce pousse à redoubler d'aus-

---

(1) Ouvrage cité, pp. 114, 115.

térités, le moine s'en va, cherche une maison où la règle soit plus stricte ; d'autres s'enfoncent dans les montagnes, ou s'isolent en mer sur un écueil ; là, en pleine solitude, ils passent des heures à psalmodier ou à multiplier les génuflexions, plongés jusqu'à la ceinture dans l'eau glacée. »

Fondée sur ces principes, même avec des variantes et des mitigations selon les temps et les lieux, la vie des moines bretons d'Armorique était donc très dure et très laborieuse, et c'est d'eux probablement, par voie d'éducation et d'exemple, que la forte race pastorale, agricole et maritime de cette contrée a reçu quelques-unes des rares qualités : la sobriété, la discipline, l'abnégation, l'endurance, qui la distinguent aujourd'hui encore (1). Leur action matérielle et morale fut énorme. Matériellement ils ont défriché et, en conséquence, repeuplé la région. « L'agriculture, dit M. de la Borderie (2), fut le principal objet auquel les moines bretons appliquèrent ce travail manuel dont leurs règles leur imposaient l'obligation. La péninsule armori-

---

(1) En ce qui concerne la sobriété, il s'agit, bien entendu, de l'ensemble du régime alimentaire. La terrible question de l'alcoolisme est à réserver. L'excès même de la sobriété n'y est peut-être pas étranger.
(2) *Du rôle historique des saints de Bretagne*, ouvrage cité, pp 154-161.

caine était alors presque entièrement couverte de bois, la plupart des saints venus d'outre-mer s'établirent au milieu des forêts... Tout autour de leurs établissements, les saints et les moines brisaient ce réseau envahisseur de bois et de halliers ; puis ils défrichaient, labouraient, ensemençaient et remplaçaient les chênes par les moissons... La légende de saint Léonore renferme sur ce sujet de curieux détails.

« Léonore, revêtu dans la Cambrie des fonctions épiscopales, passa en Armorique à la tête d'une bande considérable de moines et de laïques. Il s'établit sur la côte septentrionale, entre l'embouchure de la Rance et celle de l'Arguenon, au bord d'un ruisseau où la mer remonte, et qui tombe lui-même dans une petite baie, défendue contre les vents d'ouest par un long sillon de roches abruptes qu'on appelle aujourd'hui la pointe du *Décollé*. Cette côte était alors inhabitée, inculte, occupée par une vaste forêt : les émigrés y vivaient péniblement de leur chasse et de leur pêche. Un jour enfin, comme Léonore s'était retiré à l'écart pour prier, un petit oiseau voletant vint se poser tout près de lui, un épi de blé au bec. Cette vue fut pour le saint une joyeuse nouvelle ; il y avait donc sur cette côte sauvage un lieu où le blé pouvait croître, où il en croissait encore quelques épis. Il appelle aussitôt l'un des moines qui l'accompagnaient, lui ordonne d'épier, de suivre la direction que va prendre l'oiseau, et de chercher, sur cet indice, le bienheureux champ de blé. L'oiseau complaisant l'y mena tout droit. C'était une clairière dans la forêt, où s'étaient conservés en ressemant d'eux-mêmes quelques pieds de froment, dernier reste d'une riche culture disparue de ces lieux avec les habitants qui l'y avaient apportée. A la nouvelle de cette découverte, la communauté entière chanta à Dieu un solennel cantique d'actions de grâces, comme pour le plus signalé bienfait ; et le lendemain tous les cénobites, leur chef en tête, se mirent en train de jeter bas la forêt.

« Ce fut un rude labeur : les moines se levaient chaque nuit au chant du coq, célébraient matines, et dès l'aube se rendaient au travail, d'où ils ne revenaient ensuite qu'à trois heures de l'après-midi, pour passer le reste du jour en prières et en exercices religieux. La besogne se prolongea, et la fatigue devint telle que les pauvres moines, perdant courage, vinrent supplier Léonore d'abandonner cette terre rétive pour chercher ailleurs un lieu où ils pussent gagner leur vie avec moins de peine. Mais le saint fut inflexible : « Ceci est, leur dit-il, une tentation du diable ; prenez courage et fortifiez-vous en Dieu. » Ces paroles furent écoutées, et, pour récompenser leur constance, les moines, peu de temps après, se rendant un matin à l'ouvrage, trouvèrent la forêt entièrement abattue et déjà même en partie entraînée par la mer. Le biographe de saint Léonore voit là un miracle ; sans doute une tempête violente, comme il s'en leva souvent sur ces côtes, avait achevé durant la nuit la besogne déjà bien avancée par les cénobites... Quoi qu'il en soit, l'opération du labour une fois terminée, les semailles se firent ensuite au temps convenable, et le biographe de Léonore, pour achever ce récit, nous montre le pieux évêque parcourant avec sollicitude ses nouveaux champs et suivant d'un œil inquiet les progrès de la moisson, qui couronna enfin ses longs efforts par une abondante récolte.

« Si je me suis arrêté sur l'histoire de saint Léonore, c'est qu'elle nous montre, avec une grande vérité et sous des couleurs vivantes, ce que fut l'œuvre civilisatrice accomplie par les moines émigrés de l'île de Bretagne. A cette joie solennelle, à ces vives actions de grâces inspirées par la découverte d'un petit champ de blé au milieu des bois. ne croirait-on pas voir les colonisateurs de quelque plage déserte encombrée de forêts vierges ? La tâche est rude, en effet ; plus d'une fois les ouvriers sentent défaillir leurs bras et leurs cœurs ; mais l'énergie du chef demeure inébranlable, il soutient, il ranime ses compagnons ; à force d'opiniâtreté et d'industrie il dompte tous les obstacles, il contraint la nature à servir de nouveau aux besoins de l'homme... En face des difficultés sans nombre de la colonisation armoricaine et surtout de cette première opération du défrichement, on peut assurer sans crainte que le travail individuel abandonné à lui même, avec ses caprices, ses efforts irréguliers, isolés, mal combinés, fût demeuré bien longtemps insuffisant; il fallait un agent plus énergique, il fallait l'association, le travail en commun, et surtout ce travail patient, continu, régulier, que rien ne rebute, pas même la stérilité, apparente de ses efforts, parce qu'il a pour principe l'accomplissement d'un devoir religieux ; non la satisfaction d'un intérêt personnel. »

Telle fut l'œuvre accomplie dans la presqu'île de Ruis par les moines de Saint-Gildas.

Moralement, l'action des saints et des moines celtiques ne fut pas moindre dans la péninsule armoricaine. C'est à eux, on a de sérieuses raisons de le croire, que revint l'honneur d'extirper définitivement, dans la région envahie par les Bretons, leurs compatriotes, les vestiges subsistants du paganisme romain et gaulois. En s'occupant de convertir au christianisme ou d'y maintenir les paysans gallo-romains tombés sous la domination des peuplades guerrières de Grande-Bretagne, ils leur procurèrent sans aucun doute un traitement plus humain et contribuèrent à la fusion des deux races (1). Ils organisèrent la vie religieuse, par la création et le service des paroisses, sur tous les points du pays. Ils travaillèrent enfin avec un succès très notoire, quoique seulement relatif, à l'adoucissement des mœurs sauvages et des passions emportées des chefs celtiques, devenus, selon leur importance, dans la petite Bretagne, aux temps mérovingiens, des rois ou des comtes, du moins selon la terminologie des écrivains latins de cette époque (2). Ils conservèrent enfin et

(1) Il y a divergence d'avis sur le caractère, violent ou pacifique, de l'occupation bretonne, entre MM. J. Loth et A. de la Borderie. Cf. J. Loth, ouvrage cité, pp. 176-183, et A. de la Borderie, *Histoire de Bretagne*, t. I, pp. 291-292.

(2) « Ils adoucirent, en les *christianisant*, dit M. de la Borderie, ces natures fougueuses et déréglées ; ils firent descendre jusqu'à l'âme l'eau du baptême, qui n'avait encore touché que le front. Mais cette œuvre ne fut pas toujours d'un succès facile ; les vices endurcis, les passions sauvages de la barbarie opposèrent souvent une résistance tenace, et parfois insurmontable » *Du rôle historique des saints de Bretagne*, p. 169. — Cf. *Histoire de Bretagne*, t. I, p. 527 et suiv. « Dans l'âme de cette nation, conclut à bon droit l'auteur, l'idéal chrétien sous toutes ses formes, le signe divin de la Croix a été gravé par eux à une telle profondeur que depuis quatorze siècles bien des révolutions ont passé et bien des vissicitudes de toute sorte sans pouvoir affaiblir cette empreinte sacrée. »

entretinrent dans une mesure et avec un caractère assez difficiles à déterminer, au moyen des écoles annexées à leurs monastères, une certaine culture intellectuelle et littéraire. Saint-Gildas de Ruis doit être considéré comme un de ces foyers de civilisation chrétienne et bretonne.

Ce qui peut donner, par induction, une haute idée de l'apostolat des saints bretons dans la péninsule armoricaine, c'est l'œuvre étonnante, entreprise à la même époque, dans la Gaule franque et burgonde et jusque dans l'Italie du nord, par l'incomparable hardiesse et l'énergie merveilleuse du fondateur de Luxeuil et de Bobbio, le missionnaire irlandais saint Colomban (543-615). « Colomban, dit Montalembert (1), vit affluer autour de lui jusqu'au dernier jour de sa vie, dans les sanctuaires qu'il avait fondés, une véritable armée de disciples. Ils furent plus nombreux et plus illustres que ceux de saint Benoît. Enflammés par le souffle de ce grand saint, pénétrés de la sève vigoureuse qui débordait en lui, comme lui opiniâtres, intrépides, infatigables, ils donnèrent à l'esprit monastique l'impulsion la plus puissante, la plus rapide et la plus active qu'il eût encore reçue en Occident. Ils le propagèrent surtout dans les contrées

(1) *Les Moines d'Occident*, t. II, pp. 535, 536.

où se constituait laborieusement cette race franco-germaine qui recélait dans ses flancs l'avenir de la civilisation chrétienne. Par eux le génie et la mémoire de Colomban plane sur tout le VIIe siècle, le plus fécond et le plus illustre de tous par le nombre et la ferveur des établissements religieux qui y prirent naissance. Et cependant, on le verra, avant que ce siècle s'achève, la règle et l'institut du grand Irlandais seront partout remplacés par l'esprit et par les lois de son immortel prédécesseur. »

Toutefois, dans la péninsule armoricaine, la substitution totale de la règle de saint Benoît aux institutions et coutumes monastiques apportées de la Gande-Bretagne par les émigrants celtiques fut plus tardive. Elle se rattache à l'histoire des rapports de la nation bretonne d'Armorique avec l'empire fondé en Gaule par les Francs. L'autorité des rois mérovingiens s'étendait sans conteste sur la partie de l'Armorique demeurée d'abord libre de l'invasion néoceltique, c'est-à-dire sur les pays de Rennes et de Nantes et sur une partie du pays de Vannes, dont la réunion formait un grand commandement militaire connu sous le nom de marche de Bretagne. Mais elle n'eut que le caractère d'une suzeraineté assez précaire sur la région bretonne, et, dans une partie de cette région, correspondant au Vannetais occidental, non-seulement cette suzeraineté, mais les limites des deux nations, furent l'objet de luttes sanglantes et prolongées (1). Charlemagne, sans enlever aux Bretons une certaine autonomie, les fit pourtant, de sa main puissante, entrer dans l'unité de son empire.

Louis-le-Pieux, son successeur, eut à dompter plusieurs fois leurs révoltes, et, entre autres mesures destinées à les rattacher plus étroitement à l'ensemble de la chrétienté occidentale, il prescrivit la renonciation du clergé breton aux coutumes particulières de l'Eglise celtique (2) et l'adoption par les monastères de la règle de saint Benoît (3). Mais, en revanche, il choisit pour son lieutenant général dans cette région un prince de race bretonne et de haut mérite, Noménoé, des services duquel il n'eut qu'à se louer durant tout son règne. Mais quand, après

---

(1) Cf. A. de la Borderie, *Histoire de Bretagne*, t. 1, pp. 287 et suiv., 442 et suiv., 478 et suiv., 506 et suiv., 531 et suiv. — J. Loth, ouvrage cité, p. 177 et suiv.

(2) La plus apparente de ces coutumes, du moins dans la Bretagne armoricaine, était la forme de la tonsure. « Elle partageait le crâne en deux portions, suivant une ligne allant d'une oreille à l'autre. Sur la partie antérieure les cheveux étaient entièrement rasés, sur l'autre on les laissait croître. » A. de la Borderie, *Histoire de Bretagne*, p. 515.

(3) J. Loth, ouvrage cité, p. 214. — Dom Morice, *Mémoires pour servir de preuves à l'histoire de Bretagne*, t. I, p. 228.

sa mort, la guerre éclata entre ses fils et que s'opéra la dissolution de l'empire de Charlemagne, Noménoé, brouillé avec Charles-le-Chauve, résolut de se créer dans la péninsule Armoricaine un état indépendant. Il se fit proclamer roi de Bretagne et son règne, demeuré célèbre, marque l'apogée de la puissance de sa nation sur le continent. « Au IXe siècle, selon M. Loth (1), un puissant Etat, celtique de langue et de mœurs, semble définitivement fondé dans la péninsule. Il est à prévoir que les populations de Rennes et de Nantes, encore gallo-romaines, ne résisteront pas longtemps à la puissance d'assimilation des Bretons. » Mais, sous les successeurs de Noménoé, l'état des choses en Bretagne fut bouleversé par le terrible fléau qui sévissait alors sur toute la France, et qui eut dans la péninsule armoricaine un caractère d'acharnement particulier : la grande invasion scandinave ou normande du Xe siècle.

« Rien n'est plus dramatique, écrit le même savant (2), que l'histoire des relations et des luttes des Bretons et des Normands. Quelquefois unis dans un commun amour du pillage et des aventures, les deux peuples étaient plus souvent ennemis ; il n'y avait pas place pour eux deux

(1) Ouvrage cité, pp. 238, 239.
(2) Ouvrage cité, pp. 239-241.

sur le sol de la péninsule ; il fallait que l'un ou l'autre succombât. La péninsule, par son admirable situation entre les deux pays les plus chers aux Normands, la Grande-Bretagne et la France, avec ses bras de mer profonds, aux rives couvertes de bois, les nombreux ports creusés par tant de rivières à leur embouchure dans la mer, excitait par dessus tout les convoitises des pirates. Ils se sont acharnés à la conquérir. Pendant à peu près un quart de siècle, ils en ont été les maîtres, et ils y eussent fondé un Etat puissant, dans lequel ils n'auraient pas été, comme dans la province à laquelle ils ont donné leur nom, absorbés par une population nombreuse et arrivée à un état de civilisation dont les avantages matériels ne pouvaient manquer de les séduire, s'ils n'avaient eu devant eux un peuple qui ne leur cédait pas en courage, en humeur batailleuse, et qui avait sur eux l'avantage de défendre sa patrie et son indépendance. Sans l'énergie des Bretons, la péninsule devenait une véritable Scandinavie. Mais. malgré son triomphe définitif sur les Normands, la Bretagne celtique a été profondément atteinte par l'invasion... La fuite (en France) d'une notable partie de la population conquérante avait laissé le champ libre à l'élément gallo-romain, représenté dans une partie de la zône bretonisée par les gens attachés à la glèbe. Il fut bientôt considérablement renforcé par l'union définitive des pays de Nantes et de Rennes, d'où les Bretons, assez clairsemés d'ailleurs au IXe siècle, avaient, au Xe, à peu près complètement disparu, si on excepte la zône de Guérande. La délivrance de la péninsule par les Bretons, le prestige acquis par eux, leur avait gagné l'estime des populations gallo-romaines : elles devinrent bretonnes de cœur ; mais l'élément celtique, très éprouvé par l'émigration et la guerre, ne se trouva plus assez fort pour se les assimiler et les rendre bretonnes de langue. La population galloromaine, réconciliée avec les Bretons, joua bientôt dans la péninsule un rôle prépondérant. Les unions entre les chefs bretons et les familles françaises devinrent fréquentes. La langue française devint la langue de la Cour et des Grands ; la langue des conquérants ne fut jamais enseignée. Ainsi se prépara peu à peu l'union avec la France d'un pays dont la possession était pour elle nécessaire et dont la conquête, s'il fût devenu breton de langue et de culture, n'eût pu s'acheter qu'au prix de guerres d'extermination. Ainsi se trouvèrent en partie paralysés les effets de l'émigration bretonne en Armorique qui auraient pu être bien autrement profonds et durables. »

Durant les péripéties cruelles de la lutte contre les pirates du Nord, de nombreux chefs bretons avec leurs guerriers durent se réfugier en France. Ce douloureux exode s'imposa aussi aux religieux de nombreux monastères, et, en particulier, à ceux de Saint-Gildas de Ruis qui, sous la conduite de l'abbé Daioc, emportant avec eux loin du sol natal les reliques de leur saint fondateur et d'autres saints bretons, avec les objets sacrés, les livres et les archives de la communauté, s'en allèrent, d'étape en étape, jusqu'en Berry. Un seigneur, nommé Ebbon, leur y donna l'hospitalité sur les bords de l'Indre et contruisit même pour eux, sous l'invocation de leur patron, un monastère nouveau où ils se fixèrent. L'abbaye de Saint-Gildas au diocèse de Bourges subsista durant tout le moyen âge et au delà. Elle fut sécularisée par une bulle du pape Grégoire XV, en date du 24 août 1622, au profit de Henri de Bourbon, prince de Condé. Daioc et ses moines ne revirent donc jamais Saint-Gildas de Ruis, qui fut ruiné de fond en comble par les Normands. Toutefois, lors de leur départ, comme espoir et gage d'un avenir meilleur, ils avaient laissé, dit-on, dans le tombeau vénéré d'où ils avaient enlevé les reliques de leur fondateur, huit de ses principaux ossements, cachés sous le grand autel de leur église, qui furent retrouvés lors de la restauration du célèbre monastère breton dans les premières années du onzième siècle, époque où commence une période nouvelle de son histoire (1).

(1) Cf. *Vita S. Gildæ abbatis Ruyensis, auctore monacho Ruyensi anonymo*, cap. 32, 33, (Mabillon, *Acta sanctorum ordinis S. Benedicti*, t. I, p. 138 et suiv. — *Monumenta Germaniæ historica. Auctor. antiquissim*, t. XIII, p. 91 et suiv.) — *Gallia christiana*, t. II, p. 152 et suiv. — Ms fr. 16822 à la Bibliothèque nationale, p. 406 et suiv. — *Histoire de Saint-Gildas de Rhuys*, par l'abbé Luco. Vannes, L. Galles, 1869, petit in-12, p. 124 et suiv.

II

LA COLONIE DE SAINT-BENOIT-SUR-LOIRE

Entre les grands monastères fondés dans la Gaule franque à l'époque mérovingienne, une importance de premier ordre fut, presque dès son origine, reconnue à celui de Fleury-sur-Loire, qui, à cause de la translation dans ses murs du corps de saint Benoît, enlevé par une expédition hardie à sa sépulture du Mont-Cassin, se trouva placé par excellence sous le patronage et l'invocation du glorieux patriarche des moines d'Occident (1). L'abbaye de Saint-Benoît devint, à l'époque carolingienne, l'un des principaux centres religieux et intellectuels de

---

(1) Sur cette translation et les controverses auxquelles elle a donné lieu cf. l'intéressant ouvrage de Dom B. Heurtebize et de M. Robert Triger : *Sainte Scholastique, patronne du Mans*. Solesmes, imprimerie Saint-Pierre ; Paris, Victor Retaux ; 1897, in-4, chap. II, p. 31 et suiv.

France, notamment sous le gouvernement de Théodulfe, évêque d'Orléans, placé à sa tête par Charlemagne. L'immense étendue de ses domaines, en diverses parties du territoire, et les privilèges dont l'avaient dotée les souverains, ses protecteurs, en faisaient aussi l'une des principales agrégations sociales de cette époque, de celles qui, en raison de la décadence du pouvoir central, allaient prendre une large place, comme éléments constitutifs, dans l'organisation de la féodalité triomphante. Mais, d'autre part, l'anarchie dont s'accompagnait ce triomphe et les dévastations des pirates normands qui la redoublèrent, furent pour Saint-Benoit-sur-Loire des causes de détriment temporel et spirituel. Fréquemment dépossédée par les seigneurs, plusieurs fois pillée et incendiée par les pirates, l'abbaye était aussi tombée, au début du sixième siècle, dans le plus triste relâchement moral. « La plupart des religieux avaient abandonné le monastère pour se retirer dans leurs familles, et ceux qui restaient n'y pratiquaient plus aucune règle ; les devoirs les plus essentiels du christianisme eux-mêmes y étaient négligés (1). »

(1) L'abbé Rocher, *Histoire de l'abbaye royale de Saint-Benoît-sur-Loire*, Orléans, 1865, in-8, p. 113.

Un de ces grands hommes que produit, aux temps de crise et de péril, la fécondité de l'esprit chrétien, saint Odon, abbé de Cluny, inaugurait alors le mouvement de réforme du clergé régulier et séculier qui, dans le siècle suivant, devait aboutir, par l'héroïque pontificat de saint Grégoire VII, à dégager l'Eglise des abus et des entraves qui menaçaient de l'étouffer. Il fut chargé de régénérer Saint-Benoît-sur-Loire et cette œuvre pensa lui coûter la vie. « Odon faillit plusieurs fois être massacré par les moines à demi sauvages dont il voulait faire des religieux exemplaires (1). » Il réussit cependant et, grâce à lui, l'antique abbaye de Fleury brilla d'une splendeur nouvelle. Ecolâtre, puis abbé, un autre grand homme, saint Abbon, y fit revivre, à la fin du siècle, l'éclat intellectuel du temps de Théodulfe. Il mourut martyr de la réforme ecclésiastique qu'il était allé porter aux moines dégénérés de la Réole.

« Le monastère de la Réole, dédié au prince des apôtres, dit M. l'abbé Rocher (2), est situé sur le sommet d'une montagne. Trois collines l'environnent au nord, à l'est et à l'ouest ;

---

(1) L'abbé Delarc, *Saint Grégoire VII et la réforme de l'Eglise au XIe siècle*. Paris, Retaux-Bray, 1889, in-8, t. I, p. XX.
(2) Ouvrage cité, p. 174 et suiv.

la Garonne coule à ses pieds au midi, dans une vallée profonde. Abbon, ami de la science et de la belle nature, se plaisait à visiter ces lieux, et à explorer les ruines antiques dispersées dans les environs, entre autres celles du palais de Cassignol, que Charlemagne avait habité ; et lorsque, de la cour du monastère, il jetait un regard sur les vastes campagnes dominées par cette position : « Ici, disait-il, avec cette gaîté qui lui était naturelle, ici, je suis plus fort que le roi, mon seigneur, possédant une telle citadelle dans une contrée où sa puissance est si peu respectée. »

« Cependant, la fête de saint Martin étant survenue, Abbon célébra dans l'église du monastère la messe solennelle avec une grande dévotion. Le surlendemain, jour de la fête de saint Brice, un moine gascon, nommé Azenau, homme dissimulé et haineux, dont les méchantes inspirations et les paroles perfides avaient occasionné une première rixe entre les serviteurs des religieux, réveilla par vengeance les querelles mal assoupies. Un des gens du monastère de Fleury, profondément irrité des injures que les Gascons vomissaient contre le saint abbé son maître, s'emporta jusqu'à asséner sur la tête d'un palfrenier de la Réole un coup de bâton si violent, que ce misérable tomba à terre à demi-mort. La mêlée devint générale. En entendant le tumulte et les cris, l'homme de Dieu sortit du monastère pour apaiser ces furieux. Un des Gascons se précipita aussitôt à sa rencontre et lui perça la poitrine d'un coup de lance. Le sang coulait à grands flots. Il appela à lui ses religieux et ses serviteurs, qui le soutinrent dans leurs bras. « Mon Dieu, s'écria-t-il, ayez pitié de mon âme, et protégez toujours le monastère que vous aviez confié à ma garde ». La mort de ce saint religieux n'apaisa pas ces forcenés : l'un d'eux eut la barbarie de venir massacrer le serviteur qui tenait sur ses genoux la tête défaillante de son maître, et qui l'arrosait de ses larmes.

« Le corps de ce saint martyr de la charité fut inhumé dans l'église même de la Réole, et placé dans un caveau, devant l'autel de saint Benoît. Bernard, duc de Gascogne, vengea sa mort ; ses serviteurs, qui étaient au nombre de seize, furent traités avec bonté par la duchesse Rosemberge, qui leur procura le moyen de retourner en leur pays.

« Il serait difficile de dépeindre la consternation qu'un tel événement répandit dans le monastère et les écoles de Fleury. On apprit la fatale nouvelle de la mort de saint Abbon le jour même de la fête de la Tumulation de saint Benoît, au mois de décembre. Odilon, abbé de Cluny, le plus intime et le plus tendre ami du saint, était venu pour prendre part à la solennité ; il put mêler ses larmes à celles de tous ses frères et de tous ses enfants désolés.

« La mort d'Abbon arriva au mois de novembre de l'an 1004. Son culte était déjà très répandu en l'an 1031. Tous les auteurs anciens l'ont mis au rang des martyrs, et notamment Raoul Glaber. »

Située en plein domaine de la maison ducale, puis royale, issue de Robert le Fort, l'abbaye de Fleury-sur-Loire fut au premier rang des puissances religieuses françaises, dont sut habilement s'aider la politique des fondateurs de la dynastie capétienne, et dont ils ne tardèrent pas, en retour de la protection très appréciée dont ils les couvrirent, à s'adjoindre, à se subordonner, à s'assimiler l'influence. Le successeur de saint Abbon, Gauzlin, non seulement proposé, mais imposé aux moines de Saint-Benoît par son frère, le roi Robert, était un fils naturel de Hugues-Capet, élevé dès son enfance dans l'abbaye même. L'irrégularité de sa naissance fut, à l'honneur des opposants, l'une des principales causes de la résistance rencontrée par cette promotion, comme plus tard par celle du même Gauzlin, à l'archevêché de Bourges, dont il joignit la charge à celle de son monastère. Il se montra d'ailleurs, par ses vertus et ses talents, égal à cette double tâche (1). Saint-Benoît-sur-Loire continua de briller sous lui par la haute renommée de ses écoles qui, durant tout le onzième, puis encore au douzième siècle, demeurèrent l'un des principaux établissements français d'instruction secondaire et supérieure, fréquenté par plusieurs milliers d'étudiants, dont le séjour, fixé sans doute non seulement dans l'enceinte, mais aussi dans le voisinage du monastère, devait donner au pays une animation singulière, un rare éclat aux cérémonies religieuses, aux processions, aux fêtes périodiques, auxquelles l'abbaye conviait ses sujets du bourg et des campagnes environnantes. Parmi ces écoliers se recrutait le personnel des représentations dramatiques sur des sujets tirés de la Bible, c'est-à-dire de l'Ancien et du Nouveau-Testament et aussi des légendes des saints : agréable addition faite par les moines aux offices solennels et aux réjouissances de telle ou telle fête. Ces jeux pieux et récréatifs fournissaient, dans la composition et la déclamation chantée de leur texte en prose latine, en vers latins métriques et rythmiques, un utile exercice à l'imagination, à la mémoire, à la voix, à la muse des étudiants, sous la direction

---

(1) *Gallia christiana*, t. II, pp. 38-41. — L'abbé Rocher, ouvrage cité, p. 180 et suiv.

de leurs maîtres. Un manuscrit du treizième siècle, venant de Fleury et conservé à la bibliothèque d'Orléans, nous a heureusement transmis plusieurs de ces drames, de ces opéras religieux et scolaires, de forme liturgique ou quasi-liturgique, auxquels, en dépit du latin, les spectateurs populaires ne manquaient pas (1). Au mouvement intellectuel, théologique, philosophique, scientifique et littéraire, entretenu par les grandes écoles, se joignait dans l'abbaye de Fleury-sur-Loire, à son époque de splendeur, non seulement un enseignement musical, que les coutumes de la liturgie rendaient l'objet d'un soin particulier, mais la culture des arts plastiques. C'est ce qu'attestent encore aujourd'hui pour nous les curieux chapiteaux historiés de la basilique abbatiale, naïfs et précieux monuments de la sculpture monastique et de l'art roman (2).

Après que la Bretagne eut été soumise à l'empire franc de Charlemagne et les monastères celtiques à la règle de saint Benoît par

---

(1) Cf. *Catalogue général des manuscrits des bibliothèques publiques de France. Départements.* T. XII. *Orléans* par M. Ch. Cuissard, pp. 108, 109. (Paris, Plon, 1889, in-8.) — Marius Sepet, *Le Drame chrétien au moyen âge.* Paris, Didier, 1878, in-12, p. 80 et suiv. — *Les plus anciens drames en langue française.* Paris, Victor Retaux, 1894, in-8, p. 5 et suiv. — Petit de Julleville, *Les Mystères.* Paris, Hachette, 1880, in-8. T. I, p. 48 et suiv.

(2) Cf. l'abbé Rocher, ouvrage cité, p. 469 et suiv.

Louis-le-Pieux, des rapports s'établirent probablement entre ces monastères et l'illustre abbaye de Fleury-sur-Loire, et ils se continuèrent sans doute, dans une certaine mesure, même sous le règne indépendant de Noménoé.

A plus forte raison redoublèrent-ils quand les dévastations des pirates scandinaves et les vicissitudes de la lutte terrible engagée contre eux, contraignirent le clergé et surtout les moines bretons à chercher un refuge sur le territoire français. C'est à Saint-Benoît-sur-Loire que l'évêque Mabbon, transporta, vers le milieu du dixième siècle, les reliques de son saint prédécesseur sur le siège de Léon, Paul Aurélien, un moine celtique peut-être contemporain de saint Gildas, fondateur de Ruis, et en tout cas, émigré comme lui de la Grande-Bretagne. Mabbon lui-même vécut désormais et mourut à Fleury sous l'habit et la règle du grand monastère (1). La bibliothèque de l'abbaye recueillit un certain nombre de manuscrits provenant des communautés bretonnes. Tel fut assurément le cas, par exemple, pour la vie de saint Paul Aurélien, composée à la fin du neuvième siècle par un moine de Landevenec, nommé Uurmonoc,

(1) Mabillon, *Annales ordinis S. Benedicti*, t. IV, p. 204. — L'abbé Rocher, ouvrage cité, p. 130 et suiv. — *Gallia christiana*, t. XIV, p. 974.

puisqu'elle fut abrégée plus tard par un moine de Fleury, qui en avait sous les yeux le texte (1). Dans leur douloureuse odyssée vers le Berry, l'abbé de Saint-Gildas et ses religieux firent peut-être, bien qu'aucun texte ne nous le dise, quelque séjour à Fleury-sur-Loire. Quoi qu'il en soit, c'est de Fleury que, dans les premières années du onzième siècle, devait partir la colonie restauratrice de leur monastère abandonné.

La Bretagne respirait alors, définitivement délivrée de l'invasion scandinave et faisant quelque trêve à ses discordes intestines. Elle était gouvernée par un prince de haut mérite, Geoffroi I. fils de Conan dit le Tort, comte de Rennes, et d'Ermengarde, fille elle-même de Geoffroi Grisegonelle, le puissant et vaillant comte d'Anjou, que sa renommée déjà légendaire allait faire introduire, par un anachronisme épique, dans la *Chanson de Roland*. Geoffroi de Rennes avait pris, sinon le titre, du moins l'autorité de duc, et imposé à tous les seigneurs bretons sa suzeraineté, que son mariage avec la fille d'un autre célèbre prince de cette époque, Richard-le-Vieux, duc de Normandie, également introduit

---

(1) J. Loth, ouvrage cité, p. 252. — La Borderie, *Histoire de Bretagne*, t. I. p. 311, note 2. — *Analecta Bollandiana*, t. I. (1882), p. 208 et suiv. (Note et publication de Dom F. Plaine). — Le même texte a été aussi publié dans la *Revue celtique*, t. V, p. 417 et suiv.

par les poètes dans l'épopée carolingienne, avait rendu plus respectable et plus redoutable aux siens. Préoccupé de relever les ruines de sa terre natale et d'y faire refleurir la civilisation chrétienne, le duc ou comte de Bretagne, d'accord avec la princesse normande, son épouse, Hadegogis ou Hadwis, que les chroniqueurs français nommèrent plus tard Havoise, résolut de s'adresser à l'abbé de Saint-Benoît-sur-Loire pour obtenir son concours à cette grande œuvre, démarche qu'explique fort bien la haute situation de l'archevêque Gauzlin dans l'Eglise et dans le royaume de France, et la célébrité de la grande abbaye, qui avait compté et comptait peut-être encore, parmi ses écoliers, des fils de seigneurs bretons (1). Geoffroi demandait en particulier une colonie de Bénédictins destinée à restaurer les deux célèbres monastères du pays de Bro-Waroch, c'est-à-dire de la région vannetaise, détruits naguère par les pirates scandinaves : Lochmenech, qu'on appela depuis Locminé, et Saint-Gildas de Ruis.

L'archevêque-abbé avait précisément sous la main l'homme qui convenait à cette mission de

---

(1) C'est ainsi que Guerech, successivement évêque, puis comte de Nantes, dans la seconde moitié du dixième siècle, avait, paraît-il, fait ses études à Saint-Benoît. — Ms fr. 16 822, pp. 424, 425, 433.

relèvement chrétien et social. C'était un moine nommé Félix, originaire de la Cornouaille armoricaine, qui, après avoir mené la vie érémitique dans l'île d'Ouessant, était venu à Fleury prendre l'habit de Saint-Benoît, afin d'y couler ses jours dans la prière et l'étude, près des reliques de l'illustre évêque celtique Paul Aurélien de Léon. Il y fut le contemporain, sous le gouvernement de saint Abbon, du disciple et biographe de ce savant abbé, le moine Aimoin, l'un des auteurs de l'ouvrage composé dans l'abbaye sur les *Miracles de saint Benoît*, et qui, dans cet ouvrage même, nous a conservé l'écho de ses relations avec Félix et des pieux entretiens du cloître. Pour reproduire ce récit, dont la naïveté est pleine d'intérêt, nous ne croyons pas mauvais d'emprunter le style encore archaïque, mais dont la docte bonhomie a bien son prix et sa douce saveur, du religieux bénédictin de la Congrégation de Saint-Maur qui, vers 1668, à Ruis même, rédigea, pour l'instruction et l'édification de ses futurs lecteurs, l'ample composition, demeurée d'ailleurs inédite, à laquelle il donna pour titre : *La Vie de sainct Gildas surnommé le Sage et Badonic, la translation de son sainct corps et l'histoire du monastere portant le nom de Sainct Gildas de Rhuys en la Bretagne Armorique.* Une copie de cet ouvrage, conservée à l'abbaye de Saint-Germain-des-Prés à Paris, est passée de là au département des manuscrits de la Bibliothèque nationale. Ecoutons donc ce bon religieux, qui suit ici pas à pas Aimoin de Fleury et l'ancien moine de Ruis (1) :

« Pour sçavoir au vray qui estoit ce Felix, que le duc Geffroy demanda à Gauzlin, abbé de Fleury, pour reformer les monasteres de sainct Gildas, il faut nous en rapporter à deux autheurs tres fidelles, qui ont esté ses contemporains et mesme ses confreres, vivans avec luy dans le mesme monastere et soubz le mesme abbé, et qui ont escrit sincerement ses actes, pour les avoir entendus de sa bouche et pour avoir veu ce qu'ils nous ont laissé dans leurs ouvrages. Le premier est Aymoin, moyne de Fleury, au livre 3 des *Miracles de sainct Benoist*, chap. 12, d'où nous empruntons ce qui suit :

« Le bienheureux Felix estoit natif de Cornuaille, de la Bretagne armorique. L'année vingt uniesme de son aage et de Nostre Seigneur 989 (2), il se joignit avec quelques personnes

(1) Ms fr. 16822, pp. 425-429. — Cf. *Les Miracles de saint Benoît*, réunis et publiés pour la Société de l'Histoire de France par E. de Certain. Paris, Renouard, 1858, in-8º, pp. 155, 159, Lib. III, cap. XII. — *Vita S. Gildæ* etc., cap. 35, 45.

(2) Ces indications chronologiques ne sont pas données par Aimoin.

pieuses de son pays pour aller en l'isle d'Oüessant, que sainct Paul, jadis evesque de Leon, avoit sanctifiée par ses vie et miracles, après y avoir mené pendant quelques années une vie austere et parfaite avec ses compagnons (qui n'estoient que seculiers ou lays et non religeux) dans une retraitte vrayment anachoretique, et ayant appris que quelques années auparavant Mabbo, evesque de Leon, avoit tranferé le corps de sainct Paul au monastere de Fleury. il luy prit devotion de l'aller visiter en pelerinage, et par mesme moyen celuy de nostre pere sainct Benoist, qui repose dans le mesme monastere. Neantmoins, pour ne rien faire de sa teste ny à la legere, il voulut consulter auparavant l'evesque de Leon, Paulilian ou Paulinian (1), successeur de Mabbo, pour luy demander conseil, s'il jugeoit à propos qu'il fist ce voyage, et si les motifs qu'il en avoit estoient reglez pour la gloire de Dieu et le bien de son ame.

« Le petit traject de mer qui est entre l'isle d'Oüessant et la terre ferme, quoyque fort estroict, est tres dangereux à passer à cause des rochers qui se trouvent entre deux, contre lesquels les flots de la mer se brisent avec grande impetuosité. Felix s'estant embarqué dans une nacelle pour le passer, elle fut par un

(1) Le nom de l'évêque n'est pas donné par Aimoin.

coup de vague renversée si subitement, que ceux qui estoient dedans furent en un instant submergés et couverts de la mesme nacelle, et incontinent une autre vague contraire la releva toute remplie d'eaüe, et jetta tous ceux qui croyoient estre perdus, pour ne savoir nager, sur un des rochers. Felix voyant le bateau relevé, il saute dedans avec un compagnon, et ayant vuidé l'eaüe avec le bas de sa robbe, approcha avec deux rames qui estoient restées du nauffrage, du rocher, pour reprendre ceux que la vague y avoit jettés. Dans cette infortune, Dieu consola grandement son serviteur par un evident miracle qui arriva. C'est que Felix apperceut de loin son livre, dont il se servoit à prier Dieu (comme les ecclesiastiques se servent à present de bréviaire et de diurnal, et les laïques d'heures) qui flottoit sur l'eaüe sans enfoncer. Il l'alla querir avec le batteau, et le trouva n'avoir nullement trempé dans l'eaüe, mais aussy sec que s'il eust esté porté par les vents sur terre. Et ayant aussi rattrappé une partie des hardes qu'ils avoient perdües, ils arriverent au port.

« Felix alla sallüer l'evesque, et voulut l'entretenir de l'estrange accident qui luy estoit arrivé passant le destroict, mais l'evesque le prevint et luy raconta la revelation qu'en avoit eüe un de ses religieux, à qui Dieu avoit daigné manifester par une vision spirituelle le naufrage qu'il avoit faict. Dieu avoit faict voir à ce bon religieux en esprit Felix dans un basteau, qui passoit avec plusieurs personnes le traject ; il luy avoit aussy monstré le demon soubs la figure d'un vautour d'une si enorme grandeur, qu'elle esgalloit la hauteur des montagnes, qui faisoit tous ses efforts pour renverser la nacelle et submerger tous ceux de l'ecquipage, et qu'à mesme temps estoit apparu un homme marchant sur l'eaüe, portant la representation d'un venerable abbé, lequel avec la crosse qu'il avoit en main releva le batteau, retira du naufrage ceux qui y estoient tombés, poursuivit le vautour qui s'enfuyoit, et l'ayant attrapé, le frappa avec sa crosse et le submergea dans le fond de la mer. Il luy sembla aussi voir que le personnage estoit retourné vers Felix et sa compagnie, et que d'un visage joyeux l'exhortoit de continuer son chemin en toute assurance, parce que par la grace de Dieu, il avoit vaincu le demon qui avoit excité ce coup de mer, et l'avoit relancé dans les abysmes. Felix entendant de l'evesque la revelation qu'avoit eüe son religieux, connut que c'estoit une figure tres expresse et naïfve du naufrage qu'il avoit faict reellement, et que ce qu'il avoit veu en esprit, il l'avoit souffert et experimenté en son corps, et ayant appris que c'estoit nostre pere sainct Benoist qui l'avoit delivré du peril où le demon l'avoit engagé, il luy rendit mille actions de grace pour ce signalé bienfaict et conceut lors un plus grand desir de visiter ses sainctes reliques. Il prit la benediction de l'evesque, et s'estant muny de tout ce qui estoit necessaire pour son ecquipage, il remonta sur mer, doubla la coste de Bretagne pour entrer dans le Loyre.

« Mais il pleut à Dieu faire un nouveau miracle non moins admirable que le premier, pour luy renouveller l'amour et la devotion envers les saincts, et l'obliger de poursuivre son voyage avec plus de ferveur. Felix fit lever l'ancre et mettre la voile au vent, et voguant heureusement en pleine mer, voilà une furieuse bourrasque qui s'esleve tout à coup et agita si horriblement son petit vaisseau, qu'il se vid hors d'esperance de pouvoir jamais eviter le naufrage qui luy estoit tres certain. Alors Felix, tirant du plus profond de son cœur un souspir, adressa son humble priere à sainct Benoist et à sainct Paul, leur disant devotement : « Grands saincts, puisque j'ay desjà une fois ressenty les effets de vostre puissante protection, j'implore derechef vostre assistance en pareille rencontre ; ne permettés pas que par la malice du demon je sois frustré avant que mourir du bonheur de visiter et reverer vos tres sacrées cendres ; je n'ay entrepris ce voyage à autre dessein que pour vous rendre mes vœux ; hastés vous, je vous en conjure, de me secourir, car les ondes de la mer me vont submerger et engloutir ; ce me sera un nouveau sujet de vous en remercier devant vos sacrés ossements. A peine eut il finy sa priere qu'en un instant la mer s'appaisa, devint calme, et le vent favorable pour continuer sa route, et enfin arriva heureusement au monastere de Fleury. Aymoin raconte tout le voyage et le refere entre les miracles de sainct Benoist en un chapitre exprès, qu'il conclud par ces mots : « *Ita ab instanti naufragio sæpe nominatus Felix exemptus ad hoc sibi diu desideratum (venit) cœnobium, nobisque hunc suæ salvationis retulit fuisse modum* », ayant couché fidellement par escrit ce qu'il avoit appris de la bouche du mesme Felix...

« Nous avons cy dessus racconté deux miracles que nostre pere sainct Benoist a faict en faveur de Felix, le délivrant de deux naufrages sur la mer. Sainct Paul, evesque de Leon, duquel le corps estoit à Fleury, voulut aussy le guerir d'une dangereuse maladie qui le conduisoit au tombeau, en reconnoissance de ce qu'il avoit entrepris le pelerinage pour honorer ses sainctes reliques. C'est l'autheur anonyme de la vie de sainct Gildas et de l'histoire de sa translation qui le rapporte au trente cinquiesme chapitre, et le second autheur que nous avons dict avoir escrit ce que nous sçavons de Felix, et de qui nous empruntons le recit du miracle suivant. Felix, vivant en communauté soubs le mesme abbé sainct Abbon, fut attaqué d'une maladie si violente qu'il fut du tout abandonné des medecins, qui desesperoient de sa vie. Une nuict qu'il estoit gisant dans son lict (la douleur ne luy permettant pas de dormir) bien eveillé et faisant sa priere, il vid entrer dans sa chambre un evesque environné de grande lumière, qui approcha de son lict, luy demandant comment il se portoit et où il avoit mal. Felix alors luy demanda qui il estoit. L'evesque luy respondit qu'il estoit Paul de Leon, de qui il estoit venu visiter les reliques. Felix, voyant un medecin si charitable, se tourna et luy monstra un des costés, luy disant : « C'est là, sainct pere, où j'ay grand mal. » Lors sainct Paul porta la main dessus le mesme endroit, et tira doucement une coste pourrie, et la luy monstra à la lumiere de la lampe, l'exhortant d'avoir bon courage, et l'asseurant qu'il estoit guery, jetta la coste pourrie sur la place et disparut en un instant, ne restant aucune apparence d'une visite si extraordinaire et miraculeuse qu'une soüefve odeur qui dura toute la nuict dans la chambre. Felix se voyant en un instant guery et plein de santé se trouva le premier à matines. Tous les religieux furent fort estonnés de voir debout celuy dont ils n'attendoient que la mort, et luy demanderent comment il avoit esté guery si soudainement. Felix leur raconta tout au long la visite que luy avoit rendue son sainct evesque Paul de Leon, et comme il luy avoit tiré une coste pourrie qu'il leur monstra, la levant de terre. Les religieux crièrent aussytost : « Miracle ! Miracle ! » et rendirent graces à Dieu et à sainct Paul, et tesmoignerent par le son des cloches la joye qu'ils en recevoient. »

Une petite troupe de sept ou huit moines fut donc envoyée, en l'an 1008, de Fleury en Bretagne sous la direction de Félix. Celui-ci reçut le meilleur accueil du duc Geoffroi, de la duchesse Hadwis et de Judicaël, évêque de Vannes, frère de Geoffroi. Il fut investi de la possession des deux anciens monastères vannetais et de toutes leurs dépendances territoriales. Mais il n'avait pas commencé encore son œuvre de restauration quand le duc entreprit un pèlerinage à Rome, projeté depuis longtemps. Geoffroi mourut au retour par suite d'un singulier accident, du moins selon le récit, peut-être légendaire, du cartulaire de Saint-Florent, adopté en ces termes par notre religieux de Saint-Maur : « Le duc estant logé dans une hostellerie, son fauconnier par mesgarde donna l'essor à l'oyseau, qui se rüa sur une des poulles de l'hostesse et la tua ; dont cette femme ou plutost megere entra en si grande furie que, prenant une pierre, elle la jetta contre le duc et le blessa si griefvement à la teste qu'il en mourut peu de temps après, n'ayant eu que le loisir de disposer de ses dernieres volontés. Peut estre aussi, remarque le bon religieux, que cette femme jetta tumultuairement la pierre contre les gens du duc, qui par malheur receut le coup (1). »

Geoffroi laissait deux fils en bas âge, Alain et Eudes, sous la tutelle de la duchesse Hadwis, qui paraît avoir été douée de qualités rares. Elle s'opposa au départ de Félix et de ses moines qui, désolés de la mort de leur protecteur et désespérant après lui du succès de l'œuvre dont il avait pris l'initiative, voulaient s'en retourner à Saint-Benoît-sur-Loire. Cédant à ses instances et à celles de Judicaël, qui avait conçu pour Félix une vive affection, celui-ci mit alors

(1) Ms fr. 16822, fol. 441. — L'auteur rapporte ainsi le texte même du cartulaire : « Cujus accipiter mulieris gallinam invadens occidit, unde a tumultuosa muliere caput lapide percussus, sua re disposita, mortuus est. » — Cf. Dom Morice, *Histoire de Bretagne*, t. I, p. 67.

vaillamment la main à l'accomplissement de sa mission. Il édifia rapidement à Lochmenech et à Saint-Gildas des groupes de cellules provisoires et s'occupa de relever de leurs ruines les monastères dévastés. L'état en était déplorable et l'aspect hideux. Rien n'était resté debout des habitations anciennes. Quant aux églises, demeurées à découvert par l'incendie des toitures, elles présentaient aux regards des murs à demi-effondrés, où avaient crû dans les interstices des arbres grands et noueux : nefs et sanctuaires servaient de repaires aux bêtes fauves. Mais Félix sut en peu de temps grouper autour de lui et de ses compagnons d'excellentes recrues, venues des meilleures familles du pays, qui lui confièrent, en outre, des enfants pour les élever au service de Dieu. La population rurale de la région lui fournit sans doute aussi des bras vigoureux pour l'aider à faire revivre dans la campagne vannetaise l'agriculture d'autrefois. Bientôt, dans les deux vieux centres monastiques du pays de Bro-Waroch et dans leurs dépendances, les églises furent restaurées, des bâtiments et des maisons s'élevèrent, on commença de recueillir les doux fruits des vignes nouvellement plantées et des jeunes vergers déjà florissants.

Mais en cette rude époque, chez cette race belliqueuse et redevenue quelque peu sauvage, les pacifiques labeurs avaient peine à suivre leur cours. Durant la minorité du jeune duc Alain, la Bretagne fut encore agitée de dissensions furieuses. Il y eut une terrible jacquerie de paysans soulevés contre leurs seigneurs, insurrection féconde en ruines et en incendies, mais qui fut noyée dans le sang des révoltés. Il y eut ensuite une rébellion de seigneurs contre le duc, qui en vint à bout grâce à son heureux naturel, sagement mis en action par l'habile énergie de sa mère. Les guerres civiles, toujours accompagnées d'affreux ravages, détournaient les cœurs et les bras des œuvres civilisatrices. Le découragement gagna Félix, qui voyait chanceler la prospérité naissante de ses monastères et à qui ces continuels tumultes étaient en horreur. Après seize années de séjour en Bretagne, il résolut, cette fois d'une volonté fixe, d'aller retrouver la paix de Fleury-sur-Loire, et toutes les prières d'Hadwis ne réussirent pas à l'ébranler. Mais l'habile duchesse confia secrètement au compagnon de Félix dans ce voyage, un breton nommé Filim, une lettre adressée à l'archevêque-abbé Gauzlin, par laquelle elle suppliait ce prélat d'user de son autorité pour lui renvoyer, canoniquement revêtu du titre et de la charge d'abbé des monastères vannetais, le pieux et diligent auteur de la renaissance religieuse et sociale de cette partie de ses Etats. Elle lui faisait remarquer que ses fils Alain et Eudes grandissaient et s'avançaient vers l'âge d'homme, et elle lui donnait l'assurance qu'ils étaient déterminés du fond du cœur à continuer et à soutenir l'œuvre chrétienne, pour laquelle Geoffroi leur père avait naguère demandé et obtenu l'envoi de Félix (1).

« Quand Gauzlin, raconte le moine du onzième siècle, auteur de la *Vie de saint Gildas* (2), eut lu la lettre de la duchesse, il appelle le moine Félix et lui demande pourquoi il est revenu, pourquoi il a abandonné le pays, la communauté religieuse qui lui avaient été confiés. « Parce que, répond Félix, il m'est impossible d'y vivre et d'y servir Dieu en paix ». Alors l'abbé : « Penses-tu donc obtenir dans ta patrie ce qui a été refusé à Jésus-Christ dans la sienne ? Si tu veux arriver jusqu'au Christ, il faut que tu marches et peines comme il a peiné. Car, selon la parole de l'Apôtre, c'est à travers beaucoup de tribulations que nous devons entrer dans le royaume de Dieu. Ainsi, très cher ami, où que tu sois, souffre tes chagrins avec patience ; sois-nous

---

(1) Cf. *Vita S. Gildæ*, cap. 36, 37. Mabillon, *Annales Ordinis S. Benedicti*, t. IV, pp. 203, 204.

(2) *Vita S. Gildæ*, cap. 38. — Cf. Mabillon, *Annales*, t. IV, pp. 304, 305. — L'abbé Luco, *Histoire de Saint-Gildas de Rhuys*, p. 148 et suiv.

obéissant comme tu l'as promis dans le vœu de ta profession monastique ; reçois la charge abbatiale avec notre bénédiction, afin que toi et ceux à qui nous t'avons donné pour supérieur, vous parveniez ensemble à la gloire éternelle. » Comme Félix persistait à s'excuser et déclarait qu'il lui était absolument impossible de porter ce fardeau, l'abbé Gauzlin qui, comme nous l'avons dit, était aussi évêque, l'entraîne comme de force à l'autel et lui confère la dignité d'abbé le quatrième jour des nones de juillet (4 juillet 1024 ou 1025). Félix alors, après avoir reçu la bénédiction de son abbé et de toute la congrégation de Fleury, revient en Bretagne, muni de lettres de recommandation de Gauzlin pour les princes bretons et pour l'évêque de Vannes. Comme il hésitait pour savoir dans lequel de ses deux monastères (Lochmenech ou Ruis) il fixerait le siège de sa juridiction abbatiale, il consulta sur cela le duc Alain et l'évêque Judicaël. Ceux-ci, après avoir tenu conseil avec les barons du pays et aussi avec quelques prélats, se prononcèrent pour le monastère de Saint-Gildas, de fondation plus ancienne et dont le territoire était plus fertile, plus riche en blé, en vin, en arbres fruitiers ; en outre, les poissons de tout genre, même de grosse espèce, y abondaient, chaque sorte en son temps. »

Félix, désormais, se consacra sans retour à son œuvre apostolique et sociale. Il mourut en odeur de sainteté dans son abbaye de Ruis, le 12 février 1038, et fut enseveli dans l'église qu'il y avait construite et qui, dit-on, avait été solennellement consacrée par l'évêque Judicaël, vers l'année 1032, le 30 septembre. Son tombeau demeura un objet de vénération pour les populations environnantes, et à travers les siècles, les évènements, les reconstructions et modifications successives, il subsiste encore dans le transept gauche de l'église actuelle de Saint-Gildas, « portant, sur son couvercle en pierre, outre une croix pattée, cette inscription en grandes capitales romaines du onzième siècle : *II id. Feb. obiit Felix, abb. istius loci.* » (1)

L'abbé Félix, malgré le découragement auquel il avait quelque temps cédé, semble bien avoir été un de ces grands moines fondateurs et civilisateurs auxquels la société chrétienne fut si redevable à cette époque. La presqu'île de Ruis et toute la région vannetaise lui dut un renouvellement de foi religieuse, de laborieuse et féconde activité. L'état moral dans lequel il avait trouvé la contrée se reflète assez vivement dans

(1) L'abbé Luco, ouvrage cité, pp. 149, 152. — Cf. Ms. fr., 16822, pp. 452, 480 et suiv. — Mabillon, *Annales*, t. IV p. 426.

une anecdote racontée en ces termes par le moine, auteur de l'ancienne *Vie de saint Gildas* :

« Il y avait alors en ce lieu de Saint-Gildas, nous dit-il (1), un serviteur de Dieu, nommé Ehoarn, menant la vie d'un ermite. Il fut assailli une nuit par des brigands « *latrunculi* », qui firent soudain irruption dans sa demeure, attenant à l'église. L'un d'entre eux, surnommé Le Léopard, d'un coup de hache lui brisa le crâne, et répandit sa cervelle sur le seuil même de l'église. Mais presque aussitôt, devenu la proie du démon, le meurtrier se précipita par terre, puis, quand il se fut relevé, il se frappa de son coutelas et se fit une blessure au sein, et, si ses compagnons ne l'eussent retenu, il se fût donné la mort. Ils l'attachèrent et le ramenèrent à son logis, mais jamais depuis il ne recouvra la raison. Vingt années durant nous l'avons vu, dépouillé de tout vêtement, sans tunique, sans chemise, sans chaussures, se promener nu, surprenant spectacle ! hiver comme été, dans le pays. Il arrivait parfois que, le rencontrant ainsi assis sous un arbre ou en un endroit quelconque, on lui offrait un vêtement par charité. Mais alors il ne bougeait pas d'où il était avant d'avoir mis ce vêtement complètement en pièces. Si c'était

(1) *Vita S. Gildæ*, cap. 39.

une étoffe de laine ou de lin, il s'acharnait là même à en arracher tous les fils ; si c'était une peau fourrée, il la réduisait également à rien. Et ainsi, pendant de longues années, comme nous l'avons dit, il souffrit nu, chez lui et dehors, les chaleurs intenses de l'été et les intolérables froids de l'hiver.

« O clémence ineffable du Christ! ô immensité de sa miséricorde et de sa bonté ! ô mérites glorieux du bienheureux Gildas ! qui tout à la fois dans un seul et même homme, châtient les crimes et détournent les impies par un effroi salutaire de se rendre coupables de tels attentats. Mais nous croyons que ce malheureux a obtenu de la miséricorde de Dieu, qui ne fait pas sentir deux fois sa colère pour un même crime, la grâce du salut éternel. »

Les « latrunculi » dont fut victime Ehoarn, et dont Félix, à ce qu'il semble, ne purgea pas le pays sans peine, servirent, il est permis de le croire, d'utiles instruments pour les tracasseries dont les auxiliaires du saint abbé dans la restauration de Saint-Gildas furent l'objet de la part de l'éternel ennemi du genre humain et de la civilisation chrétienne. « Nous ne saurions passer sous silence, raconte notre bon moine de Ruis (1), quelles persécutions eurent à souffrir

(1) *Vita S. Gildæ*, cap. 42.

en ce temps là nos devanciers de la part du démon dans ce saint monastère. L'antique ennemi voyant que les serviteurs de Dieu avaient commencé à cultiver ce lieu désert, dont il avait été longtemps le seul possesseur, mais dont ils allaient le chasser, eut recours à ses vieux artifices et s'efforça de mille manières, par des apparitions et des terreurs nocturnes, de mettre en fuite ceux qu'il voyait munis de la grâce divine. Une nuit, par exemple, que des enfants du monastère, assis à une table, s'exerçaient à la psalmodie, le démon se présenta et se mit à jouer avec la lumière de la chandelle. D'abord il avançait la main entre les deux enfants, puis il la retirait, puis l'avançait de nouveau, puis la retirait encore, et cela sans discontinuer jusqu'à ce que la chandelle touchât à sa fin. On ne voyait que l'apparence d'un bras et d'une main, tout noirs et couverts de poils. Les enfants furent saisis de trouble et d'épouvante : l'un se nommait Ratfred et l'autre Mangis, et il y avait avec eux un troisième enfant, un peu plus âgé, qui les instruisait, et qui se nommait Rannulf. Un vieux moine, chargé de les surveiller, qui avait nom Jouethen, voyant ce qui se passait et l'effroi de ces enfants, leur dit : « Faites le signe de la croix, enfants, et continuez à chanter les psaumes de David. » Mais le mauvais démon éteignit la chandelle presque consumée, puis, poussant un éclat de rire, il se précipita sur un tas de pierres placé près de là et excita une grande terreur par le bruit des pierres qui se heurtaient ; ensuite, il ne fit, pendant toute la nuit, qu'agiter et remuer les écuelles qui se trouvaient dans le réfectoire, et troubler ainsi le sommeil des habitants du monastère. De plus, il y avait aussi là un vase plein de vin, et quand l'économe voulut y puiser, il le trouva vide, sans qu'on pût remarquer aucune trace de vin répandu par terre. Félix était absent. A son retour, le lendemain, les religieux lui rapportèrent les phénomènes qui s'étaient produits la nuit précédente. Il bénit de l'eau mêlée de sel et en aspergea, à l'intérieur et au dehors, les bâtiments où les faits s'étaient passés, et depuis ce jour-là, par la grâce de Dieu, le monastère put être habité en paix. »

Comme un solide appui pour son œuvre restauratrice, l'abbé Félix avait eu soin de remettre en vigueur l'antique tradition du monastère et de renouveler le culte du saint fondateur de Saint-Gildas de Ruis, dont la popularité refleurit dans la contrée défrichée naguère par les mains des religieux celtiques, émigrés de la Grande-Bretagne. Notre excellent moine nous a conservé quelques anecdotes intéressantes, se rapportant à la fréquentation de ce centre religieux de la contrée.

« La fête du bienheureux Gildas approchait, nous dit-il (1), et le peuple y accourait de toutes parts en foule. Or, il y avait un homme retenu depuis longtemps au lit par une grave infirmité ; quand il vit ses amis et ses voisins s'empresser pour se rendre à la cérémonie, il s'écria qu'ils l'emmenassent au lieu saint. S'il lui était permis, disait-il, de toucher le tombeau du bienheureux, il recouvrirait bientôt la santé ; il en avait la foi, la certitude. Il fut donc emmené par ses amis et déposé devant le tombeau de Saint-Gildas. Or, pendant la célébration solennelle des vêpres, cet homme, couché devant le saint tombeau, s'étendit tout à corps sur le sol raide comme un mort ; il cessa de gémir, ses yeux étaient retournés, ses pieds, ses mains, son sein froids comme glace ; et enfin tout son corps semblait un cadavre. La multitude qui était là tout autour se mit à crier : « Il est mort ! emportez-le dehors ! » Parmi ces cris et la foule qui se pressait de plus en plus autour du malheureux, personne, pendant plus de trois heures, ne put, à cause de cette presse, ni mettre la main sur lui, ni même en approcher. A la fin, un des moines, appelé

(1) *Vita S. Gildæ*, cap. 40.

Junior, prenant en main le bâton de saint Gildas (1), fit trois fois avec ce bâton le signe de la croix sur le corps. Aussitôt, à la stupéfaction générale, l'homme se leva, et il dit : « N'avez-vous pas vu saint Gildas debout sur cette pierre et me relevant de sa main ? » Alors, aux yeux de tous, il se mit sur pieds, sain et joyeux, et alla placer un cierge sur l'autel, et, le malade, que les bras de ses amis avaient apporté tout languissant au saint tombeau, s'en retourna sur ses jambes à son logis, joyeux et en pleine santé. Dans la suite, comme je racontais un jour cette guérison miraculeuse à quelques seigneurs devant l'église de Planorcat, ce même homme survint là et leur attesta par serment que les choses s'étaient bien passées ainsi que je les racontais.

« C'est une chose bien connue et répandue dans toutes les parties de la Bretagne, continue le pieux narrateur (2), que si dans une paroisse ou dans un pays quelconque, il survient une

(1) Le religieux de Saint-Maur, auteur du ms. fr. 16822, dit au sujet de ce bâton (p. 460) : « Nous avons faict cydessus mention du baston dont sainct Gildas s'appuyoit. On avoit coustume de s'en servir comme d'un baston pastoral ou crosse abbatiale, et l'abbé Dajocus l'avoit enfermé avec les autres reliques dans le tombeau du sainct, mais il ne se trouve plus dans le thresor de l'abbaye de Ruys ; il faut qu'il ayt esté distraict et donné à quelque eglise, comme son livre des Evangiles à la cathedrale de Sainct Pierre de Vennes. »

(2) *Vita S. Gildæ*, cap. 41.

épidémie, les habitants se réfugient en ce lieu très saint et y viennent en toute confiance demander à Dieu le remède à ce fléau. Une fois, une foule de peuple s'en venait pour cette cause de l'endroit nommé Ilfintinc. Mais un d'eux, nommé Dongual, tomba subitement frappé du mal, et demeura ainsi devant l'église de Sarthau. Or, ses compagnons, arrivés au monastère, me demandèrent d'envoyer un cheval pour le recueillir et l'amener, ce que je fis. On l'amena donc, mais, comme il ne pouvait se tenir debout, on le plaça dans la maison des hôtes (1).

« Il était affreux à voir et il vomissait le sang. Personne n'espérait qu'il pût vivre jusqu'au lendemain, mais on attendait sa fin d'un instant à l'autre. Toute la congrégation vint le visiter, pria pour lui, et lui donna l'onction des saintes huiles. Mais, à partir de ce moment, il revint à lui peu à peu, reprit ses forces, et après quelques jours recouvra sa pleine santé. Ses compagnons étaient retournés dans leur pays, avaient annoncé sa mort à sa femme et lui avaient dit qu'il était enterré à Saint-Gildas. Elle y vint donc afin d'y faire des aumônes pour le repos de

---

(1) Il y avait dans les monastères bénédictins un bâtiment spécial, destiné à donner l'hospitalité aux étrangers : visiteurs, voyageurs, pèlerins, malades, selon les cas.

son mari, mais celui qu'elle croyait mort, elle le trouva non seulement en vie, mais très bien portant. C'est ainsi, c'est ainsi, ô mon Dieu, que vous agissez par vos saints, et accomplissez de grands miracles par votre seule volonté. Cet homme donc s'en retourna avec sa femme, joyeux et en bonne santé, qui était venu triste et moribond. Je l'ai encore vu tout récemment, fort bien portant, rendant grâce à Dieu et célébrant la puissance de saint Gildas, et il raconte lui-même sa guérison telle que nous venons de la rapporter. »

L'époque de la rénovation d'un monastère, comme autrefois celle de sa fondation, était naturellement un temps de ferveur. Parmi les moines réunis à Saint-Gildas de Ruis autour de l'abbé Félix, il en est deux notamment qui laissèrent dans la communauté un grand renom de sainteté, et, chose touchante ! c'étaient deux simples frères convers. L'un s'appelait Gingurien et fut, ce semble, une des recrues faites par Félix dans le pays même.

« Il y avait en ce temps là, raconte notre bon moine (1), parmi les premiers religieux réunis dans ce saint monastère, un frère du nom de Gingurien, laïque il est vrai, mais plein du

―――

(1) *Vita S. Gildæ*, cap. 43, 44.

Saint-Esprit et orné de toutes les vertus. Il servait Dieu depuis quelque temps et menait une vie simple et innocente, quand le Seigneur, voulant éprouver sa patience par les souffrances corporelles et le donner en exemple aux autres, daigna lui révéler que la fin de sa vie était prochaine. Un jour donc, Gingurien se présenta devant l'abbé Félix et toute la communauté réunie en chapitre, et faisant humblement satisfaction, demanda pardon de ses fautes. Ils lui répondirent tous successivement, comme à un homme simple et innocent qu'il était : « Que le Seigneur te pardonne les fautes que tu as pu commettre par ignorance et qu'il t'absolve de tous tes péchés ! » — « Sachez, bien aimés frères, leur dit alors Gingurien, qu'à partir de ce jour je ne pourrai plus ni circuler ni demeurer parmi vous. J'implore de votre charité que vous me recommandiez à Dieu dans vos prières et me donniez l'onction sainte. » Or, ils s'étonnèrent tous qu'un homme qu'ils voyaient en bonne santé demandât l'extrême onction. Mais lui les en suppliait avec insistance, demandant qu'on lui accordât cette grâce pendant que sa parole était libre encore. Après le chapitre, il apporta tous ses ustensiles et tous ses outils, et les déposa aux pieds de l'abbé en lui disant : « Seigneur, je vous remets la tâche et l'obédience que vous n'avez commandé de remplir, chargez en quelque autre frère. » Le saint homme était en effet chargé du soin des abeilles depuis l'époque de sa profession, et il avait sous sa surveillance un grand nombre de ruches.

« Ensuite, il assista au sacrifice de la messe et, après le baiser de paix, s'approcha de l'autel et reçut la sainte communion de la main du prêtre, puis, ramenant ses deux mains sur sa poitrine, il s'étendit soudain à terre près des degrés de l'autel. Alors on le porta à bras à l'infirmerie, et aussitôt, comme il l'avait demandé aux frères, on lui donna l'onction sacrée. A partir de ce jour, comme il l'avait prédit, il demeura paralysé une année entière, gisant sur sa couche, et ne pouvant même pas se tourner d'un côté sur l'autre ni porter la main à ses lèvres.

« Après une année de cette souffrance, Dieu daigna lui faire savoir par son ange le jour de sa mort. Un matin Gingurien appela le novice Riol et lui dit : « Cher frère, je te prie de dire à toute la communauté qu'elle rende grâce à Dieu et se réjouisse continuellement dans le Seigneur : elle doit en effet tenir pour certain qu'elle a eu parmi elle, cette nuit, pendant l'office nocturne, l'archange saint Michel. Avant qu'on ne sonnât l'office, l'archange en effet m'est apparu sous la forme d'un très bel enfant environné d'une grande lumière, et il m'a dit qui il était. « Ne crains point, a-t-il ajouté, mais prépare toi, parce que, dans le jour qui va luire tu sortiras de ton corps pour goûter une vie meilleure. » Puis je l'ai vu entrer dans l'église, par la fenêtre orientale, avec la lumière qui l'entourait, et tout le temps de l'office, cette merveilleuse lumière ne s'est point éloignée de l'église. Maintenant donc, très cher frère, annonce à nos frères ce que je t'ai dit, et dis leur aussi combien je suis reconnaissant à leur charité des bontés qu'ils ont eues pour moi pendant cette année entière. Or, après vêpres, il appela le frère qui le servait et lui dit : « Appelle nos frères, car voici que je quitte cette vie. » Toute la communauté s'étant donc réunie près de sa couche, il s'en alla vers le Seigneur, à l'heure qu'il avait prédite, le quatrième jour des calendes d'octobre (28 septembre) (1). »

(1) Après avoir rapporté, d'après l'ancien moine de Ruis, le touchant épisode de frère Gingurien, le religieux de Saint-Maur, auteur du ms. fr. 16822, s'exprime en ces termes (p. 477) : « Nous ne sçavons pas au vray l'année qu'il mourut. L'on peut dire seulement que c'estoit avant le deceds de l'abbé Felix. Il n'est resté aucune memoire de luy dans le monastere de Ruys, ny du lieu de sa sepulture. » — On lit, à ce sujet, dans l'ouvrage de M. l'abbé Luco, p. 164 : « Saint Félix le fit enterrer dans une des chapelles du chœur de l'église, derrière le tombeau de saint Gildas. A l'endroit où la tradition du pays indiquait sa tombe sans marque, le vénérable curé

Un autre frère convers de l'abbaye de Ruis a laissé dans la contrée et y conserve aujourd'hui encore un renom de sainteté plus éclatant. Notre hagiographe du onzième siècle nous parle de lui en ces termes : « En ce même temps, dit-il (1), brilla dans ce saint monastère Gulstan, homme vénérable et tout à fait digne de mémoire. Lui aussi était laïque, mais il avait appris par cœur les psaumes et les oraisons, et il ne cessait de les chanter devant Dieu nuit et jour ; si endurci aux saintes veilles que même dans l'âge le plus

actuel de la paroisse a fait placer, il y a quelques années, une dalle portant cette inscription : *Sanctus Gingurianus, monachus istius loci*, c'est-à-dire, saint Gingurien, moine de ce lieu. Cette dalle, dont la moitié paraît enclavée dans le mur, se voit au côté de l'Evangile. »

(1) *Vita S. Gildæ*, cap. 45. — Le religieux de Saint-Maur, auteur du ms. fr. 16822, donne (p. 482 et suiv.), une biographie beaucoup plus étendue de saint Goustan, nom populaire de Gulstan, d'après un légendaire manuscrit conservé encore de son temps à l'abbaye de Ruis et reposant, dit-il, sur une relation plus ancienne encore et presque contemporaine du saint. Mais la valeur critique et l'autorité historique de cette biographie laissent à désirer, bien qu'on y pût, à ce qu'il semble, recueillir un certain nombre de traits utiles, par exemple le séjour du frère Gulstan dans un couvent fondé dans l'île de Hœdic par l'abbé de Saint-Gildas et placé sous la direction d'un religieux nommé Rioc, dont la pierre tombale se voyait au dix-septième siècle et se voit encore aujourd'hui à Saint-Gildas, à côté de celle de Félix, et porte cette inscription : *Riocus abba*. Cf. Luco, ouvrage cité, p. 382, et ms. fr. 16822, pp. 496, 697.

avancé, c'est à peine si on le voyait, hiver comme été, demeurer au lit pendant trois heures. Il avait été dans sa jeunesse séparé d'une bande d'écumeurs de mer par Félix, qui, non encore moine en ce temps-là, menait dans l'île d'Ouessant la vie érémitique. Cette même vie que Félix lui avait alors enseignée, Gulstan la chérit toujours jusqu'à la fin de son existence : extrêmement sobre en nourriture et boisson, assidu aux veilles et à la prière. Dieu se plut à faire éclater les mérites de ce saint homme même de son vivant, car ses louanges et sa renommée retentissaient au loin et au large dans la bouche de tous les marins de la région.

« Le Seigneur daignait en effet accomplir par son entremise tant de miracles, qu'il serait à peine possible de les raconter ou de les énumérer. Or, il mourut le cinquième jour des calendes de décembre (27 novembre), au château de Beauvoir (en Bas-Poitou), dans le couvent des moines de Saint-Pierre de Maillezais, où il était venu pour les affaires de son monastère. Quand on apprit par la voix du crieur que le bienheureux Gulstan avait quitté ce monde, car c'est au milieu de la nuit qu'il avait rendu le dernier soupir, voici que tous les barons du pays sautent du lit ainsi que les dames et tous ceux à qui arrive cette nouvelle, et qu'ils courent à l'envi avec des cierges et des lampes, pour rendre hommage à l'homme de Dieu, tellement que c'est à peine si le couvent pouvait contenir cette multitude. Or, les moines de Saint-Philibert, voyant la quantité d'ornements, la somme considérable d'argent et la multitude de cierges qui s'accumulaient ainsi autour du corps du bienheureux, persuadèrent à la foule rassemblée à Saint-Pierre de transporter le corps à leur propre église. Les moines de Saint-Pierre, dans le couvent desquels Gulstan était mort, résistèrent à cette prétention, appuyés par leurs serviteurs, qui ne voulaient pas souffrir que l'on enlevât le corps de leur demeure, où il devait rester, disaient-ils, jusqu'au jour où ils pourraient le reconduire à son monastère de Ruis. Mais les autres ayant réussi à soulever la multitude en leur faveur, enlevèrent le corps, avec tout l'appareil et le luminaire qui l'entouraient, et le transportèrent dans leur église ; ils recueillirent, pendant les trois jours où il y fut exposé, une immense somme d'argent donnée en offrandes, et, le troisième jour écoulé, ils enterrèrent le bienheureux.

«Quand la nouvelle fut parvenue à Saint-Gildas de Ruis, l'abbé Vital (successeur de Félix) se rendit dans le pays dont il s'agit et pria doucement qu'on lui remit le corps du moine de son obédience. Mais les religieux de Saint-Philibert, non par attachement pour le saint homme, mais plutôt par l'amour de l'argent que l'on apportait chaque jour de tous côtés en offrande à son tombeau, ne rendirent aucune réponse. Alors Vital alla trouver l'évêque de Poitiers Isembard (ou Isembert) et se plaignit avec indignation d'une telle injustice. L'évêque, qui avait déjà éprouvé de la part de ces mêmes moines des accès de désobéissance à ses commandements, leur ordonna de se rendre avec leur abbé à son synode, où il convoqua également l'abbé Vital. Quand la cause eut été plaidée de part et d'autre dans le synode, l'évêque ordonna aux abbés et aux chanoines nobles qui étaient présents... » — Ici le récit du moine de Ruis s'interrompt, car le manuscrit de Fleury-sur-Loire, aujourd'hui tout à fait perdu, sur lequel son écrit a été imprimé pour la première fois par Jean du Bois (1), était incomplet, et cette lacune finale n'a pu être comblée depuis ni par les Bollandistes (2), ni par Mabillon (3), ni, en dernier lieu, par M. Mommsen.

(1) Dans sa *Bibliotheca Floriacensis*, Lyon, 1605.
(2) Tome II de janvier, p. 958 et suiv.
(3) Le texte donné par Mabillon procède d'un manuscrit de Ruis dont la date n'est pas indiquée, et qui semble avoir été complété à l'aide d'un légendaire en usage à l'abbaye de Saint-Gildas-des-Bois, dans le pays nantais. Cf. ms. fr. 16822, pp. 22, 407, 408, 747.

Il ne paraît pas toutefois douteux que l'abbé Vital n'ait obtenu gain de cause près de l'évêque Isembert (1), et que le corps du bienheureux Gulstan n'ait été ramené et enseveli à Ruis. « Dans la croisée de nostre eglise du costé de l'Evangile, écrit vers 1668 notre religieux de Saint-Maur (2), est le tombeau de sainct Goustan, frère lay de cette abbaye, les reliques duquel sont toutes dans son tombeau, avec les cendres du corps qui a esté consommé par la longueur du temps. Le tombeau est fort simple, relevé d'un pied au plus sur la terre. » On le voit aujourd'hui, à la même place, dans l'église de Saint-Gildas, mais il ne porte aucune inscription.

La popularité de saint Goustan à Ruis et dans toute la région environnante demeura immense et, comme nous l'avons dit, subsiste encore. L'ancienne église paroissiale du bourg, dont il ne reste plus que le portail, à l'entrée du cimetière, à quelques pas de l'abbaye, lui était dédiée. L'une des paroisses d'Auray est sous son invocation. Il en était de même de l'église de Hœdic, démolie au dix-septième siècle, et il est demeuré le patron secondaire de l'église ac-

(1) Deux évêques de Poitiers, l'oncle et le neveu, portèrent successivement ce nom. L'un mourut en 1047, l'autre en 1086.
(2) Ms. fr. 16822, p. 697. — Cf. Luco, ouvrage cité, pp. 258, 259.

tuelle, consacrée en premier lieu, depuis un siècle environ, à Notre-Dame. Il y a au Croisic, à l'ouest de la ville et sur le bord de la rade, une chapelle de Saint-Goustan. Les femmes et les filles des marins croisicais réclament encore aujourd'hui la protection du bon frère ; elles chantent en se divertissant cette ronde naïve :

> Saint Goustan, notre ami,
> Ramenez nos maris ;
> Saint Goustan, notre amant,
> Ramenez nos enfants (1).

Un témoignage bien concluant de l'influence dans toute la Bretagne du culte de saint Gildas, restauré à Ruis par Félix et ses fervents compagnons, c'est la fondation, dès l'année 1026, par Simon, seigneur de la Roche, dans un lieu nommé Lampridic, au pays nantais, entre Redon et Pontchâteau, d'un nouveau monastère placé sous l'invocation de cet illustre patron, et qui prit le nom de Saint-Gildas-des-Bois. Les premiers religieux et le premier abbé, qui s'appelait Hélogon, n'en furent pas néanmoins empruntés à l'abbaye de Ruis, encore insuffisante à les fournir, mais à celle de Saint-Sauveur de Redon, très prospère alors sous le gouvernement de

---

(1) Cf. Luco, ouvrage cité, pp. 173-175.

l'abbé Cadwallon (1). « Grâce à des protections puissantes et à de pieuses générosités, dit M. l'abbé Luco (2) cette abbaye (Saint-Gildas-des-Bois) devint bientôt riche et acquit de grands et nombreux privilèges. Son abbé portait crosse et mitre et pouvait officier pontificalement ; c'était le seul abbé du diocèse de Nantes à pouvoir user des ornements pontificaux depuis le concile de Bâle... Cette abbaye eut un abbé régulier jusqu'en 1592. Jean Bohier, protonotaire du Saint-Siège et archidiacre de Nantes, fut son premier abbé commendataire (3). La réforme de Saint-Maur s'y introduisit en 1646, sous l'abbé Sébastien-Joseph du Cambout, dont le père, avec l'approbation du pape et du roi, signa, à Paris, le 28 décembre 1645, le contrat passé avec la Congrégation de Saint-Maur. Le général de cette congrégation y donna son assentiment, le 3 janvier 1646, et la prise de possession se fit, le 29 mai suivant, par Don Félicien Buteux, prieur de Saint-Sauveur de Redon. Le nombre de religieux ne fut ni augmenté, ni diminué ; comme à l'origine, il était encore de huit en 1790... Cette abbaye devint, de bonne

(1) *Gallia christiana*, t. XIV, p. 847. — Ms fr. 16822, p. 464 et suiv. — Luco, ouvrage cité, pp. 176, 177.
(2) Ouvrage cité, pp. 177-179.
(3) Nous aurons à reparler de la *commande* à propos des destinées ultérieures de Saint-Gildas de Ruis.

heure, un pèlerinage très fréquenté. Dans un petit hôpital, voisin des bâtiments réguliers et maintenant détruit, les religieux recevaient les fous, qui, bien souvent, recouvraient l'esprit par la vertu de Dieu et les mérites de saint Gildas. — Supprimée comme toutes les autres de France, l'abbaye de Saint-Gildas-des-Bois, avec ses dépendances, fut, en 1790, comme bien national, mise en adjudication par le district de Savenay et achetée par un propriétaire du pays, qui la revendit, en 1798, à Guy Maillard de la Morandais, habitant de Saint-Gildas. Ce fut au fils de ce dernier que, en 1828, l'abbé Deshayes, fondateur des Sœurs de l'instruction chrétienne, acheta l'abbaye et son enclos. Ces religieuses en ont fait la maison-mère de leur société et la résidence de leur supérieure générale. »

Sous la pieuse et habile impulsion de l'abbé Félix, le monastère de Saint-Gildas de Ruis n'était pas seulement redevenu un centre de ferveur religieuse, de relèvement moral et de prospérité agricole; il s'y était également créé un mouvement intellectuel à l'imitation de celui que Félix avait vu fleurir à St-Benoit-sur-Loire. Les jeunes enfants voués au service de Dieu, dont nous avons tout à l'heure entendu citer les noms : Ratfred, Mangis et leur *moniteur* Rannulf, étaient sans aucun doute, avec d'autres condisciples, les élèves d'une école établie dans le monastère restauré. Un peu plus tard, Saint-Gildas n'eut plus seulement des maîtres et des élèves, une bibliothèque et des copistes pour l'augmenter, mais des écrivains, des auteurs, composant dans son sein et à son usage.

Tel fut le moine anonyme auteur de la *Vie de saint Gildas*, à laquelle il eut l'heureuse idée d'ajouter quelques détails sur la restauration de l'abbaye et les premiers religieux qui l'accomplirent.

Il n'était pas, lui, tout à fait de ces premiers temps et n'a composé son ouvrage que sous l'abbé Vital, successeur de Félix, peut-être aux environs de 1060. Il est clair que pour ce qui concerne ses devanciers immédiats, « *priores nostri* » comme il les appelle, il a puisé ses renseignements dans l'abbaye même, et que son témoignage a beaucoup d'autorité. Mais ce n'est que par une évidente distraction que l'on a pu croire qu'il avait trouvé dans le monastère de Ruis des documents anciens sur le saint patron de ce monastère et sa fondation au temps de l'émigration celtique. Il est en effet constant, par le texte même du bon moine, que la bibliothèque et les archives de la communauté ancienne avaient été emportées au dixième siècle par l'abbé Daioc et ses religieux, fuyant l'invasion normande

« *cum libris et ornamentis* (1) » et, que l'abbaye avait été ensuite ruinée de fond en comble par les pirates. Les sources écrites de sa biographie de saint Gildas, dont quelques unes ne paraissent pas sans valeur, étaient, selon toute probabilité, originaires de Fleury-sur-Loire. Il est possible qu'il y ait joint d'antiques traditions populaires, répandues, peut-être sous forme poétique, dans le pays de Bro-Waroch. Telle semble bien être, par exemple, la curieuse légende de sainte Triphime (2), où il est permis de reconnaitre l'adaptation plus ou moins fondée à saint Gildas et à d'autres personnages de l'histoire, de la légende et de l'épopée bretonnes, de ces deux thèmes quasi-universels de la poésie populaire : l'épouse innocente et persécutée et l'époux meurtrier de ses femmes. Ce dernier type, fondé d'ailleurs aussi bien que l'autre sur des réalités, est encore célèbre dans nos récits enfantins sous le nom de « Barbe-Bleue (3). »

(1) *Vita S. Gildæ*, cap. 33. Ce chapitre est considéré par M. Mommsen comme interpolé. Mais peu importe dans le cas dont il s'agit. La même conclusion se tire d'ailleurs du passage suivant du chap. 32 : « *Ea tempestate duo monasteria virorum : Lochmenech, id est locus monachorum, et locus S. Gildæ, effugatis habitatoribus, deserta sunt atque destructa.* »

(2) *Vita S. Gildæ*, cap. 20-25.

(3) Il est possible cependant que la légende de sainte Triphime ait été empruntée par notre moine à une *Vie de saint Gildas* plus ancienne, analogue à la *Vie de*

Au mouvement intellectuel établi dans l'abbaye de Saint-Gildas par la colonie de Fleury-sur-Loire, se joignit probablement aussi un certain mouvement artistique, auquel la reconstruction des bâtiments du monastère et celle surtout de l'église donnèrent lieu de se déployer. L'édifice religieux dû à l'abbé Félix fut peut-être lui-même, comme il arrivait à cette époque, assez promptement remplacé par un autre, ou du moins modifié selon les progrès de l'art de bâtir. Mais, quoi qu'il en soit, dans l'un au moins des traits jadis caractéristiques de l'ancienne église abbatiale de Saint-Gildas, du genre roman, dont seuls le chœur et le croisillon nord du transept subsistent encore aujourd'hui, on est tenté de reconnaître une imitation, assez naturelle à quelque date exacte qu'elle se rapporte, de la basilique de Saint-Benoît. Notre religieux de Saint-Maur nous décrit en ces termes l'état de l'édifice au dix-septième siècle, avant la reconstruction de la nef qui eut lieu à cette époque : « L'eglise fut

saint Paul Aurélien par Uurmonoc, et dont l'auteur l'aurait empruntée, lui, à la tradition et à la poésie locales. Sainte Triphime, très populaire en Bretagne, y a été le sujet de légendes très diverses, comme cela résulte des *mystères* contenus dans les manuscrits 22, 23, 39 et 64 du fonds celtique à la Bibliothèque nationale. — Cf. *Sainte Triphime et le roi Arthur, mystère breton* publié et traduit par F.-M. Luzel et l'abbé Henry. Quimperlé, 1863, in-8°.

bastie en forme de croix, dit-il (1), ayant tour de chapelles comme il se void à present ; la nef aussi avoit ses deux aisles, et au bas un porche construit à pilliers, les uns sur les autres, faisant double estage, dont le bas servoit d'entrée à l'eglise, et le haut de defense pour conserver le monastere en temps de guerre. Il reste encore pour le jourd'hui quelques pilliers sur pied. La nef est entièrement ruinée faute de reparation et entretien. Les pilliers qui la soustenoient estant tous tombés depuis quelques années. » — Il se fait dans l'esprit un rapprochement spontané entre cet ancien porche de Saint-Gildas avec son double caractère religieux et militaire, et la célèbre « tour du porche » ou « tour de Saint-Michel », de Saint-Benoît-sur-Loire, commencée en 1022 par l'abbé Gauzlin, et que décrit en ces termes le plus récent historien de la grande abbaye :

« Il est en France, à part nos grandes cathédrales, dit M. l'abbé Rocher (2), un certain nombre d'églises fort remarquables par leurs belles et riches façades ; mais il n'en est assurément aucune qui offre en avant de la porte principale un *porche* ou *péristyle* comparable à celui qui

---

(1) Ms. fr. 16822, p. 452.
(2) *Histoire de l'abbaye royale de Saint-Benoît-sur-Loire*, pp. 477-479.

sert de base à la tour antérieure de l'église de Saint-Benoît-sur-Loire. Le voyageur qui pour la première fois descend dans le val de Fleury et se dirige vers Saint-Benoît pour visiter les restes de son antique abbaye, en apercevant à l'horizon cette église massive qui se dessine sur le ciel en lignes austères, est loin de pressentir les richesses architecturales qu'elle renferme, et qui lui apparaîtront soudainement en arrivant au pied de la tour du porche. En effet, il a bientôt sous les yeux un des plus beaux morceaux de l'architecture romane parvenue à son apogée.

« Le porche se compose de cinquante colonnes, adossées à seize grosses piles quadrangulaires, rangées en quinconces, qui forment trois travées dans tous les sens et soutiennent l'étage supérieur de la tour. Cette majestueuse ordonnance produit un effet saisissant...

« Au dessus du porche règne une vaste salle dont les dispositions principales sont exactement les mêmes. Les piles et les colonnes, perpendiculaires à celles du rez-de-chaussée, ont les mêmes dimensions quant à la grosseur ; mais elles sont beaucoup plus élevées. Cette salle ou chapelle a 10 mètres d'élévation, 3 mètres de plus que le porche, qui n'en a que 7. On y monte par deux escaliers tournants pratiqués aux angles, dans l'épaisseur du mur, et qui sont ouverts dans les basses nefs de l'église.

« La construction de ce beau porche remonte aux premières années du onzième siècle (1022). L'abbé Gauzlin, prince du sang royal, qui gouvernait alors l'abbaye, avait conçu de grands projets de construction, dans le but de donner à son monastère un aspect plus en harmonie avec son importance. On était alors en pleine féodalité. Il résolut d'abord de bâtir une tour plus élevée que toutes les tours seigneuriales, voisines du riche et vaste fief de Fleury, une sorte de forteresse qui dominât les rives de la Loire et pût servir au besoin d'asile aux religieux, et les défendre contre les agressions ennemies, si fréquentes dans ces temps agités. L'abbé Gauzlin eût-il la pensée que cette tour, construite isolément à l'entrée occidentale du monastère, pourrait servir plus tard de porche et de façade à la basilique de Sainte-Marie, réédifiée dans de plus vastes proportions? Cela paraît probable, si l'on en juge par les sujets choisis pour son ornementation, et cela a eu lieu de fait...

« Cette grandiose construction, qui offre à un degré très marqué des améliorations incontestables dans l'art de bâtir, telles que les voûtes d'arête substituées aux voûtes en berceau, ayant une date historique certaine, acquiert par là même une haute importance. Elle donne un spécimen authentique de l'état de l'art dans la France centrale, et spécialement dans les monastères bénédictins. Un effroyable incendie, qui dévora le monastère et la basilique de Sainte-Marie en 1026, retarda l'achèvement de la tour, dont les premiers fondements avaient été jetés en 1022, et quatre ans plus tard, en 1030, à la mort de l'abbé Gauzlin, elle n'était pas encore terminée. »

L'abbé Vital, successeur de Félix à Saint-Gildas de Ruis, continua vaillamment son œuvre et s'acquit au loin une grande réputation de zèle et de piété. Toutefois, les débuts de son administration ne furent pas sans de graves difficultés. Les religieux recrutés par Félix dans le pays de Bro-Waroch et réunis sous sa crosse pastorale à la colonie de Fleury-sur-Loire, avaient, ce semble, apporté jusque dans la vie monastique, tout en réformant leurs mœurs, quelque chose de l'humeur farouche des « latrunculi » dont nous avons ouï parler tout à l'heure et dont fut victime l'ermite Ehoarn. Vers 1042, ils se soulevèrent contre leur nouvel abbé et le contraignirent à quitter le monastère. Vital se réfugia en Bas-Poitou auprès de Guillaume, seigneur de Talmont, homme très pieux, qui le tenait en grande estime et qui lui assigna, comme lieu de retraite, l'église de Sainte-Marie d'Olonne. Quelques années plus tard, le même Guillaume fonda, dans sa seigneurie de Talmont, un monastère sous l'invocation de la Sainte-Croix, et lui-même y voulut finir ses jours sous l'habit religieux. Ce fut l'abbé Vital qui fut chargé de présider à cette fondation, et il y contribua même pécuniairement par la cession à la communauté nouvelle de la part dont il jouissait dans les revenus de l'église d'Olonne (1). Il nous semble probable qu'à ce moment son exil de Ruis avait cessé et que ses religieux bretons étaient rentrés dans l'obéissance. Il gouverna Saint-Gildas jusque vers l'année 1069 et fut inhumé dans le cloitre de cette abbaye. On y voyait encore son tombeau au dix-septième siècle, « Soubs une petite arcade dans le vieux cloistre, dit notre religieux de Saint-Maur (2), il y avoit un tombeau dans lequel fut enterré Vital, autrefois abbé de céans,

(1) Cf. Mabillon, *Annales*, t. IV, p. 452. — Luco, ouvrage cité, p. 206, note 2. — Il n'y a aucune raison de révoquer en doute le récit de Mabillon, fondé sur des textes authentiques et contemporains. Parmi les noms mentionnés dans la date de l'acte de donation à l'abbé Vital de l'église Sainte-Marie d'Olonne, figure Isembert, évêque de Poitiers. Cela concorde fort bien avec le récit, reproduit plus haut, du moine de Ruis relativement à la réclamation par l'abbé Vital du corps de saint Goustan.
(2) Ms. fr. 16822, p. 698. — Cf. *Gallia christiana*, t XIV, p. 960.

avec cette inscription : *Vitalis abbas...* Il n'y a que partie de ses ossemens dans son tombeau, le reste ayant esté consommé par la longueur du temps... L'an 1660, en bastissant la muraille du cloistre du costé de l'eglise, on a esté contrainct de desmolir ladite arcade ; toutefois, pour conserver la mémoire de ce bon abbé, on a laissé son tombeau en sa place, l'enfonçant partie dans la muraille. »

Selon la faiblesse humaine, les premiers signes de décadence apparaissent souvent dans l'histoire monastique à une époque très rapprochée de la période de fondation ou de rénovation, et l'on voit peu à peu le relâchement grandir là où régnait la ferveur. Ce fut, hélas ! le cas de Saint-Gildas de Ruis. Le désordre, qui s'était déjà manifesté sous l'abbé Vital, s'accrut peu à peu sous ses successeurs, dont nous ne savons d'ailleurs à peu près rien et ne connaissons sans doute pas même tous les noms: Raoul, Fravalon, Fragal, Jacques ou Jacob, etc., c'est-à-dire durant le dernier tiers du onzième siècle et le premier quart du douzième (1069-1125) (1). A cette date il était arrivé à son comble. Peut-être, quoi qu'il soit advenu ensuite, fut-ce avec quelque intention d'y porter remède que, mûs

(1) Cf. *Gallia christiana*, t. XIV, p. 960. — Ms fr. 16822, p. 496 et suiv.

d'un élan généreux et captivés par la gloire d'un nom déjà célèbre en France et dans toute la chrétienté, les religieux de Saint-Gildas, ayant à pourvoir à la vacance de la dignité abbatiale, élurent pour leur chef Pierre Abélard.

III

ABÉLARD

Pierre, qui avait reçu, on ne sait quand ni pourquoi, le surnom d'Abélard, était un Breton, mais de la Bretagne française. Il était né en 1079 au bourg de Pallet, à environ cinq lieues de Nantes. Son père, que l'on a supposé avoir été le seigneur du bourg, se nommait Bérenger et sa mère Lucie. Sa famille appartenait à l'aristocratie féodale. Elle était profondément religieuse et c'est, sans doute, comme on l'a remarqué avec raison (1), aux impressions durables de sa première éducation, qu'Abélard dut le solide fond de foi chrétienne qui, parmi ses erreurs,

---

(1) Cf. S. M. Deutsch, *Peter Abælard, ein Kritischer Theologe des Zwælften Jahrhunderts.* Leipzig, 1883, in 8°, p. 27.

persista toujours en lui. En outre, chose moins exceptionnelle peut-être à cette époque que nous ne sommes portés à le croire, son père avait un goût très vif pour l'instruction et les lettres. Bérenger en avait reçu lui-même quelque teinture avant de ceindre l'épée et de recevoir le baudrier chevaleresque, et bien qu'il destinât ses fils à la vie seigneuriale et féodale, il tint à leur faire donner à tous une culture intellectuelle très soignée en même temps que l'éducation militaire des jeunes nobles de ce temps (1). Pierre, qui était l'aîné, correspondit et au delà aux désirs de son père. Durant ses études grammaticales, qu'il fit peut-être aux écoles épiscopales de Nantes, et où il se distingua par la facilité et la rapidité de ses progrès, il s'enflamma d'une telle ardeur pour la vie de l'intelligence, qu'il résolut de s'y consacrer tout entier. Il déclara donc qu'il préférait renoncer aux honneurs seigneuriaux et céder à ses frères les prérogatives de son droit d'aînesse afin de vaquer en pleine liberté à sa passion pour la science et pour les exercices intellectuels. Selon sa propre expression, il dit un

---

(1) On remarque une tendance analogue dans la famille, également seigneuriale et militaire, de saint Bernard. Cf. l'abbé E. Vacandard, *Vie de saint Bernard, abbé de Clairvaux*. Paris, Victor Lecoffre, 1895, in 8°, t. I, p. 10 et suiv.

adieu définitif à la cour de Mars pour devenir exclusivement un nourrisson de Minerve (1).

Il se sentait attiré de façon particulière vers la philosophie et, dans la philosophie même, vers les argumentations subtiles et les vives disputes de la dialectique, du côté desquelles s'était, pour ainsi dire, tourné en lui le sang belliqueux de ses pères. Pour satisfaire à cette passion de savoir, de lutte et de gloire intellectuelles, les écoles de son pays natal étaient loin de lui suffire. Aussi se mit-il, étudiant et logicien ambulant, à rechercher, de province en province, les maîtres célèbres dans cet art, et s'assit-il notamment à Loches, dans une école dépendant sans doute du monastère de Saint-Ours, aux pieds de la chaire du célèbre *nominaliste* Roscelin, Breton aussi de naissance, qui, après la condamnation au concile de Soissons (1093) de ses erreurs théologiques, n'en avait pas moins continué à distribuer çà et là, dans sa vie errante, un enseignement philosophique fort renommé et fort goûté, quoique d'ailleurs très contesté et en effet plus que contestable. Abélard lui-même n'hésita pas plus tard à qualifier durement son ancien maître

---

1) Petri Abælandi, *Historia calamitatum*, cap. I, dans la collection Migne : *Patrologia latina*, t. CLXXVIII, pp. 113-115.

de « faux philosophe » aussi bien que de « faux chrétien ». (1)

La seconde moitié du onzième et la première du douzième siècle sont une époque fort curieuse dans l'histoire de l'enseignement secondaire et de l'enseignement supérieur, longtemps réunis, sinon confondus dans les écoles épiscopales ou monastiques, et alors encore sans limites bien précises, mais qui pourtant commençaient à se séparer peu à peu.

Cette séparation fut, à ce qu'il semble, le résultat gradué d'un fait caractéristique de la période dont il s'agit : la projection de plus en plus ample et, pour ainsi dire, la ramification au dehors des écoles établies dans les cathédrales ou les abbayes, sur lesquelles vinrent, en outre, comme se greffer, au moyen de l'autorisation expresse ou tacite des évêques, des abbés ou des prieurs, ou des chefs officiels des établissements scolaires déjà placés sous leur dépendance, les leçons à peu près libres de tel ou tel

---

(1) Cf. B. Hauréau, *Histoire de la philosophie scolastique*. Paris, Durand et Pedone-Lauriel, 1872, in-8°, t. I, pp. 243, 264. — C'est par une distraction évidente que M. Deutsch (ouvrage cité, p. 28) place à Lochmenech l'école de Roscelin fréquentée par Abélard. — Sur Roscelin en général et son système voir, entre autres auteurs, le cardinal Gonzalez, *Histoire de la philosophie*, traduction G. de Pascal. Paris, Lethielleux, 1890, in-8°, t. II, pp. 148-150.

maître de renom, groupant autour de lui des disciples de bonne volonté (1). Un curieux exemple du haut enseignement, à la fin du onzième siècle, nous est offert dans la personne d'Odon de Cambray :

« Odon, venu d'Orléans, dit M. Hauréau (2), avait d'abord enseigné les arts (c'est-à-dire les lettres, les sciences et la philosophie) dans la ville de Toul. La renommée de son savoir s'étant partout répandue, les chanoines de Notre-Dame de Tournai l'avaient appelé dans leur ville. Bientôt des plus lointaines provinces et même des pays étrangers, de la Saxe, de l'Italie, arrivent à Tournai des légions d'étudiants, et la ville change de mœurs et d'aspect. « On croirait, dit Herimann (3), que tous les citadins ont laissé de côté leurs autres affaires, pour se consacrer uniquement à la philosophie. » Le même chroniqueur nous fait un tableau très intéressant de l'école dirigée par Odon, dans le cloître des chanoines. Ce cloître était devenu depuis longtemps

---

(1) Cf. Georges Bourbon, *La Licence d'enseigner et le rôle de l'écolâtre au moyen âge* dans la *Revue des questions historiques*, t. XIX, 1876, p. 513 et suiv.

(2) Ouvrage cité, t. I, p. 297 et suiv. — Il est curieux de noter qu'Odon, comme Abélard et saint Bernard, appartenait à une famille chevaleresque et militaire.

(3) Herimanni *Narratio restaurationis sancti Martini Tornacencis*, dans le *Spicilège* de Luc d'Achery, t. II, p. 889.

un lieu public, où, le matin, se réunissaient les nobles, les bourgeois, qui avaient ensemble des affaires à régler devant des arbitres, devant des juges : c'était le forum de Tournai. Mais à l'heure où ce forum devenait une école, tous les plaideurs, nobles ou bourgeois, devaient s'éloigner. Odon entré dans le cloître avec les clercs qui venaient l'entendre, les laïques en sortaient et les portes étaient closes. Dans sa chaire, ajoute le chroniqueur, Odon était assis, suivant l'habitude des stoïciens, et sa manière d'enseigner était de lire d'abord quelques passages d'un livre ancien, de se consulter lui-même sur le sens des mots employés par l'auteur et de résoudre ensuite les questions qu'il s'était proposées. Il lisait ainsi, par exemple, la *Consolation* de Boèce. Quand il descendait de sa chaire, il se promenait dans la ville avec ses écoliers, selon la mode des péripatéticiens, discourant alors plus librement sur toute chose, au gré de qui l'interrogeait. Le soir, il se rendait devant le porche de la cathédrale pour y tenir une dernière séance, souvent prolongée dans la nuit, dissertant sur les distances et les cours divers des astres. Quand, le dimanche, il conduisait à l'église, marchant après eux, ses deux cents écoliers, toute la ville admirait leur bon ordre, leur parfaite discipline. Un troupeau de moines, dit le chroniqueur, n'aurait pas été plus silencieux, plus recueilli.

« Cependant, à cette époque de sa vie, Odon n'avait aucune piété. Très enthousiaste de Platon, il dédaignait les Pères : il était philosophe et n'avait pas de commerce avec les théologiens. Le hasard lui fit un jour jeter les yeux sur un des traités composés par saint Augustin contre la doctrine de Manès, et quand il en eut entrepris la lecture, il ne put se défendre de la continuer. Ce fut là, dit-on, le commencement de sa conversion... Dès qu'il eut pris le goût des méditations pieuses, elles ne laissèrent plus de repos à son esprit... C'est alors qu'il forma le projet de quitter le monde. La règle des chanoines fut d'abord celle qu'il préféra. Plus tard, il revêtit la robe des moines. Enfin la grande renommée de son mérite, de sa piété, le fit élire évêque de Cambrai. »

Voici maintenant un intéressant exemple du rayonnement extérieur des écoles monastiques. Nous le trouvons dans le remarquable *Essai sur la fondation de l'Ecole de Saint-Victor de Paris*, par M. l'abbé Hugonin, depuis évêque de Bayeux (1).

---

(1) Migne, *Patrologia latina*, t. CLXXV, pp. LXXVIII, LXXIX.

« On lit dans Orderie Vital et dans un ancien supplément aux épîtres de Pierre de Blois, qu'Ingulfe, secrétaire de Guillaume le Conquérant et abbé du monastère de Croiland, étant mort, Geoffroi lui succéda dans sa charge. Il était Français et natif d'Orléans. Il avait suivi les leçons des beaux-arts dès sa plus tendre jeunesse, et il fut assez versé dans la littérature. Dégoûté du monde, et rempli du désir des biens célestes, il embrassa la vie religieuse dans le monastère de Saint-Evroul, fondé au temps de Childebert, roi des Français.

« Nommé abbé de Croiland, il prit avec lui les moines Gislebert, Odon, Terric et Guillaume, très habiles, nous dit Vital, dans les théorèmes philosophiques et dans les autres sciences fondamentales. Tous les jours ils allaient à Cambridge, où ils avaient loué un grenier, et ils enseignaient publiquement. En peu de temps ils réunirent un grand nombre de disciples. La seconde année de leur arrivée, leurs auditeurs se multiplièrent au point que nul grenier, nulle maison et même nulle église ne pouvait les contenir. C'est pourquoi ils formèrent différentes écoles sur le modèle de celle d'Orléans.

« De grand matin, Odon, grammairien et satirique distingué, enseignait aux enfants qui lui étaient confiés la grammaire selon la doctrine de

Priscien, et les commentaires de Remi sur le même auteur. A l'heure de prime, Terric, sophiste subtil, expliquait aux adolescents la logique d'Aristote, d'après les commentaires de Porphyre et d'Averroès. A l'heure de tierce, frère Guillaume commentait la rhétorique de Tullius et de Quintilien. Maître Gislebert, tous les dimanches et les jours de fête, prêchait la parole de Dieu au peuple dans plusieurs églises. Il connaissait peu l'anglais ; mais il était très habile dans la langue latine et la langue française... Les jours de férie (c'est-à-dire de semaine), avant l'heure de sexte, il commentait quelques pages de la Sainte Ecriture, en présence de prêtres et d'hommes de lettres qui composaient principalement son auditoire. »

Le cadre traditionnel, le plan gradué des études dans les écoles monastiques ou épiscopales, à savoir le *trivium* (grammaire, rhétorique, dialectique) (1) et le *quadrivium* (arithmétique, géométrie, astronomie, musique) et au-dessus, comme un couronnement sacré, la théologie,

---

(1) Il serait pour le moins aussi exact de dire : grammaire, dialectique, rhétorique, comme l'a déjà fait observer, tout en conservant l'ordre reçu, M. Léon Maître : *Les Ecoles épiscopales et monastiques de l'Occident depuis Charlemagne jusqu'à Philippe-Auguste*. Paris, Dumoulin, 1886, in-8°, p. 223. — Cf. Hauréau, ouvrage cité, t. I, p. 42.

était toujours, au moins théoriquement, en vigueur à l'époque dont il s'agit. On trouve la marque évidente de ce célèbre programme dans un tableau assez vivant de l'enseignement d'alors, qui nous est présenté en ces termes par Hugues de Saint-Victor, au cours de son traité *De la vanité du monde* (1). C'est un dialogue entre le maître et le disciple :

« *Le maître* : Tourne-toi encore d'un autre côté, et vois.

« *Le disciple* : Je suis tourné et je vois.

« *Le maître* : Que vois-tu ?

« *Le disciple* : Je vois une réunion d'étudiants ; leur multitude est grande ; il y en a de tous les âges ; il y a des enfants, des adolescents, des jeunes gens et des vieillards. Leurs études sont différentes ; les uns exercent leur langue inculte à prononcer de nouvelles lettres et à produire des sons qui leur sont insolites. D'autres apprennent d'abord, en écoutant, les inflexions des mots, leur composition et leur dérivation ; ensuite ils les redisent entre eux, et, en les répétant, ils les gravent dans leur mémoire. D'autres labourent avec un stylet des tablettes enduites de cire. D'autres tracent d'une main savante, sur des membranes, diverses figures avec des cou-

---

(1) Hugonin, ouvrage cité, p. LXXVII.

leurs différentes. D'autres, avec un zèle plus ardent, paraissent occupés à des études plus sérieuses ; ils discutent entre eux, et ils s'efforcent par mille ruses et par mille artifices de se tromper les uns et les autres ; j'en vois quelques-uns qui calculent. D'autres, frappant avec une corde tendue sur un chevalet de bois, produisent des mélodies variées. D'autres expliquent certaines descriptions et certaines figures. D'autres décrivent clairement avec des instruments le cours et la position des astres et le mouvement des cieux. D'autres traitent de la nature des plantes, de la constitution des hommes et des propriétés de toutes choses. »

Dans la pratique, l'enseignement secondaire et supérieur des écoles du haut moyen âge semble n'avoir jamais été que relativement conforme au programme théorique des sept arts superposés. Dans la période dont nous nous occupons en ce moment le *quadrivium*, par exemple, ne semble pas toujours bien régulièrement fréquenté. On ne se faisait pas au besoin grand scrupule de passer presque directement du *trivium* aux études sacrées et théologiques. Le *trivium* même incline à se concentrer et à se réduire. La *rhétorique*, bien qu'elle conserve encore çà et là sa place particulière dans le haut enseignement, comme une sorte de théorie littéraire et oratoire supérieure, tend à se fondre d'une part dans la *grammaire*, qui embrasse de plus en plus tout ce qu'on étudie alors de l'art de s'exprimer en latin de vive voix ou par écrit, en prose ou en vers, et d'autre part dans la *dialectique*, dont la croissance et la vogue sont déjà énormes, et ne cesseront plus, jusqu'à la fin du moyen âge, de gagner du terrain aux dépens même de la grammaire.

« Cette science d'abord subalterne, dit M. Hauréau (1), deviendra bientôt la première des sciences ; elle sera, du moins, jugée la plus digne d'occuper les esprits, et, négligeant pour elle les autres parties du *trivium* et du *quadrivium*, toute l'ardente jeunesse se portera vers les chaires occupées par les maîtres de dialectique. » C'est qu'elle s'est développée jusqu'à comprendre peu à peu dans son domaine la philosophie tout entière et qu'elle a même déjà conquis, avec saint Anselme par exemple, une place importante jusque dans l'enseignement de la théologie. Cette haute situation, la dialectique la doit au célèbre problème des *universaux*, soulevé par l'interprétation du passage suivant de l'*Isagoge* ou *Introduction* de Porphyre aux *Catégories* d'Aristote, œuvre que l'on étudiait

---

(1) *Ouvrage cité*, pp. 42, 43.

dans les écoles d'après la traduction latine de Boèce : « Quant à dire si les genres et les espèces existent réellement, ou seulement dans notre entendement, et si, dans le cas où ils subsistent, ils sont des choses corporelles ou incorporelles, et s'ils existent séparés des choses sensibles, ou bien dans les mêmes choses sensibles, je refuse de me prononcer, parce que c'est là une entreprise très haute et qui exige de plus profondes recherches. » Cette question délicate et périlleuse, devant laquelle avait ici reculé Porphyre, et à laquelle se laissent aisément rattacher les problèmes essentiels de la philosophie, fut abordée avec hardiesse et discutée avec passion par les dialecticiens du moyen âge, et résolue par eux en des sens divers, notamment selon les tendances divergentes de deux grands partis qui se formèrent et prirent position en face l'un de l'autre sous les noms, devenus fameux aussi, de *réalistes* et de *nominalistes* (1).

Abélard, qui ne s'est jamais piqué d'un grand respect pour ses maîtres, a plus tard qualifié

---

(1) Sur l'origine et la nature du problème des *universaux*, voyez le cardinal Gonzalez, ouvrage cité, t. II, p. 144 et suiv. — La bonne solution, solution mixte, est celle de saint Thomas d'Aquin. Même ouvrage, t. II, p. 254.

d'insensé le *nominalisme* de Roscelin (1). C'est la doctrine opposée qu'il trouva florissante dans la principale des écoles de Paris, déjà renommées entre toutes à la fin du onzième siècle, quand le jeune et passionné logicien se rendit enfin dans cette capitale, où il se proposait de donner, pour ainsi dire, la dernière trempe à son instruction philosophique. Les écoles parisiennes se rattachaient surtout alors à deux centres religieux : l'église cathédrale de Notre-Dame et l'abbaye ou chapitre de Sainte-Geneviève, situées l'une dans la Cité, l'autre sur la rive gauche de la Seine. L'enseignement épiscopal avait à ce moment la prééminence, non seulement d'honneur et d'autorité, mais de mérite et de renom. Il était placé sous la direction d'un maître célèbre, Guillaume de Champeaux, archidiacre et écolâtre de l'Église de Paris, qui en occupait lui-même la principale chaire, autour de laquelle il groupait, dans le cloître de Notre-Dame, un auditoire accouru à ses leçons de toutes les provinces de France et même des pays étrangers. Il avait la réputation d'un dialecticien de premier ordre et professait,

---

(1) « *Magistri nostri Roscellini tam insana sententia* ». Texte cité par Charles de Rémusat, *Abélard*, Paris, Lagrange, 1845, in-8°, t. I, p. 8.

sur la question des *universaux*, un *réalisme* très accentué.

La vive intelligence d'Abélard, son ardeur studieuse et son aptitude naturelle à la philosophie le rendirent d'abord cher à Guillaume de Champeaux. Mais les inclinations critiques et polémiques du jeune étudiant ne tardèrent pas à se faire jour aux dépens de l'illustre maître. La discipline sévère des écoles du haut moyen âge avait dû se relâcher par leur développement même. En tout cas, une assez grande liberté de discussion semble bien y avoir été admise, et l'habitude de la controverse, non seulement entre condisciples, mais entre les élèves et leurs professeurs, était même devenue, à ce qu'il semble, comme une partie intégrante de l'étude et de l'enseignement de la dialectique. Abélard se fit une telle arme de cette habitude et usa si largement de cette liberté, qu'il se rendit extrêmement désagréable à Guillaume de Champeaux, dont il se faisait un malin plaisir de contredire les opinions et qu'il réussissait parfois, par son agilité d'argumentation, à placer vis-à-vis des autres étudiants dans une situation fausse et pénible. Au mécontentement du maître se joignit celui des principaux disciples, choqués de la présomption du jeune disputeur et aussi quelque peu jaloux de sa renommée croissante. Par un hardi coup d'état. Pierre jugea que le meilleur moyen de se mettre à l'abri de ces dispositions à son endroit était d'élever chaire contre chaire et de se déclarer maître lui-même. Comme il ne pouvait d'emblée le faire à Paris, il s'en alla ouvrir une école à Melun, probablement sous les auspices de quelque autorité religieuse locale dont il avait su se concilier la bienveillance, en profitant habilement de l'inimitié de quelques seigneurs que s'était attirée Guillaume de Champeaux. Il avait déjà son parti parmi les écoliers parisiens et les auditeurs affluèrent autour de sa chaire. Enhardi par le succès, il transféra bientôt, sous des auspices analogues, son enseignement à Corbeil, afin, selon son propre témoignage, de diriger de plus près contre la doctrine de son ancien maître les assauts redoublés de sa logique (1).

Mais l'ardeur fiévreuse de ses études, de son

(1) *Historia calamitatum*, cap. II, recueil cité, t. CLXXVIII, pp. 115-117. — Parmi les établissements religieux sous les auspices desquels Abélard a pu placer ses premiers essais d'enseignement nommons les églises ou abbayes de collation royale, Notre-Dame de Melun, Notre-Dame et Saint-Exupère de Corbeil, dont Louis-le-Gros devait un jour, entre autres bénéfices, pourvoir d'un coup son fils Henri, qui se fit plus tard, en 1145, moine à Clairvaux sous saint Bernard. Cf. *Gallia christiana*, t. XIV, p. 723. — E. Vacandard, ouvrage cité, t. I, p. 213.

enseignement et de sa controverse eut pour effet d'altérer gravement sa santé. Il fut obligé pour la rétablir de regagner son pays d'origine et il séjourna en Bretagne quelques années, vivement regretté, il ne se fait pas faute de nous l'apprendre, par tous ceux qui s'intéressaient à la dialectique.

L'air natal et les soins de la famille lui rendirent pleinement la santé. Pendant cette absence d'Abélard, l'état des écoles parisiennes s'était modifié d'une façon notable. Guillaume de Champeaux, selon l'expression usitée alors en pareil cas, s'était *converti*, c'est-à-dire que renonçant à sa haute situation dans l'Eglise et dans la science, il avait résolu de vivre désormais dans la solitude et la prière. En 1108, à l'époque de Pâques, il s'était retiré avec quelques-uns de ses disciples près d'une chapelle au sud-est de Paris, où était ensevelie une recluse morte en odeur de sainteté. Il y avait formé une congrégation volontaire de clercs réguliers qui devint plus tard l'abbaye de Saint-Victor (1).

« S'il faut en croire Abélard, remarque à ce propos M. l'abbé Hugonin (2), ce fut l'ambition

---

(1) *Historia calamitatum*, cap. II, recueil et tome cités, pp. 118, 119. — Rémusat, ouvrage cité, t. I, pp. 16, 17.
(2) Ouvrage et recueil, cités pp. XVII-XVIII. Abélard met assez habilement au compte des mauvaises langues

qui conduisit Guillaume à Saint-Victor. Par cette démarche hypocrite, il cherchait à s'élever plus sûrement à l'épiscopat. Mais l'illustre rival de Guillaume cède trop facilement aux inspirations de son amour-propre et de sa jalousie ; les soupçons qu'il voudrait malicieusement insinuer n'ont aucune vraisemblance ; ils sont même contraires aux témoignages des contemporains. Au douzième siècle surtout, Guillaume pour arriver à l'épiscopat, n'avait qu'à suivre la carrière qu'il avait embrassée, et à conserver les titres dont il était revêtu ; il était archidiacre et écolâtre d'une des premières Eglises du royaume. Chacune de ces fonctions, prise à part, le conduisait naturellement aux premières dignités de l'Eglise, surtout si l'on considère quelle renommée il s'y était acquise. Les pontifes étaient plus rarement alors choisis parmi les religieux que parmi les professeurs distingués. La plupart des grands évêques de cette époque durent leur élévation à l'éclat de leur enseignement. Yves, évêque de Chartres ; Hildebert, évêque du Mans, plus tard, archevêque de Tours ; Baudry, évêque de Rennes ; Albéric, archevêque de Bourges ; Goscelin ou Joscelin,

« ut referebant » la méchante insinuation qu'il accueille et propage avec un plaisir visible.

évêque de Chartres ; Gilbert de la Porée, évêque de Poitiers ; Ulger, évêque d'Angers ; Gautier de Mortagne, évêque de Laon, avaient été écolâtres de quelque cathédrale. On sait aussi combien l'archidiacre avait de part à la nomination de l'évêque, lorsque chaque Église avait le droit de présenter son candidat à l'approbation du roi.

« D'ailleurs, nous ne trouvons que dans Abélard cette malicieuse insinuation contre Guillaume. La chronique de Morigny nous le représente non seulement comme très versé dans les Saintes Écritures, mais comme *plein de zèle, de piété et de religion*. Il est, en effet, difficile de croire que l'ami intime de saint Bernard, d'Hildebert du Mans, d'Anselme de Laon, de Galon de Paris, et de tout ce que le douzième siècle eut de plus distingué par la science et la vertu ne fût, au fond, qu'un hypocrite et un intrigant, voilant, sous les dehors d'une piété affectée, une misérable ambition.

« En se retirant à Saint-Victor, Guillaume avait renoncé à l'enseignement et aux applaudissements de l'école ; il voulait vivre seul à seul avec Dieu dans la méditation des vérités éternelles. Mais ses anciens élèves ne purent consentir à son silence. Ils le sollicitèrent de continuer ses leçons au sein de la retraite qu'il s'était choisie, et l'évêque du Mans crut devoir joindre ses instances à celles de tant d'amis ; il écrivit au nouveau solitaire une lettre que nous possédons tout entière. « Votre conversation et votre conversion, lui dit-il, ont rempli mon âme de joie et l'ont fait tressaillir d'allégresse. » Il le félicite ensuite d'avoir embrassé la véritable philosophie ; il lui rappelle avec éloge l'exemple de Diogène ; il l'exhorte à se dévouer tout entier à Dieu et à ne rien retrancher de son holocauste. Puis il ajoute : « Mais que sert la sagesse cachée et le trésor que l'on enfouit ? L'or brille mieux au grand jour qu'enfermé dans les ténèbres ; les perles ne diffèrent pas des vils tufs si on ne les expose aux regards. Ainsi, la science que l'on communique s'augmente ; elle méprise un possesseur avare, et, si elle n'est manifestée, elle s'échappe. Ne fermez donc point les ruisseaux de votre doctrine ; mais, selon le conseil de Salomon, que vos sources coulent dehors, et que vos eaux se divisent sur les places publiques. » — Guillaume ne put résister à des demandes si gracieuses et si pressantes ; il reprit ses leçons et telle fut l'origine de la célèbre école de Saint-Victor de Paris. »

Grâce à la renommée de son fondateur, cette école prit alors place à côté de celles de Notre-Dame et de Sainte-Geneviève parmi les principaux centres intellectuels de la capitale. Abélard, se sentant guéri, résolut de revenir se mettre en lumière dans ce grand foyer d'études. Mais, ce qui ne laisse pas d'étonner d'abord, c'est que de maître il se refit écolier, et qui plus est, écolier de la nouvelle école et de Guillaume de Champeaux. Sans abandonner la philosophie, celui-ci, paraît-il, s'adonnait alors avec un soin particulier, dans sa chaire de Saint-Victor, à l'enseignement de la rhétorique, et c'est pour l'étude de cet art, que l'on commençait à négliger, qu'Abélard vint de nouveau se ranger parmi ses élèves, trait original, sur lequel il comptait sans doute pour appeler plus vivement l'attention sur lui. Guillaume dut être très flatté et très content d'abord de ce retour inattendu.

Mais sa joie ne fut pas de longue durée. L'envahissante dialectique, si chère d'ailleurs à Guillaume comme à Pierre, encombrait maintenant la rhétorique elle-même de ses questions et de ses disputes. Elève et maître ne tardèrent pas à se retrouver aux prises sur le terrible problème des *universaux*. Le redoutable logicien breton fit pleuvoir une grêle d'arguments destructeurs sur le *réalisme* exagéré de Guillaume et le contraignit même à modifier sensiblement les termes de sa doctrine. Cette thèse, même atténuée, continua d'ailleurs d'être combattue par Abélard qui, pour achever sa victoire, s'occupa d'y opposer une explication qui lui fût propre. On a donné à cette doctrine le nom, d'ailleurs contesté, de *conceptualisme*; en tout cas, elle paraît avoir eu le caractère d'un ingénieux essai de transaction entre les deux opinions extrêmes, mais avec une inclination marquée du côté du *nominalisme* (1).

Dans leur situation réciproque, le rival de Guillaume ne pouvait demeurer plus longtemps son élève. Un grand nombre des écoliers du docteur de Saint-Victor se rangeaient du côté de son brillant adversaire et sans doute, dans les conférences usitées entre étudiants, saluaient en Abélard leur maître et lui demandaient ses leçons. Bientôt même Pierre put monter, à titre légitime, dans l'ancienne chaire de Guillaume au cloître de Notre-Dame. L'écolâtre ou sous-écolâtre qui avait succédé à celui-ci dans la direction de l'enseignement épiscopal (2), non seulement offrit cette chaire à Pierre pour l'occuper

(1) Sur ce point: Rémusat, ouvrage cité, t. II, p. 15 et suiv. — Hauréau, ouvrage cité, t. I, p. 364 et suiv. — S.-M. Deutsch, ouvrage cité, p. 104 et suiv. — Cardinal Gonzalez, ouvrage cité, t. II, pp. 153, 154.
(2) Il n'est pas impossible en effet que, comme on l'a supposé, Guillaume de Champeaux ait conservé quelque temps encore, malgré sa retraite, le titre et la qualité officielle d'écolâtre du diocèse. Cf. Rémusat, ouvrage cité, t. I, p. 22.

sous son couvert, mais vint prendre place lui-même parmi ses auditeurs et ses disciples. Guillaume alors, à qui la doctrine d'Abélard n'était naturellement pas moins suspecte que ses procédés lui avaient paru messéants, usa de son influence pour faire révoquer les pouvoirs de l'écolâtre, selon lui, trop complaisant, et pour lui en faire substituer un autre, de sentiments et de dispositions toutes contraires. Pierre alors dut battre en retraite, mais il se replia en bon ordre sur Melun, où il rouvrit son ancienne école, avec une telle affluence d'auditeurs et de tels succès dialectiques, qu'il ne tarda pas à pouvoir reprendre l'offensive et réinstaller son enseignement dans la capitale. Il prit position sur la montagne Sainte-Geneviève, parmi les maîtres auxquels il était permis d'y dresser leurs chaires, sous les auspices largement accordés de l'antique abbaye de ce nom, occupée alors par un chapitre de chanoines séculiers. De là il dirigea le vif assaut de sa parole et les foudres de sa logique à la fois contre l'enseignement de Notre-Dame et contre celui de Saint-Victor. Le nouvel écolâtre épiscopal, ami de Guillaume de Champeaux, n'était, du moins selon maître Pierre, qu'un pauvre dialecticien, auquel un petit nombre d'élèves accordaient leur confiance, et encore seulement pour ses leçons de grammaire. Il fut bientôt abandonné de tout le monde. Guillaume, lui, conservait ses partisans, et un furieux combat, une véritable mêlée de disputes quotidiennes s'engagea de nouveau entre les deux philosophes et leurs disciples respectifs, car les élèves d'Abélard allaient harceler Guillaume jusque dans sa chaire. « Si vous demandez qu'elle fut l'issue de cette lutte, dit Abélard, citant un passage d'Ovide qu'il s'applique avec une orgueilleuse modestie, ce n'est pas moi qui fut le vaincu des deux :

.... si quœritis hujus
Fortunam pugnæ, non sum superatus ab illo.

Ce qui est assez curieux, c'est que l'un et l'autre champion abandonnèrent successivement le champ de bataille. Abélard fut rappelé en Bretagne par la nouvelle que sa mère Lucie, qu'il aimait tendrement, désirait le voir avant de se renfermer dans un monastère, où elle voulait passer ses dernières années sous l'habit religieux. Elle suivait en cela l'exemple de Bérenger, son mari, qui venait lui-même de se consacrer à Dieu. Guillaume de Champeaux, qui avait à plusieurs reprises refusé l'épiscopat, accepta en 1113 son élection au siège de Châlons, où il se montra, durant sept années, un très digne et très zélé pontife (1).

(1) *Historia calamitatum*, cap. II, pp. 118-122. —

Si le départ de Pierre fut pénible à ses nombreux admirateurs, il ne laissa pourtant pas que des regrets dans les écoles parisiennes, où Guillaume de Champeaux n'avait pas seul éprouvé les traits mordants de son humeur belliqueuse. C'est ainsi qu'un docteur de mérite, nommé Joslen, plus tard évêque de Soissons, et qui tenait, lui aussi, école sur la montagne Sainte-Geneviève, où il professait une doctrine tendant au *nominalisme*, mais à un *nominalisme* différent de celui d'Abélard, s'était trouvé, de ce chef, en butte aux attaques du redoutable Breton. Sa prudence s'était gardée d'user de représailles contre un tel joûteur, mais un de ses écoliers, encouragé par ses condisciples, résolut de partir en guerre contre le géant, d'où un épisode assez caractéristique des mœurs scolaires de cette époque, et qui nous montre Abélard à son tour harcelé, comme l'était souvent Guillaume de Champeaux.

« Il y avait dans l'école de Joslen, dit Rémusat, résumant un texte presque contemporain (1), un jeune homme de Douai, qui se montrait

---

L'abbé E. Michaud. *Guillaume de Champeaux et les écoles de Paris au douzième siècle*. Paris, Didier, 1867, in-8º, p. 409 et suiv.

(1) Rémusat, ouvrage cité, t. I, pp. 24-26. — Cf. *Historiens de France*, t. XIV, p. 442 et suiv.

plein d'ardeur et d'intelligence. Il se nommait Gosvin, et il n'aspirait qu'à l'honneur de se mesurer avec le terrible novateur... Son maître, qui l'aimait, s'efforça de le dissuader de cette dangereuse entreprise ; il lui représenta qu'Abélard était plus redoutable encore par la critique que par la discussion, plus railleur que docteur, qu'il ne se rendait jamais, n'acquiesçant pas à la vérité si elle n'était de sa façon, qu'il tenait la massue d'Hercule et ne la lâcherait point, et qu'enfin, au lieu de s'exposer à la risée en l'attaquant, il fallait se contenter de démêler ses sophismes et d'éviter ses erreurs. Le jeune élève persista, et tandis que ses camarades réunis par groupes dans leurs logements, comme des soldats sous leurs tentes, faisaient des vœux pour lui, il en prit avec lui quelques-uns et gravit la montagne Sainte-Geneviève. Il se comparait à David marchant à la rencontre de Goliath. Plus jeune de six ou sept ans qu'Abélard, qui devait alors approcher de trente ans (1), il était petit, grêle, d'une figure agréable, avec le teint d'un enfant.

« Il entra bravement dans l'école et trouva le maître faisant sa leçon à ses auditeurs attentifs.

(1) Si, comme cela paraît assez vraisemblable, on place cet épisode aux environs de 1113, Abélard, né en 1079, devait avoir plus de trente ans.

Il prit aussitôt la parole, et l'interpella hardiment ; mais Abélard, lançant sur lui un regard dédaigneux et menaçant : « Songez à vous taire, lui dit-il avec hauteur, et n'interrompez point ma leçon. » L'enfant, qui n'était pas venu pour se taire, insista avec énergie ; mais il ne put obtenir une réponse. Sur sa mine, Abélard ne pensait pas qu'il en valût la peine, et levait les épaules sans l'écouter; mais ses disciples qui connaissaient Gosvin lui dirent que c'était un subtil disputeur, et l'engagèrent à l'entendre. « Qu'il parle donc, dit Abélard, s'il a quelque chose à dire. » Le jeune athlète, libre enfin d'entrer en lice, commença l'attaque. Il posa sa thèse, et ouvrit une controverse en règle. Nous ignorons quel en était le sujet, quels en furent les détails et les incidents, et toute cette histoire ne nous est connue que par un moine du couvent dont Gosvin fut un jour abbé. Mais, selon lui, le petit David terrassa le géant ; il conquit tout d'abord l'attention de l'auditoire par la gravité de sa parole ; puis, il enlaça si savamment son adversaire par des assertions qu'on ne pouvait ni éluder ni combattre, qu'il lui ferma peu à peu tout moyen d'évasion et parvint graduellement à le réduire à l'absurde. Ayant ainsi *garotté ce Protée par les indissolubles liens de la vérité*, il redescendit triomphalement la montagne, et en rentrant dans les salles où l'attendaient ses condisciples impatients, il fut accueilli par des cris de victoire et d'allégresse. »

Qui n'entend qu'une cloche n'entend qu'un son. Le biographe de Gosvin a bien pu exagérer la victoire de son héros. La cloche d'Abélard aurait été ici curieuse à entendre ; mais, pour une raison ou pour une autre, il a négligé de la faire résonner à ce propos, et il ne nous dit rien de l'épisode dont il s'agit dans « l'histoire de ses malheurs ».

Après la conversion monastique de ses parents, il revint en France, mais non d'abord à Paris. Ce n'est pas sans surprise que nous le retrouvons à Laon, lui, le maître déjà célèbre redevenu, pour la seconde fois, un simple étudiant, mais, il est vrai, un étudiant en théologie. Outre le désir naturel à un philosophe de son renom d'aborder maintenant de front les études sacrées, peut-être son inexpérience à cet égard n'avait-elle pas été sans le gêner quelque peu dans sa controverse avec Guillaume de Champeaux. Peut-être est-ce sur ce terrain glissant pour lui que le jeune Gosvin, choisissant quelque pas délicat dont il s'était fait bien informer, lui avait naguère livré bataille. Quoi qu'il en soit, Abélard résolut de prendre pour son maître en théologie un vieillard alors vénéré comme le plus éminent représentant de cette science divine. On l'appelait Anselme de Laon.

Il était né dans cette ville ou dans ses environs avant le milieu du onzième siècle, avait été à l'abbaye du Bec le disciple de saint Anselme, avait ensuite professé à Paris, où il avait compté parmi ses élèves Guillaume de Champeaux, puis était retourné dans son pays natal, et chargé, de concert avec son frère Raoul, de la direction des écoles épiscopales dans ce diocèse, il continuait à diriger en personne à la cathédrale de Laon un enseignement théologique dont la réputation s'était répandue dans la chrétienté tout entière. On l'appelait « le docteur des docteurs, la lumière de la France et même de toute l'Eglise latine ». Sa vertu n'était pas moins admirée que sa science. Il avait refusé plusieurs fois l'épiscopat pour ne pas abandonner sa chaire, qu'il occupa quarante ans. Sa prudente orthodoxie le maintenait dans une voie positive et sûre et dans une méthode traditionnelle, mais devenue peut-être avec l'âge un peu routinière. « Son principal soin, disent les auteurs de l'*Histoire littéraire* (1), était d'inspirer à ses disciples le goût pour le vrai et un profond

---

(1) *Histoire littéraire de la France*, t. X, p. 173. — Cf. S. M. Deutsch, ouvrage cité, p. 31. — L'abbé P. Féret, *La Faculté de théologie de Paris et ses docteurs les plus célèbres*. Paris, Alphonse Picard, 1894, in-8, Tome I, p. 25 et suiv.

respect pour les vérités révélées. Sa théologie n'était proprement qu'une exposition simple et solide de la Sainte Ecriture, appuyée de l'autorité des Saints Pères, qu'il étudia toute sa vie. Rempli de leurs principes et instruit à leur école, il sentait le danger qu'il y a de vouloir pénétrer trop avant, et il n'approfondissait dans les Saintes Ecritures que ce qu'il est permis d'y rechercher et d'y découvrir. Anselme fit ainsi, dit Guibert de Nogent, plus de bons catholiques qu'aucun hérétique de son temps n'en avait pervertis. »

La docilité d'Abélard n'était jamais de longue durée. Le caractère « conservateur » (1) et plus didactique que dialectique d'Anselme et de son enseignement l'impatientèrent. Son impression à cet égard s'est reflétée dans un portrait, qui tourne visiblement à la caricature. « C'était, dit-il (2), un vieillard disert, mais dont l'esprit manquait de netteté et de décision. Qui l'abordait incertain sur un point douteux, le quittait plus incertain encore. Admirable pour

---

(1) Sur le « parti conservateur » en théologie au douzième siècle, voir le bel ouvrage du P. Th. de Régnon, *Etudes de théologie positive sur la Sainte Trinité.* Deuxième série, Paris, Victor Retaux, 1892, in-8, pp. 11-14.
(2) *Historia calamitatum*, cap. III, p. 123. — Nous empruntons ici la traduction de M. l'abbé Vacandard : *Abélard, sa lutte avec saint Bernard, sa doctrine, sa méthode.* Paris, Roger et Chernoviz, 1881, in-12, p. 23.

de simples auditeurs, il était nul en présence d'un adversaire. Il avait une merveilleuse abondance de langage, mais sous ses belles paroles le sens était pauvre et vide de raison. De loin, c'était un bel arbre chargé de feuilles, de près il était sans fruit ou ne portait que la figure aride de l'arbre que le Christ a maudit. Quand il allumait son feu, il faisait de la fumée, mais point de lumière. »

« On devine, dit M. l'abbé Vacandard (1), qu'Abélard ne fut pas longtemps captivé par cette éloquence. Il demeura quelques jours « oisif à l'ombre de ce nouveau maître », puis, cédant au dédain que lui inspirait son enseignement, il prit le parti d'étudier seul la théologie. Il se retira dans sa demeure et se contenta de conférer quelquefois avec les autres disciples d'Anselme, plus disposés que lui à l'admiration.

« Alors se passa une scène qui caractérise parfaitement le tour d'esprit d'Abélard et qui, selon nous, donne la clef de toute sa vie, de ses travaux et de sa méthode théologique. Comme lui-même l'a racontée avec détails et avec une sorte de complaisance, nous lui laissons la parole :

(1) *Abélard*, p. 24 et suiv.

« Un jour, dit-il (1), après une conférence d'étudiants, il arriva que nous devisions en plaisantant entre nous, et l'un de mes condisciples m'ayant demandé insidieusement ce que je pensais de la lecture des Livres saints, moi qui n'avais encore étudié que les sciences profanes, je répondis que c'était la plus salutaire des lectures, puisqu'elle nous instruit du salut de notre âme, mais que j'étais extrêmement étonné de voir que les gens lettrés ne se contentassent point, pour l'intelligence de la Bible, du texte même ou des gloses qui en existent, et qu'ils eussent encore besoin du secours d'un maître. On se moqua de moi et le rire fut presque général. On me demanda si je me sentais la force et la hardiesse d'entreprendre une pareille tâche. Je répondis que j'étais prêt, s'ils voulaient, à en faire l'épreuve. S'écriant alors et se moquant de plus belle : « Certes, disent-ils, nous y consentons de grand cœur. » — Eh bien, dis-je à mon tour, qu'on cherche et qu'on me donne un passage difficile de l'Ecriture avec un seul glossateur, et je soutiendrai le défi. Ils s'accordèrent tous à choisir l'obscure prophétie d'Ezéchiel. Prenant donc le livre, je les invitai

(1) *Historia calamitatum*, cap. III, pp. 124-125. Nous avons çà et là légèrement modifié la version adoptée par M. l'abbé Vacandard.

aussitôt à venir entendre dès le lendemain mon commentaire. Alors, prodiguant les conseils à un homme qui n'en voulait point, ils me disaient que l'entreprise était grave et qu'il ne fallait pas l'aborder précipitamment, que je devais prendre mon temps et méditer mon interprétation à loisir. Je répondis fièrement que mon habitude n'était pas de procéder par une étude routinière, mais par la vigueur propre de mon esprit ; et j'ajoutai ou que je retirerais ma parole ou qu'ils viendraient entendre mon explication le lendemain même. Il faut avouer que ma première leçon réunit peu d'auditeurs ; car il paraissait ridicule à tout le monde de voir un jeune homme qui, pour ainsi dire, n'avait jamais ouvert les Livres saints, se mesurer avec eux si témérairement. Cependant, tous ceux qui m'entendirent furent si charmés de cette première séance, qu'ils la prônèrent dans les termes les plus pompeux et me pressèrent de donner suite à mon commentaire, en suivant la même méthode. L'affaire fit du bruit. Ceux qui n'avaient point assisté à la première leçon accoururent en foule à la seconde et à la troisième, et tous se montrèrent également empressés de transcrire mes explications, à commencer par celle de la première séance. »

« On voit percer dans ce récit, continue M.

l'abbé Vacandard, le procédé qu'Abélard emploiera plus tard dans l'étude et dans l'enseignement de la théologie. C'est une science qu'il veut prendre d'assaut avec l'arme de la dialectique. Cette tactique le perdra. « La théologie, a dit un critique, n'est pas le fait des esprits primesautiers. » Elle exige du travail et une marche prudente. Prétendre l'enseigner sans l'avoir apprise, c'est témoigner qu'on n'en soupçonne pas les difficultés, ou se prévaloir témérairement du miracle de la science infuse.

« Par son imprudent essai, Abélard se préparait pour l'avenir de cruelles déceptions. Son triomphe, pour avoir été éclatant, n'en fut pas moins fatal à son repos. Le premier fruit qu'il en recueillit fut la jalousie de ses condisciples, de ceux au moins qui formaient comme la cour du vénérable Anselme. A leur instigation, le titulaire de l'école lui interdit de continuer son commentaire, à cause de son inexpérience dans les matières théologiques. Abélard estime que cette raison n'était qu'un prétexte inventé pour couvrir l'esprit de vengeance et d'envie qui animait Anselme et ses élèves, particulièrement Lotulphe et Albéric de Reims. Cependant il est incontestable que le professeur n'agissait ici qu'en vertu de son droit de maîtrise, et qu'il n'avait que ce moyen de dégager sa responsabilité en présence des témérités inévitables ou probables du philosophe improvisé théologien. »

L'extraordinaire facilité d'Abélard, sa confiance en lui-même et son talent d'exposition et de controverse réussirent, en dépit d'Anselme, à faire pleinement illusion sur l'insuffisance de son instruction théologique, qu'il s'attacha d'ailleurs, autant que possible, à fortifier désormais par une étude assidue. L'opinion publique, dans le monde scolaire, donna tort au vieil écolâtre de Laon, et maître Pierre, de retour à Paris, fut officiellement investi de la chaire du cloître de Notre-Dame, où son double enseignement théologique et philosophique, accueilli avec une faveur incomparable, porta le jeune docteur au comble de sa gloire et de son influence. Charles de Rémusat l'a peint à cet apogée de sa carrière, dans son milieu parisien et scolastique, en un tableau dont l'archéologie contesterait peut-être aujourd'hui quelques détails, mais qui n'en est pas moins vivant et expressif.

« On aime, dit-il (1), à se représenter l'existence d'Abélard, ou, comme on l'appelait, de maître Pierre, à cette époque de sa vie, au milieu de cette ville de Paris qu'il remplissait de son nom. Paris, ce n'était guère alors que la

(1) Ouvrage cité, t. I, pp. 40-45.

Cité. Sur cette île fameuse, qui partage la Seine au milieu de notre capitale, se concentraient toutes les grandes choses, la royauté, l'Eglise, la justice, l'enseignement. Là, ces divers pouvoirs avaient leur principal siège. Deux ponts unissaient l'île aux deux bords du fleuve. Le Grand-Pont conduisait sur la rive droite, à ce quartier qu'entre les deux antiques églises de Saint-Germain-l'Auxerrois et de Saint-Gervais, commençait à former le commerce, et qu'habitaient les marchands étrangers, attirés par l'importance et la renommée déjà considérable de la Lutèce gauloise. C'étaient eux qui devaient, confondus sous le nom d'une seule nation, le transmettre à une partie de cette ville nouvelle qui allait s'appeler le quartier des Lombards. Vers la rive gauche, le Petit-Pont (1) menait au pied

(1) Il semble d'abord qu'il y ait ici un petit anachronisme. M. Hauréau (ouvrage cité, t. I, p. 421) nous apprend en effet, à propos d'Adam dit *du Petit-Pont*, qui professa à Paris seulement vers 1130, que ce Petit-Pont avait été construit par ses écoliers, et il appuie ce fait curieux sur quelques strophes rythmiques de Godefroy de Saint-Victor, empruntées à son poème intitulé : *Fons philosophiæ*, où il est dit : « Plusieurs construisirent de leurs mains ce pont, et firent ainsi un passage aisé à travers le fleuve ; ils y bâtirent pour eux-mêmes des maisons, et de là vint qu'on leur donna le nom d'habitants du pont. — La matière de cet ouvrage est belle et la figure élégante. L'appareil en est fait de pierres cubiques. La construction repose solidement sur des colonnes d'airain. Aucune secousse ne pourra jamais l'é-

de cette colline dont l'abbaye de Sainte-Geneviève couronnait le faîte, et sur les flancs de laquelle l'enseignement libre avait déjà plus d'une fois dressé ses tentes. Les plaines voisines se couvraient peu à peu d'établissements pieux ou savants, destinés à une grande renommée ; à l'est, la communauté de Saint-Victor venait d'être fondée ; à l'ouest, la vieille abbaye de Saint-Germain-des-Prés attestait, dans sa grandeur, le souvenir de ce saint évêque de Paris dont la mémoire le disputait à celle de

branler.—L'ouvrage est recouvert par dessus d'un pavement de pierres polies ; il est décoré de statues d'or et d'argent et muni de tous côtés de parapets élevés, afin que la foule maladroite n'ait à redouter aucune chute.

> Quidam pontem manibus suis extruxerunt
> Et per aquas facilem transitum fecerunt,
> In quo sibi singuli domos statuerunt,
> Unde pontis incolæ nomen acceperunt.
>
> Decens est materia, decens est figura ;
> Cubicorum lapidum subest quadratura :
> Stat columnis æneis solida structura,
> Nullis motionibus unquam ruitura.
>
> Pavimentis desuper opus est politum,
> Aureis, argenteis signis insignitum,
> Editis lateribus undique munitum,
> Ne ruinam timeat vulgus imperitum.

Mais avant ce beau pont de pierre, il est plus que probable qu'il y en avait au même endroit un de bois, qui portait le même nom, et cela suffit pour justifier Rémusat.

saint Germain d'Auxerre ; car les deux plus anciens monuments de Paris sont dédiés au même nom. Là aussi, la jeunesse de la ville, et ces écoliers, ces clercs qui n'étaient pas tous jeunes alors, venaient sur des prés, devenus des lieux historiques, chercher les exercices et les rudes jeux qui convenaient à la robuste nature des hommes de ce temps. Leur résidence était surtout dans le voisinage du Petit-Pont, et leur foule toujours croissante ne pouvant tenir dans l'île, s'était répandue sur le bord de la rivière, au pied de la colline, qui devait par eux s'appeler le *pays latin*, et opposer, d'une rive à l'autre, la ville de la science à la ville du commerce.

« Dans la Cité, vers la pointe occidentale de l'île, s'élevait le palais souvent habité par nos rois, théâtre de leur puissance et surtout de ce pouvoir judiciaire qui y règne encore en leur nom, et qui alors même, exercé par leurs délégués, paraissait la plus populaire de leurs prérogatives et le signe reconnaissable de leur souveraineté. Un jardin royal, comme on pouvait l'avoir en ce siècle, un lieu planté d'arbres entre le palais et le terre-plein où Henri IV a sa statue, s'ouvrait en certains jours comme promenade publique au peuple, à l'école, au clergé, et à ce peu de nobles hommes qui se trouvaient à

Paris. En face du palais, l'église de Notre-Dame, monument assez imposant, quoique bien inférieur à la basilique immense qui lui a succédé, rappelait à tous, dans sa beauté massive, la puissance de la religion qui l'avait élevé, et qui de là protégeait en les gouvernant les quinze églises dont on ne voit plus les vestiges, environnant la métropole comme des gardes rangés autour de leur reine. Là, à l'ombre de ces églises et de la cathédrale, dans de sombres cloîtres, en de vastes salles, sur le gazon des préaux, circulait cette tribu consacrée, qui semblait vivre pour la foi et la science, et qui souvent ne s'animait que de la double passion du pouvoir ou de la dispute. A côté des prêtres, et sous leur surveillance, parfois inquiète, souvent impuissante, s'agitait, dans le monde des études sacrées et profanes, cette population de clercs à tous les degrés, de toutes les vocations, de toutes les origines, de toutes les contrées, qu'attirait la célébrité européenne de l'école de Paris; et dans cette école, au milieu de cette nation attentive et obéissante, on voyait souvent passer un homme au front large, au regard vif et fier, à la démarche noble, dont la beauté conservait encore l'éclat de la jeunesse, en prenant les traits plus marqués et les couleurs plus brunes de la pleine virilité. Son costume grave et pourtant soigné, le luxe sévère de sa personne, l'élégance simple de ses manières, tour à tour affables et hautaines, une attitude imposante, gracieuse, et qui n'était pas sans cette négligence indolente qui suit la confiance dans le succès et l'habitude de la puissance, les respects de ceux qui lui servaient de cortège, orgueilleux pour tous, excepté devant lui, l'empressement curieux de la multitude qui se rangeait pour lui faire place, tout, quand il se rendait à ses leçons ou revenait à sa demeure, suivi de ses disciples encore émus de sa parole, tout annonçait un maître, le plus puissant dans l'école, le plus illustre dans le monde, le plus aimé dans la Cité.

« Partout on parlait de lui : des lieux les plus éloignés, de la Bretagne, de l'Angleterre, *du pays des Suèves et des Teutons*, on accourait pour l'entendre ; Rome même lui envoyait des auditeurs. La foule des rues, jalouse de le contempler, s'arrêtait sur son passage ; pour le voir, les habitants des maisons descendaient sur le seuil de leurs portes, et les femmes écartaient leur rideau, derrière les petits vitraux de leur étroite fenêtre. Paris l'avait adopté comme son enfant, comme son ornement et son flambeau...

« Telle était sa situation à ce moment le plus calme et le plus brillant de sa vie. Il ne devait cette situation qu'à lui-même, à son travail, à son opiniâtreté, à sa belliqueuse éloquence... Sa richesse égalait sa renommée; car l'enseignement n'était pas gratuitement donné à ces cinq mille étudiants qui, dit-on, venaient de tous les pays pour l'entendre. Parvenu à ce faîte de grandeur intellectuelle et de prospérité mondaine, il n'avait plus qu'à vivre en repos. »

Il pouvait aspirer et il aspirait en effet à plus qu'au repos, c'est-à-dire qu'au labeur paisible, glorieux et fructueux d'un enseignement si goûté. Déjà chanoine de Paris, quoique il ne fût pas encore engagé d'une façon irrévocable dans les ordres sacrés, la perspective des plus hauts sommets de la carrière ecclésiastique lui était ouverte, et l'épiscopat tout au moins semblait naturellement devoir lui échoir un jour, comme il était échu naguère à d'autres professeurs moins célèbres que Pierre Abélard. Mais déjà la tête lui tournait. Il se considérait comme le philosophe par excellence ou, pour user de ses propres termes, comme le seul homme digne de ce nom qui fût au monde (1), et il en vint alors, sinon à se croire en théorie, du moins à se placer dans la pratique au-dessus même de la loi morale. L'orgueil ouvrit en lui la

---

(1) « Cum jam me solum in mundo superesse philosophum æstimarem... frena libidini coepi laxare ». *Historia calamitatum*, cap. V, p. 126.

voie à des passions moins nobles. Fermant les yeux sur les conséquences probables d'une telle aventure, surtout dans la situation qu'il occupait, il s'engagea de propos délibéré en des relations coupables avec la jeune et docte nièce du chanoine Fulbert. L'un des traits singuliers et caractéristiques de cette histoire trop connue, c'est après la naissance de leur fils Astralabe (1), la lutte dialectique vigoureusement engagée contre maître Pierre par la savante Héloïse, armée d'un plein carquois de citations sacrées et profanes, pour le dissuader de l'épouser, en raison du tort que cette union, légitime sans doute, mais à ses yeux trop vulgaire, ne pourrait manquer de faire à l'avenir d'un tel époux. On a rarement fait valoir avec plus de force, mais aussi, vu les circonstances, avec plus de bizarrerie dans le fond et dans la forme, les inconvénients du mariage et du ménage pour une carrière à la fois cléricale et scientifique (2).

Abélard ne se laissa point convaincre. Toutefois, son intention était de tenir son mariage

---

(1) Ce nom astronomique fut de l'invention d'Héloïse. Il sent d'une lieue le *quadrivium*, qu'elle avait, ce semble, plus fréquenté qu'Abélard lui-même. Celui-ci, du moins, de son propre aveu, n'avait mordu que faiblement aux mathématiques. Cf. Rémusat, ouvrage cité, T. I, pp. 12, 13.

(2) Cf. *Historia calamitatum*, cap. VII, p. 130 et suiv.

secret (1). Mais la furieuse vengeance de Fulbert fit éclater publiquement le scandale d'une aventure qui, du reste, sauf l'aveuglement de ce chanoine farouche et niais, n'était pas restée ignorée du monde scolaire, et faisait depuis longtemps le sujet des propos et des chansons des étudiants parisiens. Dans la situation qui lui était faite Abélard jugea qu'il ne lui restait qu'un parti à prendre, et il le prit sur le champ, non seulement pour lui, mais pour Héloïse. Sur son ordre, elle fit profession au monastère d'Argenteuil, où avait été élevée son enfance et où elle s'était réfugiée depuis quelque temps. Quant à lui, l'abbaye de Saint-Denis lui ouvrit ses portes et il y prononça les vœux monastiques.

Sa conversion déterminée, comme il le reconnaît, plutôt par la contrainte des circonstances que par une vocation intérieure, n'était pourtant nullement hypocrite. Il songea sincèrement à vivre désormais dans la retraite. Mais, tout au contraire, sa profession religieuse lui ayant rendu, pour ainsi dire, l'estime et l'auto-

(1) Par lui-même ce mariage lui fermait naturellement le sacerdoce et, par conséquent, l'épiscopat, mais non pas la cléricature et, surtout tenu secret, le professorat. La question des *clercs mariés* fut l'un des problèmes du droit canonique au moyen âge. Mais il ne s'agissait, bien entendu, que des simples clercs et non des ordres majeurs, voués au célibat.

rité que lui avait enlevées le scandale de son aventure, il fut assailli par les sollicitations de ses disciples, qui le suppliaient de reprendre son enseignement et multipliaient leurs instances à cet effet auprès de l'abbé de Saint-Denis. Adam, qui occupait alors cette haute charge, inclina promptement à cet avis ainsi que ses religieux, et cela pour deux raisons.

La renommée scientifique d'Abélard était désormais une de leurs gloires et ils étaient bien aises de la voir refleurir par de nouveaux succès. Ils ne l'étaient pas moins de rendre un aliment extérieur à son activité inquiète. Celle-ci commençait à s'exercer avec peu de circonspection sur les relâchements qui s'étaient introduits dans l'abbaye et que maître Pierre, sans se demander si ses antécédents le qualifiaient pour ce zèle réformateur, s'était mis à stigmatiser avec véhémence en particulier et en public, au point d'avoir rendu déjà sa présence insupportable à ses confrères. Ils le déterminèrent donc à rentrer dans la voie où l'appelaient ses anciens élèves. Il fut autorisé, invité même à s'établir dans un prieuré dépendant de l'abbaye et à y rouvrir son école. Une telle foule d'auditeurs se pressa bientôt autour de sa chaire qu'ils avaient peine à se loger et à se nourrir dans le voisinage. Il lui parut convenable à l'habit qu'il portait maintenant et conforme aux devoirs qui en résultaient pour sa conscience, d'accentuer le caractère théologique de son enseignement, sans renoncer pourtant à la philosophie et à la dialectique, dont il avait le génie et la passion, mais en les employant avec plus de hardiesse et d'ampleur qu'on n'osait le faire dans les écoles de son temps, à préparer et à développer l'étude de la science sacrée. L'exemple, périlleux pourtant, d'Origène se présenta vif et attrayant à son esprit et il résolut de le prendre pour modèle (1).

« Sans doute, remarque à ce propos, M. l'abbé Vacandard (2), on ne peut méconnaître la grandeur d'une entreprise qui avait pour but de montrer l'accord de la philosophie et de la théologie, de la science profane des païens et de la science sacrée des chrétiens, de relier, dans une synthèse capable de satisfaire la raison la plus sévère, les théories de Platon et d'Aristote et la sublime doctrine des Apôtres et des Pères. L'immense succès de l'enseignement d'Abélard prouve qu'il correspondait à un besoin de son époque, et l'admiration que nombre d'esprit pro-

---

(1) *Historia calamitatum*, cap. VIII, pp. 136-139. — Cf. Rémusat, ouvrage cité, p. 71 et suiv. — S.-M. Deutsch, ouvrage cité, pp. 35, 36.

(2) *Abélard*, pp. 33, 34.

fessent encore aujoud'hui pour son essai témoigne de la persistance de ce besoin. Mais notre théologien improvisé n'était pas à la hauteur d'une pareille tâche. La vraie science des principes théologiques lui fit toujours défaut. »

Avec sa témérité habituelle, Abélard choisit sans hésiter pour l'application de sa méthode le dogme et le mystère essentiel du christianisme : la Sainte-Trinité, et il en donna dans ses leçons, puis dans un ouvrage où il résuma son enseignement, une explication qu'il estima très satisfaisante, mais que les juges compétents s'accordent encore aujourd'hui à considérer comme insoutenable (1). Une polémique violente s'engagea entre lui et son ancien maître Roscelin, dont il n'avait pas ménagé les erreurs, et qui saisit cette occasion d'attaquer à son tour les thèses d'Abélard. D'autre part, deux de ses anciens condisciples de Laon, Albéric et Lotulphe, devenus chefs des écoles de Reims, où ils continuaient la tradition de leur maître Anselme, maintenant défunt, dénoncèrent avec énergie l'enseignement et le livre du novateur, qu'ils réussirent à faire citer devant un concile tenu à Soissons, en l'année 1121, sous la présid-

---

(1) Cf. Vacandard, *Abélard*, p. 173 et suiv. — *Vie de saint Bernard*, t. II, p. 124 et suiv. — Th. de Régnon, ouvrage cité, p. 65 et suiv.

dence de Conon, évêque de Préneste, alors légat du Saint-Siège en France, assisté de Raoul, archevêque de Reims. Abélard s'y rendit avec quelques-uns de ses disciples et même, à son arrivée dans la ville, faillit être lapidé par la populace, soulevée contre lui par la réputation d'hérésie dont son nom était chargé. L'archevêque de Reims et la majorité des évêques présents partageaient à son égard les sentiments d'Albéric et de Lotulphe.

Toutefois l'accusé avait aussi ses défenseurs, en particulier un de ses anciens auditeurs, Geoffroi de Lèves, évêque de Chartres, demeuré son ami. Celui-ci s'efforçait de combattre auprès du légat l'influence des adversaires d'Abélard, et il crut un moment avoir réussi du moins à faire ajourner l'examen de sa cause. L'accusé, tenant d'abord tête à l'orage, avait, de son côté, entrepris de retourner en sa faveur l'opinion par des leçons publiques faites à Soissons même et qui, si du moins on l'en croit, tournèrent en effet à son avantage. Mais ce procédé n'était pas, ce semble, de nature à lui concilier l'esprit de ses juges. Le légat qui, avec une longanimité toute romaine, aurait personnellement incliné à l'indulgence, finit par se ranger à l'avis de la majorité des évêques. La sentence fut nette et dure. Le livre fut condamné au feu, où Abélard dut le jeter lui-même en présence du concile, et l'auteur à la réclusion dans un monastère. L'abbaye de Saint-Médard près de Soissons, dont l'abbé, nommé Geoffroi, était présent, fut spécialement désignée à cet effet (1).

Geoffroi et ses moines traitèrent le condamné avec beaucoup d'égards, il leur rend lui-même ce témoignage et ne fait pas d'exception pour le prieur claustral, sous l'autorité duquel il se trouvait naturellement placé, et qui n'était autre que ce même Gosvin qui, étudiant à Paris, était venu, comme on l'a vu plus haut, l'interpeller et le défier dans son école. A son retour de Paris, Gosvin avait été chargé de la direction de l'enseignement à Douai, sa ville natale, puis il s'était fait moine à l'abbaye d'Anchin, d'où, à cause de sa vertu déjà éprouvée, il avait été délégué pour procéder à une réforme, devenue nécessaire, d'abord à Saint-Crépin de Soissons, puis à Saint-Médard. Gosvin s'efforça charitablement de consoler et d'exhorter Abélard, dont la honte et le chagrin faisaient peine à voir, et qui se consumait dans son amère douleur. Mais, un beau jour, l'exhortation, trop véhémente et peut-être maladroite, impatienta maître Pierre, et l'humeur

---

(1) Cf. *Historia calamitatum*, cap. IX et X. p. 140 et suiv. — Rémusat, ouvrage cité, t. I, p. 75 et suiv. — S. M. Deutsch, ouvrage cité, pp. 36, 37.

dialectique se réveillant de part et d'autre, le pieux colloque dégénéra en une dispute assez vive. Nous en devons la connaissance au biographe de Gosvin, selon lequel Abélard comprit que ce n'était pas le moment de donner carrière à son tempérament polémique et baissa le ton devant la fermeté quelque peu menaçante du bon prieur claustral. Gosvin, élu plus tard abbé d'Anchin, devint, sur la recommandation de saint Bernard, l'un des conseillers les plus aimés du pape Eugène III, qui se plaisait à l'appeler « son abbé » et à baiser sa tonsure. Il mourut, le 13 septembre 1166, en odeur de sainteté (1).

Cependant la sévérité de la sentence prononcée contre Abélard personnellement fut bientôt jugée excessive, non-seulement par ses amis, mais par l'opinion générale qu'ils émurent en sa faveur. Le légat n'eut pas de peine à suivre ce courant, conforme à ses dispositions propres ; il donna l'ordre d'ouvrir à maître Pierre les portes de Saint-Médard et lui enjoignit d'aller reprendre tout bonnement sa place parmi ses confrères, les religieux de Saint-Denis. Mais notre incorrigible disputeur ne demeura pas longtemps

---

(1) Cf. *Historia calamitatum*, cap. X, pp. 151-153. — *Historiens de France*, t. XIV, pp. 443-445.

dans cette abbaye, où les excès de zèle de son premier séjour n'étaient pas encore oubliés, sans s'y créer de nouveaux ennuis.

Voici quelle en fut l'occasion. « Un jour, dit-il, (1), pendant ma lecture, le hasard me fit tomber sur un passage de Bède dans son exposition des *Actes des Apôtres*, où il est dit que Denis l'Aréopagite fut évêque, non des Athéniens, mais des Corinthiens. Cette opinion allait contre les nôtres qui se vantent que leur saint Denis est l'Aréopagite, évêque d'Athènes, comme ils le prouvent par ses histoires. Ayant donc trouvé ce passage de Bède contraire à notre opinion, je le montrai comme en plaisantant à quelques frères qui se trouvaient là. Ils furent saisis d'indignation, et répondirent que Bède était le plus menteur des écrivains. Ils ajoutèrent qu'on possédait un témoignage bien autrement véridique : celui de leur abbé Hilduin, qui s'était transporté lui-même en Grèce pour élucider la question, et avait consigné dans ses Mémoires le résultat d'une enquête décisive. Alors l'un d'eux me demanda indiscrètement quel était mon avis sur Hilduin et Bède. Je répondis que j'inclinais pour l'autorité de Bède, dont les écrits sont étudiés

---

(1) *Historia calamitatum*, cap. X, pp. 154, 155. Nous empruntons ici la traduction du P. de Régnon, ouvrage cité, pp. 10, 11.

avec estime dans toute l'Eglise latine. Aussitôt leur colère s'allume. On crie que je me démasque enfin, que j'ai toujours cherché à nuire à notre monastère, et que maintenant j'attente à l'honneur de tout le royaume, dans une de ses gloires les plus chères, puisque je nie que leur patron soit l'Aréopagite. Je réponds que je n'ai point nié cela, et que d'ailleurs peu importe à saint Denis de venir de l'Aréopage ou d'ailleurs pourvu qu'il jouisse près de Dieu de son immense gloire (1). »

(1) Un peu plus tard Abélard dans une petite dissertation, en forme de lettre, adressée à l'abbé Adam et à ses religieux, et qui a tout l'air d'une rétractation, déclara que le témoignage de Bède était infirmé par l'autorité supérieure d'Eusèbe qui, dans son *Histoire ecclésiatique*, indique formellement que saint Denis l'Aréopagite a bien été évêque d'Athènes. Cf. *Petri Abælardi epistola XI* dans Migne, volume cité, p. 341 et suiv. — S. M. Deutsch, ouvrage cité, pp. 38, 39. — « Après Abélard, remarque le P. de Régnon (ouvrage cité, p 11, note 1), on continua à débattre la question de savoir si l'Aréopagite était mort en Grèce ou s'il avait été martyrisé à Paris. En 1215, Innocent III calma les disputes de la façon suivante. Il écrivit aux moines de Saint-Denis, que ne voulant pas trancher le débat, et cependant désirant leur être agréable, il leur envoyait le corps du saint Denis mort en Grèce, qu'un légat avait apporté à Rome : « Ainsi, dit-il, lorsque vous aurez les deux reliques, il ne pourra plus rester de doute que vous ne possédiez dans votre monastère les reliques de saint Denis l'Aréopagite. » — On ne saurait trop admirer ici la vigoureuse et fine d'esprit largeur du Souverain Pontife dans une question qui ne touche nullement à la foi. Mais il faut aussi avouer qu'Abélard, surtout dans sa situation, s'y était jeté bien mal à propos.

De plus en plus irrités par le ton narquois du pétulant dialecticien, ses interlocuteurs coururent le dénoncer à l'abbé Adam. Celui-ci était déjà mal disposé pour Abélard, qui se croyait bien fondé à ne pas l'excepter de son amer dédain, peut-être même de ses aigres censures, relatives au relâchement des moines de Saint-Denis (1). Aussi accueillit-il la plainte avec empressement. Maître Pierre eut à subir en plein chapitre une violente réprimande. Il fut, de plus, averti par l'abbé en courroux que le roi lui-même allait être informé de la criminelle attaque dirigée par l'insolence d'un moine rebelle contre l'honneur du royaume dans la personne de son saint patron, dénonciation qui pourrait bien avoir pour conséquence un châtiment exemplaire. En attendant, on l'invitait à mieux veiller sur sa langue. Notre imprudent critique, qui avait d'abord pris la chose d'assez haut et demandé à son abbé en quoi il avait enfreint la discipline monastique par son opinion sur une question d'histoire, commença de craindre que l'affaire ne prît pour lui une mauvaise tournure. Il avait plus de hardiesse dans l'esprit que de fermeté dans le caractère. Son imagination aidant, il se

---

(1) Ce relâchement est d'ailleurs pleinement attesté par les plaintes apostoliques de saint Bernard. Cf. Vacandard, *Vie de saint Bernard*, t. I, p. 175.

jugea en butte à une persécution systématique, et retomba dans le désespoir. Il ne laissait pas d'avoir quelques amis dans l'abbaye même ; ceux-ci, d'accord avec quelques-uns de ses disciples affectionnés à son sort, lui conseillèrent de prendre la fuite et la lui facilitèrent. Il s'échappa, une belle nuit, du monastère et se réfugia dans un prieuré de Champagne, à Provins, où il avait demeuré déjà et dont le prieur, qui lui était tout dévoué, l'accueillit à bras ouverts. Il comptait, en outre, sur la protection du comte Thibaut IV, prince fort religieux et fort éclairé, grand admirateur et grand ami de saint Bernard, mais auquel le nom et le talent d'Abélard n'étaient pas néanmoins inconnus ni indifférents, et qui avait même témoigné de la compassion pour ses malheurs. Aussi, à quelque temps de là, ayant appris que l'abbé Adam était venu à la cour du comte pour certaines affaires, maître Pierre jugea à propos de s'y rendre de son côté. Il venait supplier Thibaut d'obtenir pour lui de l'abbé de Saint-Denis l'autorisation de vivre désormais selon sa profession religieuse, mais dans n'importe quel monastère à sa convenance. Après réflexion, Adam répondit par un refus catégorique. Il n'aimait pas Abélard, mais après tout, il était fier (c'est Abélard lui-même, qui nous en informe) de l'avoir dans sa congrégation et n'entendait pas le céder à aucune autre. Maître Pierre reçut injonction de retourner à Saint-Denis dans un bref délai, sous peine d'excommunication formelle. Il était fort perplexe quand il apprit la mort de l'abbé Adam, survenue sur ces entrefaites (19 février 1122). Suger, successeur d'Adam, ne se montra pas d'abord mieux disposé pour la requête du fugitif, quoiqu'elle fût appuyée par l'évêque de Meaux. Mais Abélard, qui ne manquait pas à l'occasion d'habileté ni d'entregent, réussit peu à peu, par d'habiles démarches, à se concilier la faveur d'un personnage alors tout puissant à la cour du roi Louis-le-Gros, Etienne de Garlande, qui cumulait, ou allait bientôt cumuler, au grand scandale de saint Bernard, la double qualité, contradictoire aux yeux du pieux abbé de Clairvaux, d'archidiacre de Notre-Dame et de sénéchal, c'est-à-dire de chef du palais et de l'armée royale (1).

(1) « Est-il quelqu'un, s'écrie à ce propos saint Bernard dans une lettre à l'abbé Suger, dont le cœur ne s'indigne, dont la langue ne murmure, au moins en secret, contre un diacre qui, au mépris de l'Evangile, sert pareillement Dieu et Mammon, occupe dans l'Eglise une place, une dignité, qui n'est pas inférieure à celle des évêques, et en même temps remplit dans l'armée des fonctions supérieures à celles des premiers officiers ? Qu'est-ce, je vous prie, que cette monstruosité de vouloir paraître à la fois clerc et soldat, pour n'être, en

Le roi et son conseil se souciaient, paraît-il, beaucoup moins qu'on ne l'avait pensé, de l'identité de saint Denis l'Aréopagite avec le céleste patron de Saint-Denis-en-France. Leur préoccupation était d'un autre ordre. Ils voulaient avant tout maintenir dans la grande abbaye l'influence du pouvoir royal. Or, selon maître Pierre, qui ne perd pas cette occasion d'un bon petit coup de langue dans le récit de ses malheurs, cette influence s'accommodait parfaitement du relâchement des moines, qui lui donnait pleine occasion de s'exercer, et les conseillers de Louis-le-Gros ne tenaient nullement à la réintégration dans le monastère d'un personnage qui s'y était

somme, ni l'un ni l'autre ? N'est-ce pas un égal abus qu'un diacre préside au service de la table royale, ou que l'intendant de la bouche du roi serve aux mystères de l'autel ? Qui pourrait voir sans étonnement, que dis-je, sans horreur, un même homme, tantôt, couvert d'une armure, conduire les troupes en armes, tantôt, revêtu d'une aube et d'une étole, chanter l'évangile au milieu de l'église ? A moins toutefois — ce qui serait plus odieux — qu'il ne rougisse de l'Evangile, qu'ayant honte d'être clerc, il ne trouve beaucoup plus honorable d'être soldat, et qu'il ne préfère la cour à l'église, la table du roi à l'autel du Christ... Est ce donc une plus haute dignité d'être officier d'un roi de la terre que d'être ministre du Roi du ciel ?... Est-il donc plus beau d'être appelé sénéchal que d'être appelé doyen et archidiacre ? Oui, je l'accorde, cela est plus beau, mais pour un laïque et non pour un clerc, pour un soldat et non pour un diacre. » Vacandard, ouvrage cité, t. I, pp. 259, 260.

affiché comme un zélateur de la réforme. Telle est, selon lui, la raison pour laquelle Etienne de Garlande se chargea de faire entendre raison à l'abbé Suger. Un compromis intervint, solennellement ratifié de part et d'autre en présence du roi et de son conseil. Abélard reçut la permission d'aller vivre dans tel endroit qu'il aurait choisi, mais il prit l'engagement de demeurer, au moins nominalement, sujet de Saint-Denis, et de ne s'affilier à aucune autre abbaye ou congrégation monastique (1)..

Pour le moment il était affamé de solitude et se crut de taille à mener la vie non plus seulement cénobitique, mais érémitique. Il se retira donc, avec un seul clerc pour compagnon, dans un lieu désert, dont le site lui avait plu. C'était dans le pays de Troyes, tout près de Nogent-sur-Seine, au bord de l'Ardusson, sur la paroisse de Quincey. Les propriétaires du sol lui en firent don et Hatton, évêque de Troyes, lui permit d'y construire un oratoire, qu'il fit de chaume et de roseaux et plaça sous l'invocation de la Sainte-Trinité. Mais donner pour unique aliment à son esprit la prière et la contemplation et suffire aux besoins de son corps par le travail de ses mains n'était point le fait d'Abélard. Sa solitude ne fut

(1) Cf. *Historia calamitatum*, cap. XI, pp. 155-159.

pas d'ailleurs longtemps respectée. Avides de son enseignement, ses anciens écoliers accoururent de toutes parts, frayant le chemin à de nouveaux disciples, et il se laissa sans trop de peine persuader par la douce violence de leurs prières de reprendre ses leçons dans son désert même. Là son imagination put se charmer du beau rêve de faire de sa chaire, redressée près de son humble oratoire, le centre d'une communauté tout-à-fait nouvelle, qui lui rappelait à la fois les moines du temps de saint Jérôme, les écoles des prophètes d'Israël et les disciples philosophiques de Pythagore. Les intrépides auditeurs de sa dialectique renouvelèrent, en effet, quelque temps sur les bords de l'Ardusson la vie des anciens moines d'Orient et d'Occident, ou des fondateurs tout récents de la réforme bénédictine de Cîteaux (1). « Abandonnant cités et bourgs, nous dit-il avec complaisance (2), ils vinrent habiter ma solitude. Au lieu d'amples demeures ils se contentèrent de petites cabanes construites par eux-mêmes ; au lieu de mets délicats, ils vécurent d'herbes agrestes et de pain grossier ; au lieu de molles couches, ils reposèrent sur le chaume et la paille amoncelés ; en guise de tables ils se servirent de tertres de gazon. »

(1) Cf. Vacandard, *Vie de saint Bernard*, t. 1, p. 35, 36.
(2) *Historia calamitatum*, cap. XI. pp. 159, 160).

Mais, de part et d'autre ces débuts ascétiques ne devaient pas se soutenir parce qu'ils ne correspondaient nullement à une vocation véritable. L'explication donnée par Abélard lui même du motif qui l'avait fait renoncer si promptement à la vie d'ermite n'est pas d'un Père du désert : « Ce fut, dit il (1), l'insupportable pauvreté qui me contraignit surtout alors à reprendre la direction d'une école. Je n'avais pas la force de labourer et j'aurais rougi de mendier. J'eus donc recours à l'art qui m'était familier, et, au lieu du travail des mains, je fus forcé de mettre en œuvre l'habileté de la langue. Mes écoliers se chargèrent de pourvoir à tous mes besoins, soit pour la nourriture, soit pour le vêtement ; ils vaquèrent à la culture du sol et prirent sur eux les frais de constructions utiles, afin qu'aucun souci matériel ne me détournât de l'étude. » L'oratoire de chaume était beaucoup trop petit pour une telle communauté. Les disciples de maître Pierre le reconstruisirent en pierre et en bois dans les proportions voulues. Le vocable de la Sainte-Trinité lui fut conservé d'abord et Abélard y plaça, dit-on, une statue ou plutôt un groupe symbolique, que décrit ainsi Rémusat (2) :

(1) *Historia calamitatum*, cap. XI, pp. 161, 162.
(2) Ouvrage cité, t. I, pp. 109, 110.

« Les trois personnes divines étaient sculptées dans une seule pierre, avec la figure humaine. Le Père était placé au milieu, vêtu d'une robe longue ; une étole suspendue à son cou et croisée sur sa poitrine était attachée à la ceinture. Un manteau couvrait ses épaules et s'étendait de chaque côté aux deux autres personnes. A l'agrafe du manteau pendait une bande dorée portant ces mots écrits : *Filius meus es tu*. A la droite du Père, le Fils, avec une robe semblable, mais sans la ceinture, avait dans ses mains la croix posée sur sa poitrine, et à gauche une bande avec ces paroles : *Pater meus es tu*. Du même côté, le Saint-Esprit, vêtu encore d'une robe pareille, tenait les mains croisées sur son sein. Sa légende était : *Ego utriusque spiraculum*. Le Fils portait la couronne d'épines, le Saint-Esprit une couronne d'olivier, le Père la couronne fermée, et sa main gauche tenait un globe : c'étaient les attributs de l'empire. Le Fils et le Saint-Esprit regardaient le Père qui seul était chaussé. Cette image singulière de la Trinité, cet emblème, unique, je crois, dans sa forme, attestait assez combien l'esprit d'Abélard était profondément occupé de ce dogme fondamental. »

Néanmoins il changea ensuite le vocable de son église, qu'il dédia au *Paraclet*, c'est-à-dire à

« *l'Esprit consolateur*, par allusion à la consolation qu'il avait ou croyait avoir trouvée dans cette solitude, si vite peuplée d'étudiants. Cette appellation, où d'ailleurs sa préoccupation théologique se retrouve, n'était pas en soi hétérodoxe ; elle a été jugée licite par l'Eglise, puisqu'elle figure dans des documents pontificaux et qu'elle est demeurée dans le cours des siècles au monastère dérivé de la fondation primitive ; mais elle était alors étrange, inusitée, et, vu les théories auxquelles probablement elle se rattachait dans la pensée de maître Pierre, elle pouvait être et fut en effet considérée d'abord comme suspecte.

Le bruit que la singulière communauté philosophique des environs de Nogent-sur-Seine excitait de nouveau partout sur le nom de son chef, répandit au loin cette suspicion. Elle s'accrut sans doute des inexactitudes, des témérités renouvelées dans son enseignement par Abélard. De plus, la communauté ne conserva pas indéfiniment l'aspect austère, édifiant des premiers jours. Les écoliers du Paraclet tendirent peu à peu à substituer aux habitudes cénobitiques les mœurs scolaires, alors comme en tout temps fort éloignées de la perfection. Cette déchéance ne nous a pas été confessée par Abélard, mais nous pouvons la constater ou, tout au moins, l'entrevoir dans ce qui nous est parvenu des compositions poétiques d'un de ses disciples, l'un de ceux précisément qui étaient venus avec tant d'ardeur se grouper en foule autour de lui sur les bords de l'Ardusson.

Hilarius ou Hilaire, qu'on croit Anglais d'origine, joignait dans sa jeunesse à la louable passion de l'étude des penchants moins nobles et même, si on en prenait l'expression au pied de la lettre, absolument criminels. Il pourrait bien avoir été l'élève d'Abélard non seulement pour la philosophie, mais aussi, quoique d'une façon moins directe, pour la poésie latine rythmique, alors fort en vogue dans le monde clérical et scolaire, et dont maître Pierre, qui s'y était rendu très habile, avait autrefois, en y joignant les douceurs de la musique et du chant, employé les charmes pour la séduction d'Héloïse. Dans le recueil des poésies d'Hilaire, qui nous a été conservé (1), la licence de certaines pièces apparaît encore plus coupable. Ce recueil se compose de trois sortes de morceaux : lyriques, satiriques et dramatiques. C'est au second genre qu'appartient un chant qui se rapporte, croyons-

(1) Manuscrit du fonds latin 11331 à la Bibliothèque nationale. — *Hilarii versus et ludi*, édition Champollion-Figeac. Paris, Techener, 1838, in-8º. — Cf. sur Hilaire l'*Histoire littéraire de la France*, t. XII, p. 251 et suiv., t. XX, p. 627 et suiv.

nous, à quelqu'une de ces fêtes joyeuses où la pétulance exubérante et la verve railleuse des jeunes clercs se donnaient librement carrière à certaines époques de l'année. Entre autres folies, on y procédait à l'élection d'un évêque ou même d'un pape éphémère, qui devenait le chef des réjouissances de la fête, mais auquel naturellement ses sujets d'un jour ou d'une semaine n'épargnaient pas les brocards. Le chant d'Hilaire est intitulé : *Sur le pape scolaire, De papa scolastico*. Il comprend six couplets de quatre vers latins rythmiques, avec un même refrain après chaque quatrain, et ce refrain est en langue française. Voici les deux premiers couplets qui suffiront à donner une idée du reste :

Papa summus, paparum gloria,
Papa jugi dignus memoria ;
Papæ plaudit scolaris curia,
Papæ dari non est injuria.
   Tort a qui ne li dune.

Papam omnis cognoscit regio,
Papæ servit scolaris legio,
Papam amat affectu nimio,
Papa quovis est dignus præmio,
   Tort a qui ne li dune (1).

(1) « Voici le pape suprême, l'honneur des papes, un pape digne d'éternelle mémoire ; l'assemblée des étu-

Les compositions dramatiques sont très curieuses. Elles ont pour sujets la résurrection de Lazare (*Suscitatio Lazari*), un miracle de saint Nicolas (*Ludus super iconia sancti Nicolaï*) ; enfin l'histoire de Daniel (*Historia de Daniel repræsentanda*). Elles ont été représentées à l'issue des offices aux fêtes de Noël (*Daniel*) et de Pâques (*Lazare*) et la veille de la fête du patron des écoliers (*Saint Nicolas*) (2). Leur analogie est manifeste avec les pièces par nous signalées plus haut comme représentées à l'abbaye de Fleury-sur-Loire.

On ne peut affirmer avec certitude que les jeux dramatiques d'Hilaire aient été composés et représentés au Paraclet, mais il n'y aurait rien de surprenant qu'il en ait été ainsi. Nous trouvons,

---

diants applaudit au pape ; donner au pape, ce n'est pas lui faire injure. Tort a qui ne lui donne.

« Toute la terre connaît le pape, la multitude scolaire obéit au pape, elle aime le pape du plus vif amour ; le pape est digne de tous les présents. Tort a qui ne lui donne. »

(2) Sur le théâtre d'Hilaire cf. Marius Sepet, *Les Prophètes du Christ*. Paris, Didier, 1878, in-8, p. 50 et suiv. et dans la *Bibliotheque de l'Ecole des Chartes*, 28e année (1867), p. 234 et suiv. — *Le Drame chrétien au moyen âge*, pp 33 et suiv., 203 et suiv. — *Le Jeu de saint Nicolas* dans la *Revue du monde catholique*, XIXe année (1879), t. II, p. 175 et suiv — Petit de Julleville, *Les Mystères*, t. I, pp. 38 et suiv. 55 et suiv., 72 et suiv.— Wilhelm Creizenach, *Geschichte des neueren Dramas*, t. I, (Halle, Max Niemeyer, 1893, in-8), pp. 72, 73, 105.

en tout cas, dans le même recueil une sorte d'élégie formellement adressée par Hilaire à Pierre Abélard « *Ad Petrum Abælardum* », et d'où il ressort qu'à la suite de désordres survenus dans la communauté des bords de l'Ardusson, et qui lui avaient été dénoncés par l'un des serviteurs employés aux champs, le maître courroucé avait interrompu ses leçons et déclaré qu'il ne consentirait à les reprendre que si la communauté, — ce couvent philosophique dont naguère encore il était si fier ! — était dissoute, et si les étudiants, le déchargeant de la responsabilité de leur conduite, allaient désormais habiter Quincey. Voici cette pièce dont le rythme est semblable à celui des couplets *de papa scolastico*, et qui peut-être se chantait sur le même air :

> Lingua servi, lingua perfidiæ
> Rixæ motus, semen discordiæ,
> Quam sit prava sentimus hodie,
> Subjacendo gravi sententiæ.
>   Tort a vers nos li mestre.
>
> Lingua servi, nostrum discidium,
> In nos Petri commovit odium.
> Quam meretur ultorem gladium,
> Quia nostrum exstinxit studium !
>   Tort a vers nos li mestre.
>
> Detestandus est ille rusticus,
> Per quem cessat a scola clericus :

Gravis dolor quod quidam publicus
Id effecit ut cesset logicus !
　　Tort a vers nos li mestre.

Est dolendum quod lingua servuli,
Magni nobis causa periculi,
Susurravit in aurem creduli,
Per quod ejus cessant discipuli.
　　Tort a vers nos li mestre.

O ! quam durum magistrum sentio,
Si pro sui bubulci nuntio,
Qui vilis est et sine pretio,
Sua nobis negetur lectio,
　　Tort a vers nos li mestre.

Quam crudelis est iste nuncius
Dicens : « Fratres, exite citius ;
Habitetur vobis Quinciacus :
Alioquin, non leget monachus ! »
　　Tort a vers nos li mestre.

Quid, Hilari, quid ergo dubitas ?
Cur non abis et villam habitas ?
Sed te tenet diei brevitas,
Iter longum et tua gravitas.
　　Tort a vers nos li mestre.

Ex diverso multi convenimus
Quo logices fons erat plurimus ;
Sed discedat summus et minimus,
Nam negatur quod hic quæsivimus.
　　Tort a vers nos li mestre.

Nos in unum passim et publice
Traxit aura torrentis legicæ,
Desolatos, magister, respice
Spemque nostram, quæ languet, refice.
　　Tort a vers nos li mestre.

Per impostum, per deceptorium.
Si negare vis adjutorium,
Hujus loci non oratorium
Nomen erit, sed ploratorium.
　　Tort a vers nos li mestre (1).

(1) « Une langue de serf, langue de perfidie, principe de querelle, semence de discorde, quelle chose détestable c'est, nous le sentons aujourd'hui, soumis que nous sommes à un grave châtiment. Le maître a tort envers nous.

« Une langue de serf, cause de tout ce trouble, a excité contre nous la colère de maître Pierre. Elle mériterait d'être châtiée par le glaive, puisqu'elle a produit la ruine de nos études. Le maître a tort envers nous.

« Maudit soit ce rustre par la faute de qui voici l'école fermée aux clercs ! Cruelle douleur qu'un pareil vilain ait pu ainsi interrompre le labeur des dialecticiens. Le maître a tort envers nous.

« C'est une chose lamentable de penser que la langue d'un serf de malheur, cause pour nous de grande angoisse, a été glisser dans l'oreille trop crédule du maître une calomnie qui lui fait abandonner ses élèves. Le maître a tort envers nous.

« O combien, à mon sens, le maître est dur, si, à cause de la dénonciation de son bouvier, homme vil, dont on ne doit faire aucun cas, il continue à nous refuser ses leçons ! Le maître a tort envers nous.

« Combien cruel nous a paru ce messager, qui est venu nous dire : « Frères, allez-vous en au plus vite, désormais vous habiterez Quincey, ou, sinon, le moine n'enseignera plus ! » Le maître a tort envers nous.

« Voyons, Hilaire, pourquoi hésites-tu ? Pourquoi ne

Les désordres survenus au Paraclet et les témérités de l'enseignement d'Abélard fournirent contre lui de nouvelles armes à ses adversaires. Chose plus grave ! Le zèle apostolique de saint Norbert, qui jetait en ce moment même, dans une solitude de Champagne, au diocèse de Laon, les fondements de l'ordre de Prémontré, se serait alarmé des tendances qui se manifestaient sur les bords de l'Ardusson, et il n'aurait pas hésité à se faire çà et là, auprès des autorités ecclésiastiques, l'écho des plus vives incriminations contre la doctrine et la conduite de maître Pierre. Telle est du moins l'affirmation de

pars-tu pas, ne vas-tu pas habiter la ville ? Mais voici ce qui te retient : la brièveté du jour, la longueur du chemin et le souci de ta dignité. Le maître a tort envers nous.

« De divers endroits nous sommes venus ici en foule parce que la source de la logique y coulait en flots abondants, mais le plus grand comme le plus petit d'entre nous n'a plus qu'à s'en aller, puisque maintenant on nous refuse ce que nous étions venus chercher Le maître a tort envers nous.

« Ce qui nous a fait accourir de tant de lieux et réunis en un seul peuple, c'est l'attrait, c'est le bruit de cette logique torrentielle. Maître, contemple la désolation de tes disciples, ranime, de grâce, notre espérance languissante. Le maître a tort envers nous.

« Si trop crédule à l'imposture, à la fraude, tu persistes à nous refuser toute consolation, cet endroit ne méritera plus le nom d'oratoire, mais, à cause de nos larmes, on l'appellera désormais *ploratoire*. Le maître a tort envers nous. »

celui-ci, qui prétend, mais, à ce qu'il semble, sur la foi de rapports et de rumeurs, sinon mensongers, du moins très exagérés, que le fondateur déjà célèbre de Clairvaux, cette autre solitude monastique de Champagne, que saint Bernard, en un mot, se joignit à saint Norbert dans cette campagne contre l'infortuné dialecticien et se plaça dès cette époque au premier rang de ses ennemis (1). Ressaisi par les transes, par les angoisses qui l'avaient tourmenté naguère, il tomba en de profonds accès d'humeur noire, qui lui firent concevoir un dessein assez peu digne d'un religieux, et qui nous le montre bien éloigné de la vocation de l'apôtre et du missionnaire :

(1) Cf. *Historia calamitatum*, cap. XII, pp. 163-164. Rémusat, ouvrage cité, t. I, p. 114 et suiv. — « Abélard, dit à ce propos M. l'abbé Vancadard, accuse formellement saint Bernard d'avoir été, au temps de sa retraite au Paraclet (1122 à 1125), l'un des principaux artisans de ses malheurs. Il le signale comme un de ces apôtres en qui le monde croyait beaucoup et qui allaient prêchant contre lui, répandant tantôt des doutes sur sa foi, tantôt des soupçons sur sa vie, et le minant dans l'esprit des fidèles et des évêques. Ce tableau est évidemment une œuvre d'imagination malade. Nous avons vu que jusqu'en l'année 1125, saint Bernard ne sortit guère de son monastère, et quelques mots de l'une de ses lettres semblent prouver que jusqu'en l'année 1141, il avait fait peu d'attention aux opinions du moine philosophe. » *Abélard*, pp. 71, 72. Cf. *Vie de saint Bernard*, t. II, p. 121.

« Dieu lui-même m'en est témoin, dit-il (1), chaque fois que j'entendais parler de la convocation d'une assemblée ecclésiastique, je croyais qu'elle avait pour objet ma condamnation. Pris d'un soudain effroi, comme si j'eusse vu venir sur moi la foudre, je m'attendais à être traîné comme un hérétique ou un sacrilège dans les conciles et les synagogues... Alors souvent (Dieu le sait) je tombai dans un tel désespoir, que je me préparais à franchir les limites des pays chrétiens et à me réfugier chez les infidèles, où mon intention était, moyennant le paiement de quelque tribut, de vivre chrétiennement parmi les ennemis du Christ. Je pensais les trouver d'autant mieux disposés à mon égard, que les accusations dont j'étais l'objet devaient me faire paraître à leurs yeux moins attaché à la foi chrétienne, et qu'ils devaient d'autant plus aisément s'imaginer que j'inclinerais à embrasser leur erreur. » Cette supposition, vraiment extraordinaire chez un théologien et chez un moine, ne l'empêche pas de se comparer à saint Athanase, persécuté par les hérétiques, « autant qu'une puce, ajoute-t-il avec une modestie un peu affectée, peut être comparée à un lion et une fourmi à un éléphant. » Il paraît bien qu'avec toute sa

---

(1) *Historia calamitatum*, cap. XII, p. 164.

sience et tout son esprit, maître Pierre n'était pas toujours pleinement maître de ses pensées, de ses paroles et de ses actions.

Le choix fait de lui pour leur abbé par les moines de Saint-Gildas de Ruis vint fort opportunément, du moins on le croirait, le tirer de cette situation pénible. Les démarches de sa famille, naturellement instruite et affligée de ses peines, et qui, selon de bons indices, était fort influente à la cour de Bretagne, ne furent peut-être pas étrangères à cette élection. En tout cas le comte ou duc Conan IV s'empressa de la ratifier. L'abbé Suger ne fit aucune difficulté de délier Abélard de son engagement envers l'abbaye de Saint-Denis, et consentit de bon cœur à le voir sortir de son obédience pour devenir à son tour le chef d'un antique et illustre monastère. En prenant place parmi les hauts dignitaires de l'Eglise gallicane, on pourrait penser que maître Pierre considéra d'abord avec quelque joie le nouvel horizon qui semblait s'ouvrir devant lui. Il nous assure pourtant qu'il était plein de noirs pressentiments et qu'il n'accepta cette situation que comme le seul moyen qui s'offrait à lui d'échapper aux persécutions auxquelles il était en butte. Il nous peint son nouveau séjour comme s'étant présenté à ses yeux, dès le début, sous les plus sombres coujours et déclare s'être sciemment précipité, en venant s'y établir, dans un profond abîme de maux.

« C'était, nous dit-il (1), un pays barbare, dont la langue m'était inconnue ; la vie honteuse et l'humeur indomptable des moines étaient presque de notoriété publique et la population de la région était farouche et cruelle. Semblable donc à un homme qui poussé par la frayeur du glaive, prêt à le frapper, va se briser dans un précipice, et qui n'évite un instant la mort que pour la retrouver presque aussitôt, ainsi j'allai sciemment me jeter d'un péril dans un autre ; j'étais là maintenant près des vagues de l'Océan horriblement mugissantes, et la terre prenant fin ne m'offrait même plus de quoi fuir ; aussi souvent dans mes prières répétais-je ces paroles du Psalmiste : « J'ai crié vers toi des extrémités de la terre dans l'angoisse où était mon âme. »

« De quels tourments, en effet, mon cœur était déchiré, jour et nuit, par l'indiscipline de cette communauté religieuse dont j'avais accepté la conduite, surtout quand je songeais aux dangers qui menaçaient mon corps et mon âme, il

(1) *Historia calamitatum*, cap XIII, pp. 165-168. Né aux environs de Nantes, dans la Bretagne française, Abélard ne savait point le breton celtique, langue du pays de Vannes et en particulier de la presqu'île de Ruis.

n'est personne, à mon avis, qui ne le sache à présent. J'avais la certitude que si j'essayais de contraindre ces moines à se ranger sous la règle à laquelle les liaient leurs vœux de religion, ma vie serait menacée. Et, d'autre part, si je ne faisais pas pour cela tout ce qui m'était possible, je sentais que je m'exposais à la damnation éternelle. En outre, un des seigneurs les plus puissants du pays, vrai tyran, profitant du désordre qui s'était introduit dans le monastère, se l'était entièrement assujetti ; il en avait usurpé pour son usage propre tous les biens adjacents et, de plus, il accablait les moines d'exactions plus lourdes que celles mêmes qu'il faisait peser sur les juifs de son domaine (1). Les moines me pressaient de subvenir à leurs besoins quotidiens, mais comment aurais-je pu les contenter, puisqu'il ne leur restait, pour ainsi dire, plus de *mense* commune (2), qui pût fournir matière à

---

(1) En droit féodal, les juifs étaient considérés comme en état de servage par rapport au seigneur sur les terres duquel ils s'établissaient, et, à ce titre, lui payaient des redevances, plus ou moins bien réglées, qui étaient quelquefois pour lui une bonne source de revenu.

(2) Nous traduisons ainsi ces expressions d'Abélard : « *cum nihil in commune haberent quod eis ministrarem* ». On appelait *mense* l'ensemble des revenus d'un monastère. Il y avait souvent deux *menses* distinctes : la *mense abbatiale*, propre à l'abbé, et la *mense conventuelle*, qui appartenait en commun aux religieux.

de telles distributions, et puisque chacun d'eux avait pris l'habitude de vivre des revenus qu'il s'était appropriés, et d'en sustenter la famille illégitime qu'il s'était faite ? (1).

« Ils étaient d'ailleurs enchantés de mon embarras à ce sujet, et eux-mêmes volaient et emportaient tout ce qu'ils pouvaient dérober à la communauté ; l'administration, pensaient-ils, me devenant impossible, je serais forcé ou de renoncer à rétablir la discipline ou même de m'éloigner tout à fait de l'abbaye. La barbarie universelle et sans frein qui régnait dans cette région ne me laissait aucune espérance d'y rencontrer quelque appui, car, Dieu merci ! mes mœurs y différaient absolument de celles de tous les habitants. Au dehors, le tyran que j'ai

(1) Cette division de la *mense conventuelle* commune en *prébendes* particulières, dont les titulaires se considéraient bientôt comme propriétaires, était l'un des signes et l'une des raisons de la décadence des abbayes. Il en avait été ainsi à Saint-Benoît-sur-Loire au IXe et au Xe siècle. « Une des causes principales des désordres introduits dans le monastère de Fleury, dit M. l'abbé Rocher, avait été le partage des biens entre les différents offices ou charges du monastère. Les titulaires de ces offices avaient agi comme s'ils eussent été les vrais propriétaires des domaines ainsi divisés. Ces individualités furent la ruine spirituelle de la communauté. Un des premiers soins de saint Odon avait été de ramener tous les biens et les revenus à la mense commune. » — *Histoire de l'abbaye royale de Saint-Benoît-sur-Loire*, pp. 121, 122.

dit, avec ses satellites, me faisait souffrir toutes sortes d'oppressions ; au dedans, mes religieux me dressaient de continuelles embûches, de sorte que cette parole de l'Apôtre s'appliquait parfaitement bien à mon malheureux sort : « Au dehors des combats, des transes au dedans. » Je considérais en gémissant ma vie inutile et misérable, aussi infructueuse pour moi que pour autrui : naguère je donnais d'utiles leçons aux clercs, mes disciples, mais maintenant que je les avais abandonnés pour ces moines rebelles, je ne portais plus aucun fruit, ni pour les uns, ni pour les autres ; toutes mes entreprises échouaient, tous mes efforts demeuraient vains, de sorte que l'on était vraiment tout-à-fait en droit de m'adresser le reproche contenu dans ce passage de l'Evangile : « Cet homme a commencé à bâtir et il n'a pu mener son œuvre à terme. » J'étais plongé dans un entier désespoir, quand je me rappelais ce que j'avais fui et que je considérais ce que j'étais venu chercher. Mes anciens ennuis ne me paraissaient plus rien en comparaison des douleurs présentes et maintes fois je me redisais avec gémissement : « J'ai bien mérité ces souffrances, moi qui ai abandonné le Paraclet, c'est à dire le divin Consolateur, pour venir me jeter ainsi dans une désolation certaine ; moi qui, pour me dérober à de simples menaces, suis venu chercher un refuge en de trop réels périls. »

La réalité des embarras, des dangers, des souffrances subies par Abélard à Saint-Gildas de Ruis, et l'état déplorable de cette abbaye quand il fut placé à sa tête, ne sont pas douteux. Il est toutefois permis de conjecturer qu'il n'avait pas vu cette réalité si fort en noir quand il accepta ou même peut-être sollicita (par intermédiaires) la charge que lui conféra l'élection des moines. Il dut bien se flatter quelque temps de la pensée que l'influence de son nom et de son génie, jointe à son pouvoir d'abbé, réussirait à ramener ces religieux à une vie meilleure, et qu'il lui serait peut-être même donné de créer aux bords de l'Océan, dans cette sauvage Basse-Bretagne, un centre intellectuel, à la loi monastique et philosophique, un nouveau et meilleur Paraclet. Peut-être même, comme nous l'avons dit, l'élan premier des religieux, lors de l'élection, correspondait-il, dans une certaine mesure, à un tel désir (1). Mais dès qu'Abélard et ses moines cel-

---

(1) Tel n'est pas l'avis de M. Deutsch, qui pense que vraisemblablement l'intention des moines de Saint-Gildas, en choisissant Abélard, était de se donner un chef nominal qui content du rang et du titre d'abbé et du revenu de la mense abbatiale, et absorbé d'ailleurs par ses études, ne s'occuperait pas du monastère et les laisserait libres d'agir à leur guise. Il n'y a pas, selon

tiques se trouvèrent face à face et qu'il fallut vivre ensemble, l'incompatibilité d'humeur éclata entre eux d'irrémédiable façon. Maître Pierre n'avait ni cette énergie apostolique qui brise les résistances et impose les réformes, ni cette patiente et prudente sagesse qui, usant pour le même objet d'un procédé différent, s'insinue dans les esprits et gagne peu à peu les cœurs. Il exhalait son indignation, nous l'avons vu à Saint-Denis, en censures maladroitement amères, en satires mordantes et inefficaces. L'élégance, devenue toute parisienne, de son esprit et de ses mœurs se sentit tout d'abord affreusement dépaysée sur ces rochers battus des flots et parmi ces hommes qui n'étaient guère moins abrupts.

La plupart des moines dégénérés de Saint-Gildas avaient, sans aucun doute, un penchant beaucoup plus décidé pour la chasse et la pêche que pour la dialectique, et en voyant le profond dégoût, en écoutant les méprisantes et menaçantes, mais vaines objurgations de leur savant abbé, ils perdirent tout-à-fait, à supposer qu'ils en eussent un moment eu quelque vélléité, l'envie de se remettre à l'école et de reprendre en

---

les temps et selon les moines, car nous verrons qu'il restait à Saint-Gildas, même pendant le conflit, de fidèles partisans de l'abbé, contradiction absolue entre cette supposition et la nôtre. — Cf. *Peter Abælard*, p. 42.

même temps le joug de la règle. C'est alors que la pensée d'Abélard se retourna vers un passé encore récent avec tous les regrets et toutes les illusions de l'absence et que son âme revola aux bords de l'Ardusson vers son oratoire abandonné. « J'étais surtout torturé, nous dit-il (1), par la pensée de n'avoir pu y assurer d'une manière convenable la célébration de l'office divin, parce que l'excessive pauvreté du domaine suffisait à peine à l'entretien d'un seul chapelain. »

Un nouvel incident vint, dans sa carrière orageuse, correspondre à cette préoccupation et lui offrir, avec un champ moins stérile d'activité, une consolation dans ses angoisses.

Toutefois, l'évènement dont il s'agit se présenta au commencement sous un aspect très pénible. Héloïse était devenue prieure du monastère d'Argenteuil, mais la conduite de ses religieuses, quoique le désordre en fût moins extrême que l'anarchie à laquelle Saint-Gildas était en proie, ne lui faisait pas non plus beaucoup d'honneur, et le relâchement de ce couvent n'était que trop avéré. Suger, abbé de Saint-Denis, en profita pour faire valoir sur Argenteuil les droits réels, quoique tombés en désuétude, qui appartenaient à sa congrégation

---

(1) *Historia calamitatum*, cap. XIII, p. 168.

d'après des titres authentiques (1) et en 1127, il obtint du pape Honorius II la dissolution de la communauté actuelle. Les religieuses furent dispersées en divers couvents. Justement affecté du sort fait par cette mesure à Héloïse, Abélard eut l'idée de lui offrir les bâtiments et le domaine du Paraclet pour y établir un nouveau monastère avec quelques-unes de ses compagnes. Il lui fit régulièrement cession de son droit de propriété et obtint l'autorisation canonique de l'évêque de Troyes. Cette fondation

(1) Le monastère d'Argenteuil avait été fondé au septième siècle par un seigneur nommé Hermenric et par sa femme Numana, et les fondateurs l'avaient placé sous la dépendance de l'abbaye de Saint-Denis. Charlemagne en fit don à sa fille Théodrade qui y établit un couvent de femmes dont elle fut l'abbesse indépendante. Mais, selon un accord plus tard conclu par cette princesse avec l'abbé de Saint-Denis, le monastère devait revenir à la grande abbaye après la mort de Théodrade. Dans l'anarchie du neuvième et du dixième siècle, cette clause demeura lettre morte. Le couvent d'Argenteuil fut d'ailleurs dévasté et détruit par les Normands. Adélaïde, femme de Hugues Capet, le releva de ses ruines et y établit de nouveau des religieuses. Mais les droits de Saint-Denis furent alors laissés de côté. Ce fut en compulsant, comme il s'y plaisait dans sa jeunesse, les archives de la grande abbaye, que Suger, alors seulement écolier, remarqua les titres qui établissaient ces droits. Plus tard, devenu abbé, il saisit habilement l'occasion de les faire valoir et profita pour cela de son influence auprès du roi Louis-le-Gros. Cf. Migne, *Patrologia latina*, t. CLXXVIII, (*Petri Abælardi opera*), p. 167 et suiv. *Notes*. — Rémusat, ouvrage cité, t. I, pp 125-127. — S. M. Deutsch, ouvrage cité, p. 41.

fut pendant les premiers temps une cause de plus pour lui de graves soucis, car les religieuses y vécurent d'abord dans une très dure indigence. Mais la pitié des populations avoisinantes vint bientôt en aide à leur misère. La science extraordinaire, le labeur assidu, la hauteur d'âme, l'austérité vraiment monastique d'Héloïse attirèrent à sa communauté, avec un renom croissant, des donations abondantes et des recrues sorties des meilleures familles de Champagne.

« Dieu m'en soit témoin, dit Abélard (1), elles furent plus favorisées en une année des biens de ce monde, que je ne l'aurais été moi-même en un siècle quand j'y serais resté tout ce temps. Dieu concilia une telle bienveillance de la part de tous à notre sœur Héloïse, qui était la supérieure de cette communauté, que les évêques la chérissaient comme une fille, les abbés comme une sœur, les laïques comme une mère : tout le monde admirait également sa piété, sa prudence, sa mansuétude et sa patience incomparables en toutes circonstances. Elle ne se laissait pas aisément aborder, afin de vaquer en pure liberté dans sa cellule close à la méditation et à la prière ; mais les personnes du dehors ne désiraient que plus ardemment obtenir la faveur de

(1) *Historia calamitatum*, cap. XIII. pp. 170-173.

sa présence et goûter les pieux avis de ses entretiens tout spirituels. »

La docte abbesse et toutes les religieuses du Paraclet considéraient Abélard comme le fondateur, le père, le directeur spirituel de leur communauté. Répondre à leur confiance et exercer l'autorité religieuse qu'elles lui déféraient, ce fut désormais la joie de sa vie et la consolation de ses malheurs. Il les visitait de temps à autre pour veiller sur leurs intérêts et pour les exhorter, et malgré les mauvais bruits répandus à ce sujet sur son compte et dont il se plaint avec amertume, il ne paraît pas douteux qu'à cet égard sa conduite non seulement fut irréprochable, mais plein d'un vrai zèle de religion et de charité. Il évitait plutôt qu'il ne recherchait la conversation d'Héloïse, et dans leur correspondance il s'attachait à épurer, à fortifier la vocation religieuse qu'il lui avait imposée naguère, à faire pénétrer jusqu'au fond d'une âme longtemps imbue d'amertume, et qui conserva toujours, parmi ses grandes qualités, quelque chose d'étrange et d'astronomique, l'austère et fervente piété dont elle n'avait donné d'abord, avouait-elle en se calomniant sans doute un peu, que des marques extérieures (1). Sur sa demande, Abélard rédigea pour la communauté une règle

(1) Cf. Vacandard, *Abélard*, pp. 28-30.

spéciale. Il lui adressa également un recueil de sermons et une série d'hymnes composés par lui, sur les instances de l'abbesse, pour les offices de jour et de nuit du Paraclet. L'ensemble de ces pièces de poésie liturgique semble à tous égards très inférieur à celles qu'a consacrées l'usage ordinaire de l'Eglise. Pourtant Abélard a retrouvé dans un petit nombre de ces cantiques, en l'employant à un but meilleur, la verve gracieuse qui s'était autrefois épanchée dans les rythmes frivoles de sa jeunesse. Tel par exemple ce chant pour les vêpres de Pâques :

> Veris grato tempore
> Resurrexit Dominus ;
> Mundus reviviscere
>   Quum jam incipit,
> Auctorem resurgere
>   Mundi decuit.

> Cunctis exultantibus,
> Resurrexit Dominus ;
> Herbis renascentibus
>   Frondent arbores,
> Odores ex floribus
>   Dant multiplices.

> Transacta jam hieme,
> Resurrexit Dominus
> In illa perpetuæ
>   Vitæ gaudia,
> Nullius molestiæ
>   Quæ sunt conscia.

Ut restauret omnia
Resurrexit Dominus ;
Tanquam ista gaudia
Mundus senserit,
Cum carne dominica
Jam refloruit (1).

Tel encore ce cantique pour les vêpres des Saint-Innocents ;

Est in Rama
Vox audita
Rachel flentis,
Super natos
Interfectos
Ejulantis.

Lacerata
Jacent membra
Parvulorum,
Et tam lacte
Quam cruore
Rigant humum.

(1) « Dans l'aimable saison du printemps le Seigneur est ressuscité. C'est quand le monde commence à revivre, qu'il était bon que son Créateur sortît du tombeau.

« Au milieu de la joie de tous le Seigneur est ressuscité. Le gazon renaît, les arbres se couvrent de feuillage, les fleurs multiplient leurs parfums.

« Voilà enfin l'hiver fini, le Seigneur est ressuscité. Dans les joies de la vie éternelle où il nous conduit il n'est plus trace de tristesse.

« Pour restaurer toutes choses le Seigneur est ressuscité. Comme si la matière elle-même était sensible à

Ilis incumbens
Orba parens,
Ejulando
Recollecta
Fovet frustra
Sinu pio.

Fundit pectus
Scindit sinus
Cæcus furor
Quem maternus
Et humanus
Facit amor.

Interfecti
Sunt inviti,
Sed pro vita
Meritorum
Fuit nullum,
Merces multa.

Merces ipsa
Fuit Vita,
Quam et ipsi
Moriendo
Non loquendo,
Sunt confessi. (1)

cette joie, voici que le monde refleurit avec le corps du Sauveur. »

(1) « On a entendu dans Rama la voix de Rachel en pleurs, se lamentant sur ses fils assassinés.

« Les membres de ces petits enfants gisent déchirés

Une autre source de consolation et de distraction pour l'abbé de Saint-Gildas était l'usage de l'influence extérieure que lui conférait cette dignité, jointe à son illustration personnelle. Dans le schisme qui troubla si gravement la chrétienté après la mort d'Honorius II, il adopta, comme l'Eglise gallicane presque tout entière, le parti d'Innocent II, soutenu avec tant de vigueur par saint Bernard, et il se concilia personnellement la bienveillance de ce pontife pendant son séjour en France. En se rendant de Chartres à Etampes, le Pape voulut séjourner à Morigny, monastère de l'ordre de Saint-Benoît, fondé près de cette ville sur les bords de la Juine, vers la

---

sur le sol et cette terre est autant baignée de lait que de sang.

« Elle se couche sur eux en sanglotant, la pauvre mère, elle les rassemble et essaie en vain de les réchauffer sur son sein.

« Elle répand tout son cœur en larmes, elle déchire son sein dans sa fureur aveugle, dans les transports de sa tendresse humaine et maternelle.

« Ce n'est point de leur gré qu'ils ont subi le martyre, pourtant, quoique le sacrifice de leur vie soit sans mérite de leur part, ils en ont reçu un bien grand prix.

« Ce prix, ce fut la Vie, la Vérité divine elle-même, à laquelle ils ont rendu témoignage, non par leur parole, il est vrai, mais par leur mort. »

Petri Abœlardi carmina dans Migne, volume cité, pp. 1795, 1808, 1809. — Ces deux mêmes pièces ont été reproduites dans le recueil de Félix Clément. *Carmina e poetis christianis excerpta.* Paris, Gaume, 1867, in-12, pp. 473, 475.

fin du onzième siècle, par Anseau, fils d'Arembert, et protégé par le roi Louis-le-Gros, comme il l'avait été par son père Philippe Ier.

« Innocent II demeura deux jours dans cette maison, dit Rémusat (1), et à la prière de l'abbé, il daigna consacrer le maître-autel de son église, sous l'innovation de Saint-Laurent et de tous les martyrs, le 20 janvier 1131. Cette cérémonie fut remarquable par le rang et le nom de ceux qui y assistaient ; c'était d'abord le Pape entouré de son sacré collège, c'est-à-dire de onze cardinaux au moins, parmi lesquels on distinguait les évêques de Palestrine et d'Albano, et Haimeric, chancelier de la cour de Rome, cardinal-diacre de Sainte-Marie-Nouvelle.

« Le métropolitain du lieu, Henri dit le Sanglier, archevêque de Sens, remplissait auprès du Pape l'office de chapelain, et ce fut l'évêque de Chartres qui prononça le sermon. Les moines qui ont soigneusement écrit la chronique du monastère de Morigni n'ont pas manqué de célébrer ce jour mémorable, et de nommer les abbés dont la présence en relevait encore la splendeur ; c'était Thomas Tressent, abbé de Morigni, Adinulfe, abbé de Feversham, Serlon, abbé de Saint-Lucien de Beauvais, l'abbé Girard,

(1) Ouvrage cité, t. I, pp. 129, 130.

homme lettré et religieux ; c'étaient surtout « Bernard, abbé de Clairvaux, qui était alors le prédicateur de la parole divine le plus fameux de la Gaule, et Pierre Abélard, abbé de Saint-Gildas, lui aussi homme religieux, et le plus éminent recteur des écoles où affluaient les hommes lettrés de presque toute la latinité. »

« Abélard vit donc à cette époque le chef de la chrétienté ; il forma des relations directes avec les membres du Sacré-Collège ; il figura, avec saint Bernard, parmi les plus illustres représentants de l'Église gallicane. Sans doute l'intérêt de son établissement du Paraclet n'était pas étranger à son voyage. Il venait solliciter pour cette institution naissante l'autorisation et la bénédiction du successeur de saint Pierre; et, en effet, la même année, le 28 novembre, nous voyons que, pendant le séjour qu'à son retour de Liège Innocent II fit à Auxerre, il délivra à ses bien-aimées filles en Jésus-Christ, Héloïse, prieure (1), et autres sœurs de l'oratoire de la Sainte-Trinité, un diplôme qui leur assurait la propriété entière et sacrée de tous les biens

---

(1) « Une seconde bulle, datée de 1136, ajoute plus loin Rémusat, désigne Héloïse sous le nom d'abbesse; une troisième appelle du nom de monastère du Paraclet l'oratoire de la Sainte-Trinité ». Ouvrage cité, p. 131. — L'abbaye du Paraclet a subsisté jusqu'à la Révolution française.

qu'elles possédaient et de tous ceux que leur pourrait concéder la libéralité des rois ou des princes, avec peine de déchéance et de privation du corps et du sang de Notre-Seigneur Jésus-Christ contre quiconque oserait attenter dans l'avenir à leurs droits ou possessions. »

Cependant, loin de s'améliorer avec le temps, les mauvais rapports de l'abbé de Saint-Gildas avec ses moines allaient toujours de pis en pis. C'est sous l'impression toute récente d'une lutte acharnée, dont les terribles péripéties le frappent encore d'épouvante, qu'Abélard nous retrace le triste tableau de ce conflit dans l'*Histoire de ses malheurs* (1) :

« Satan, dit-il, m'a jeté dans un tel embarras, que je ne sais plus où trouver le repos, ni même simplement où vivre. Je vague çà et là, errant et fuyant comme Caïn le maudit, toujours en proie, comme je l'ai dit déjà, « aux luttes du dehors, aux transes du dedans », ou, pour mieux dire, incessamment tourmenté, au dedans et au dehors à la fois, par des transes et par des luttes. La persécution de mes fils sévit contre moi avec

---

(1) *Historia calamitatum*, cap. XV, pp. 179, 180. Sur le caractère et la destination de cet écrit, qui a bien pu être plusieurs fois retouché depuis sa rédaction première, cf. les indications et les vues ingénieuses, mais contestables, de M. Deutsch, ouvrage cité, p. 42 et suiv.

plus d'acharnement que celle de mes ennemis et elle est aussi plus dangereuse. Nous sommes en effet en rapports constants et je suis directement exposé à leurs embûches. Si je sors du cloître, j'ai à redouter pour ma personne la violence de mes ennemis. Dans le cloître, ce sont mes fils, c'est-à-dire les moines qui me sont confiés, qui font de moi l'objet perpétuel de leurs machinations de violence ou de ruse. Oh! combien de fois n'ont-ils pas essayé de me faire périr par le poison, comme on fit jadis pour saint Benoît! On dirait que la même raison qui lui fit abandonner ses fils pervers, voulût agir sur ma conscience pour me porter à suivre son exemple, de peur qu'en bravant en face un péril évident, je ne semblasse plutôt tenter Dieu que me conformer avec amour à sa volonté, ou même de peur que je ne parusse courir exprès au devant de la mort. Bien plus! quand ils virent que j'avais pris, en ce qui concernait mes aliments et ma boisson, les mesures nécessaires pour me garder de leurs embûches quotidiennes, ils entreprirent de m'empoisonner jusque dans le saint sacrifice de l'autel, en jetant dans le calice une substance vénéneuse. Une autre fois, comme je m'étais rendu à Nantes pour rendre visite au comte de Bretagne qui souffrait d'une maladie, et que j'avais pris gîte dans la maison d'un de mes frères selon la nature, ils tentèrent encore de me faire périr par le poison en employant pour cela un serviteur de ma suite, parce qu'ils pensèrent que, cette fois, je ne serais pas sur mes gardes. Mais par une disposition de la divine Providence, il arriva que comme j'étais occupé à autre chose et ne songeais point à prendre les aliments qui m'avaient été préparés, l'un des religieux que j'avais emmenés avec moi en mangea sans défiance, ce qui fut cause de sa mort, tandis que le serviteur, qui avait prêté sa main au crime, prit la fuite, épouvanté tant par le témoignage de sa conscience que par celui de l'évènement même.

« La perversité de ces moines était désormais évidente pour tout le monde et je ne me fis plus faute de prendre ouvertement, selon mon pouvoir, des précautions contre leurs embûches; je quittai même la communauté et l'abbaye et m'établis en un autre endroit dans des cellules séparées, avec un petit nombre de moines fidèles (1). Cela n'empêcha pas les rebelles, quand ils supposaient que je passerais en tel ou tel lieu,

(1) Une retraite analogue de l'abbé Robert hors du monastère de Molesme, révolté contre son autorité et ses projets de réforme, avait été, en 109?, l'origine du grand ordre de Citeaux. Cf. Vacandard, *Vie de saint Bernard*, t. I, pp. 35, 36. Mais Abélard n'avait aucunement la vocation d'un fondateur d'ordre.

d'aposter sur les routes ou les sentiers des brigands soudoyés par eux pour m'assassiner. Pour comble de malheur, la main du Seigneur m'affligea un jour par un terrible accident : une chute de cheval, où je me fracturai le cou. De là résulta pour moi une cruelle souffrance et un grand affaiblissement. Cependant, pour venir à bout de la rébellion de ces moines indomptés, je les frappai plusieurs fois d'excommunication : je contraignis les pires d'entre eux, ceux que je redoutais le plus, à s'engager envers moi par un serment public à se retirer de l'abbaye et à ne plus troubler mon repos en aucune manière. Mais cette foi donnée publiquement fut publiquement violée par eux de la façon la plus impudente. J'eus recours alors à l'autorité du Pontife romain. Le pape Innocent les obligea, par un légat spécialement commis à cet effet, de renouveler leur serment en présence du comte et des évêques de Bretagne. Mais ils ne s'en tinrent guères plus tranquilles. Après l'expulsion des méchants moines dont je viens de faire mention, j'étais rentré dans l'abbaye, confiant mon sort aux religieux qui y étaient demeurés et qui m'inspiraient de moindres soupçons. Mais je les trouvai pires que les autres. Ce n'est plus, il est vrai, par le poison qu'ils conspirèrent contre ma vie, mais ils résolurent de m'égorger avec le glaive, et ce ne fut qu'à grand peine, grâce à la protection et sous la conduite armée d'un seigneur du pays, que j'échappai de leurs mains (1). Néanmoins, je tremble encore sous la menace d'un tel péril, et il me semble voir à chaque instant un glaive suspendu au dessus de ma tête, qui ne me laisse pas même prendre mes repas en paix, ainsi qu'il arriva, dit-on, de cet homme qui estimait la puissance et les richesses du tyran Denis comme le souverain bonheur, mais qui apprit bientôt à ses dépens, quand il vit une épée pendre sur sa tête à l'aide d'un fil invisible, que le bonheur n'est pas la suite nécessaire de la puissance mondaine. J'éprouve, moi aussi, constamment cette triste vérité ; de pauvre moine que j'étais élevé à la dignité d'abbé, voici que ma fortune me rend d'autant plus à plaindre, afin sans doute que mon exemple serve à refréner l'ambition de ceux dans les désirs se portent d'un élan spontané vers une élévation de ce genre. »

Cependant l'abbé de Saint-Gildas et ses moines

---

(1) « *Quos jam quidem non de veneno, sed de gladio in jugulum meum tractantes cujusdam proceris terræ conductu vix evasi.* » — C'est seulement, à ce qu'il semble, sur une fausse interprétation des mots « *terræ conductu* » que repose la tradition légendaire de la fuite d'Abélard hors de Saint-Gildas par un passage souterrain. Texte cité, p. 180.

finirent, ce semble, par se mettre d'accord, mais au moyen d'une séparation définitive. Il fut entendu par une sorte de pacte tacite qu'Abélard conserverait le titre d'abbé avec les revenus ou une partie des revenus de la mense abbatiale, mais que du reste il ne s'occuperait en rien de la direction des moines, et de fait maître Pierre s'éloigna pour jamais de Saint-Gildas.

Il jouit désormais, sans aucune charge, de l'indépendance que lui assurait sa dignité et put se livrer de nouveau à sa vocation véritable, l'étude et l'enseignement de la philosophie. Nous le retrouvons, vers l'année 1136, sur l'ancien théâtre de ses succès, c'est-à-dire dans la capitale et sur la montagne Sainte-Geneviève. Là, avec l'attache du chapitre de ce nom, il avait rouvert une école où se pressaient en foule des auditeurs pleins de zèle. « J'étais tout jeune, dit Jean de Salisbury (1), lorsque je vins dans les Gaules pour y faire mes études. C'était l'année qui suivit celle où le roi des Anglais, Henri, vrai lion de justice, quitta les choses humaines (1135). Je me rendis auprès du péripatéticien Palatin (2), qui alors présidait sur la montagne

(1) Nous empruntons la traduction de ce texte à Rémusat, ouvrage cité, t. I, p. 171. Cf. *Historiens de France*, t. XIV, p. 304.

(2) On désignait parfois ainsi Abélard, par une sorte de jeu de mots, à cause du Pallet, lieu de sa naissance.

Sainte Geneviève, docteur illustre, admirable à tous. Là, à ses pieds, je reçus les premiers éléments de l'art dialectique, et suivant la mesure de mon faible entendement, je recueillis avec toute l'avidité de mon âme tout ce qui sortait de sa bouche (1). »

Malheureusement pour son repos, Abélard voulait moins que jamais maintenant se borner à la dialectique pure, mais il entendait renouveler et développer cette application de la dialectique à la théologie, qui constituait l'originalité de son enseignement et de sa méthode par rapport à la science sacrée, où il prétendait aussi et surtout à l'autorité d'un maître ; malheureusement pour son orthodoxie, il apporta dans cette application et dans sa doctrine théologique une témérité d'autant plus périlleuse qu'elle se laissait entraîner à la fois par l'imagination et par l'entêtement. Dans les ouvrages auxquels il paraît avoir mis la dernière main durant cette période nouvelle d'activité enseignante, il reproduisit les erreurs déjà condamnées à Soissons et il y en ajouta d'autres encore. « En dehors de l'*Introduction à la théologie*, dit M. l'abbé

---

(1) Sur le caractère intermittent que semble avoir eu à cette époque l'enseignement de maître Pierre à Paris cf. Deutsch, ouvrage cité, p. 47.

Vacandard (1), il fit paraître la *Théologie chrétienne*, qui reproduit et développe la matière du premier ouvrage avec quelques remaniements et quelques amendements. Sa morale était plus spécialement expliquée dans un grand *Commentaire de l'épître aux Romains*, et dans le *Scito te ipsum* (*Connais-toi toi-même*). Si nous citons encore le recueil singulier de textes des Ecritures et des Pères réunis méthodiquement et exprimant le *pour* et le *contre* sur presque tous les points de la science sacrée, recueil qu'il avait appelé *le Oui et le Non* (*Sic et Non*), nous aurons le catalogue complet des livres théologiques qui contenaient sa doctrine et qui devaient donner à sa réputation de professeur le plus grand éclat. » Mais, outre son explication fausse et positivement hétérodoxe du mystère de la Sainte-Trinité, ces ouvrages d'Abélard, parmi nombre d'expressions inexactes et d'assertions suspectes, renfermaient notamment une théorie du péché originel et de la Rédemption où semblaient reparaître au jour les thèses foudroyées de Pélage (2).

(1) *Abélard*, p. 51. — Dans sa *Vie de saint Bernard*, t. II, p. 112, M. Vacandard admet au contraire, d'après Goldhorn, que c'est l'*Introduction à la théologie* qui est un remaniement de la *Théologie chrétienne*.

(2) Cf. Vacandard, *Vie de saint Bernard*, t. II, p. 128 et suiv. — *Abélard*, p. 459.

Ces erreurs d'Abélard, parmi lesquelles brillaient d'ailleurs des vues justes et pénétrantes (1), provenaient plutôt des défauts de son esprit hasardeux et inquiet que de mauvaises intentions de sa part ; il était loin de toute volonté délibérée d'hérésie ou même d'insoumission à l'Eglise.

Mais les innovations de doctrine ou d'expression dont il s'infatuait, dangereuses par elles-mêmes, le devenaient encore davantage par l'engouement de ses disciples, qui les propageaient en les outrant. Une épidémie de fièvre dialectique, une fureur générale de théologie raisonnante et déraisonnante s'était répandue parmi les clercs et passait d'eux aux simples fidèles, de sorte que maître Pierre lui-même ne laissait pas d'en être inquiet. « Le libre examen, dit M. l'abbé Vacandard (2), n'était plus le lot de quelques téméraires philosophes, le peuple ignorant et séduit se laissait captiver par l'éloquence

(1) « Quand il s'inspire de sa foi et de sa science des Pères, dit le P. Th. de Régnon, il expose le dogme avec une limpide exactitude, et son génie fait dans les mystères des percées qui demeurent acquises à la science théologique. » Ouvrage cité, p. 85. — Abélard, par ses vastes lectures, avait réparé son défaut d'instruction théologique, mais il ne lui en était pas moins, ce semble, resté quelque chose de son inexpérience première, à laquelle se joignait une grande présomption, défaut ordinaire des autodidactes.

(2) *Vie (de saint Bernard*, t. II, p. 123. Cf. *Abélard*, pp. 80, 81.

verbeuse des théologiens sans titre et des docteurs sans mission. Les places publiques retentissaient des disputes de l'école. Les simples comme les lettrés, les enfants comme les hommes mûrs et, pour parler avec Abélard, les sots de toute espèce se mêlaient, dans les villes, dans les bourgs et jusque dans les campagnes, de critiquer les dogmes les plus élevés de la religion. Ainsi allait tous les jours diminuant le respect des choses saintes, la foi des simples tombait dans le mépris, on jetait au vent les trésors de Dieu et on insultait aux Pères de l'Eglise, qui avaient assoupi, disait-on, toutes les questions irritantes au lieu d'essayer de les résoudre. Il semblait qu'on voulût préluder à une ère nouvelle. »

Dans une telle situation il était naturel que le zèle non seulement des partisans excessifs de la tradition dans l'enseignement théologique, mais aussi des gardiens vigilants de l'orthodoxie menacée, s'émût de plus en plus des témérités d'Abélard. Au mois de mars de l'année 1140, l'attention de l'illustre abbé de Clairvaux fut expressément attirée sur ce péril par un message de l'un de ses plus chers et fidèles amis, Guillaume, Liégeois de naissance, devenu abbé de Saint-Thierry au diocèse de Reims, et retiré alors au monastère de Signy, de l'ordre de Cîteaux, pour y vivre dans la pénitence et la contemplation. Ce message était adressé à la fois par lui à saint Bernard et à Geoffroy, évêque de Chartres, l'ancien défenseur d'Abélard au concile de Soissons.

« C'est, leur dit-il (1), avec une extrême confusion, Dieu le sait ! que je me vois contraint par votre silence et celui de tous les autres, dont c'était le devoir de parler, de vous entretenir d'une affaire importante qui intéresse le salut commun. Était-ce à un homme de néant comme moi de prendre les devants sur vous qui êtes mes seigneurs et mes pères ? Mais, d'autre part, comment me taire à la vue des dangers que court, sans que personne s'y oppose, la foi de notre commune espérance ; cette foi, dis-je, que Jésus-Christ a scellé de son propre sang, pour la défense de laquelle les apôtres et les martyrs ont versé le leur, que les veilles et les travaux des saints docteurs ont transmise pure et sans tâche à la boue du siècle où nous vivons. Oui, je sèche de douleur au-dedans de moi-même, et le saisissement de mon cœur est tel que, pour le soulager, il faut que j'élève ma voix en faveur d'une cause dont je m'estimerais heureux d'être la victime, s'il était nécessaire ou opportun.

(1) Migne, *Patrologia latina*, t. CLXXXII, pp. 531, 532. — Cf. *Histoire littéraire de la France*, t. XII, p. 321. — Vacandard, *Vie de saint Bernard*. T. II, pp. 118, 119.

« Ne vous imaginez pas qu'il soit question ici de bagatelles : la foi de la Sainte-Trinité, la personne du Médiateur, celle du Saint-Esprit, la grâce de Dieu, le sacrement de notre rédemption ; voilà les objets qui sont en péril. Pierre Abélard recommence à enseigner et à écrire des nouveautés. Les livres passent les mers, ils franchissent les Alpes, ils volent de province en province, de royaume en royaume. Partout ils sont vantés avec enthousiasme et trouvent des partisans qui les défendent en toute liberté, jusque-là qu'ils sont estimés, dit-on, à la Cour de Rome. Je vous le dis donc, le silence où vous demeurez peut devenir funeste et à vous et à toute l'Eglise. Hé quoi ! nous comptons pour rien cette foi pour laquelle nous avons renoncé à nous-mêmes. La crainte d'offenser un homme accrédité bannit de nos cœurs celle d'offenser Dieu. Je vous le répète, prévenez le mal, tandis qu'il ne fait qu'éclore : car si vous le laissez croître, vous ne serez plus en état de le réprimer... Je ne savais vers qui me réfugier, je me suis tourné vers vous et je vous appelle à la défense de Dieu et de toute l'Eglise latine. Car il vous craint, cet homme, et vous lui causez un réel effroi. Fermez les yeux, qui craindra-t-il ?... Il a saisi le moment où tous les maîtres de la doctrine ecclésiastique ont disparu de la scène du monde, pour usurper une place à part dans l'enseignement et s'y créer un magistère exclusif. Il traite l'Ecriture sainte comme il faisait la dialectique Ce ne sont qu'inventions personnelles, que nouveautés annuelles. Il est le censeur et non le disciple de la foi, le correcteur et non l'imitateur des maîtres autorisés... Je voudrais vous communiquer ma juste émotion. N'hésitez pas à retrancher un pied, une main, un œil même pour le salut de la tête. Moi aussi, j'ai aimé Abélard, et je voudrais l'aimer encore. Dieu m'en est témoin. Mais dans une affaire de si grande importance, il n'y a plus de proche, il n'y a plus d'ami. Le mal est devenu trop public pour qu'on puisse se borner à une correction amicale et à un avertissement secret. »

Guillaume avait joint à sa lettre une liste de treize propositions malsonnantes, recueillies et annotées par lui dans ceux des écrits d'Abélard qu'il avait eus en main et qu'il transmettait à l'abbé de Clairvaux, et de plus une réfutation qu'il en avait faite. Saint Bernard était donc mis formellement en demeure de se prononcer sur la doctrine de maître Pierre et, au cas où il partagerait sur ce sujet l'indignation du religieux de Signy, de prendre publiquement en main contre le dangereux novateur la cause de la foi et de l'Eglise, dont il était considéré, à juste titre, dans la catholicité tout entière, comme le plus vaillant et le plus digne champion. Son caractère, sa vocation, sa carrière offraient dès lors, à qui comparait ces deux génies, une vive antithèse avec les antécédents, les inclinations, le tour d'esprit d'Abélard.

Toutefois, comme celui-ci, Bernard appartenait par sa naissance à l'aristocratie féodale. Il était né en 1090, à Fontaines-les-Dijon, dont son père, Tescelin, dit le Saure, était seigneur. Aleth, sa mère, descendait, disait-on, des anciens ducs de Bourgogne. Primitivement destinée au cloître, elle avait conservé de cette vocation non réalisée, avec une instruction solide, une austère et fervente piété. Bernard était le troisième de ses six fils et de ses sept enfants. Il semble qu'elle ait eu pour lui une tendresse particulière et fait de bonne heure reposer sur sa tête de pieuses espérances. Elle tint à ce qu'il reçût une forte éducation intellectuelle et le confia dans cette intention aux chanoines de Saint-Vorles à Châtillon-sur-Seine, dont les écoles étaient justement renommées dans la région. L'instruction y avait un caractère surtout grammatical et littéraire et Bernard, qui brilla tout d'abord au premier rang des écoliers, y trouva un aliment à ses aptitudes naturelles pour l'éloquence. Il paraît même qu'il manifesta, durant ses études, un remarquable talent pour la poésie, et plus tard l'un de ses adversaires, Pierre Bérenger, séide enragé d'Abélard, alla jusqu'à lui reprocher la frivolité de quelques-unes de ces compositions de jeunesse, dans lesquelles, d'après les termes employés par ce critique malveillant, il est aisé de reconnaître des chansons latines rythmiques, analogues pour la forme à celles d'Abélard lui-même et de son disciple Hilaire (1). Pour le fond, il serait tout-à-fait injuste d'admettre, en accordant trop aisément créance aux insinuations de Bérenger, dont la partialité saute aux yeux (2), que ces agréables élans de verve scolaire aient jamais rien eu de réellement condamnable.

L'adolescence de Bernard ne fut rien moins

(1) « Audivimus a primis fere adolescentiæ rudimentis cantiunculas mimicas et urbanos modulos fictitasse... Nonne id etiam tuæ memoriæ altius est insignitum, quod fratres tuos rhytmico certamine acutæque inventionis versutia semper exsuperare contendebas ? » *Berengarii scholastici Apologeticus* dans Migne, *Patrologia latina*, t. CLXXVIII, p. 1857. Cf Vacandard, *Vie de saint Bernard*, t. I. pp. 12-13. — Le mot *mimicas* pourrait donner a penser que saint Bernard, dans sa jeunesse, a pris part à la composition et à la représentation de jeux dramatiques, de *mystères* analogues à ceux que nous avons mentionnés plus haut.

(2) Il l'a lui-même avouée plus tard dans une lettre à l'évêque de Mende, en s'excusant sur sa jeunesse et ses sentiments de gratitude pour Abélard. Cf. Vacandard, ouvrage cité, t. II, p. 174. — Th. de Régnon, ouvrage cité, p. 36.

que pétulante. La ferveur native de son âme s'enveloppait plutôt alors dans une réserve timide et dans un silence méditatif. « On se tromperait, dit M. l'abbé Vacandard (1), si on se figurait Bernard comme un zélateur précoce que le feu de l'apostolat dévore. Bernard est un élève naturellement modeste et réservé, fuyant les compagnies bruyantes et les jeux dissipants, recherchant la solitude comme un asile pour sa piété et un abri pour sa timidité. Chose à peine croyable, ce futur apôtre, qui devait donner aux grands de la terre de si hautes et de si éclatantes leçons, fut un écolier silencieux et timide à l'excès. Rien ne lui était plus pénible que de paraître en public et d'être présenté à des étrangers. La vue d'un inconnu qui lui adressait la parole lui faisait monter la rougeur au front. C'était, pour employer une expression vulgaire, le défaut d'une qualité. Il ne s'en corrigea jamais complètement. Ce défaut du reste, qui contenait un fond de pudeur qu'il confondait volontiers avec la modestie, paraît lui avoir été cher, et il se plaignit que ses maîtres eussent employé la violence pour l'en délivrer. »

Le génie naissant de saint Bernard nous parait donc bien différent de l'exubérance philoso-

(1) Ouvrage cité, t. 1, p. 15.

phique et de la passion polémique d'Abélard dans sa jeunesse. Le studieux écolier de Saint-Vorles ne semble avoir reçu de ses maîtres que les éléments de la dialectique et s'en être contenté, tandis que maître Pierre, comme nous l'avons vu, aima et poursuivit de bonne heure avec enthousiasme toutes les finesses, tous les tours et les détours de cet art de jour en jour plus en vogue; et pourtant son expérience et sa dextérité de raisonnement n'ont jamais réussi à lui donner l'avantage sur la vigueur de raison et d'éloquence et la logique spontanée du grand docteur bourguignon.

Le jeune Bernard qui, à l'âge de seize ou dix-sept ans, avait eu la douleur de perdre sa mère, entra dans la vie mondaine à sa vingtième année, mais il y demeura peu. Une vocation surnaturelle, dont l'évidence ne laissa pas de place au doute, l'appela bientôt à la perfection évangélique sous sa forme la plus austère et, par delà, au moyen de cette perfection même, à une mission extraordinaire et d'abord imprévue de réforme, de doctrine et d'apostolat. Il entra dans l'ordre de Cîteaux, où son zèle, maintenant éveillé pour toujours, entraîna sur-le-champ avec lui, ou plus tard sur ses pas, tous ceux qui lui étaient chers : frères, oncles, cousins, amis, et enfin son vieux père lui-même, tous embrasés par lui du feu de l'amour divin.

Le noviciat de Cîteaux n'était pas une médiocre épreuve. L'ordre était dans la plénitude de sa ferveur monastique et la vie qu'on y menait faisait un édifiant contraste avec le triste tableau des monastères dégénérés tels que Saint-Gildas. « La mortification, dit M. l'abbé Vacandard (1), s'étendait au vêtement, à la nourriture et au sommeil. Le moine de Cîteaux renonçait aux frocs, c'est-à-dire aux vastes robes alors fendues des deux côtés dans les deux tiers de la hauteur, avec des attaches sur les fentes, pour empêcher les pans de voltiger ; il renonçait aux pelissons ou fourrures, aux capuces proprement dits, espèces de chaperons, détachés de la coule, qui protégeaient la personne par derrière, de la tête aux pieds, et par devant lui couvraient la poitrine et les bras jusqu'au poignet. Les caleçons, les longues étamines, tuniques de laine à manches étroites qui se portaient sur la peau pendant l'été, mais qui, dans la saison rigoureuse, se superposaient à un pelisson sans manches, les chainses ou chemises, lui étaient également interdits. Pour tous vêtements, la règle de saint Benoît, strictement interprétée, tolérait

---

(1) Ouvrage cité, t. I, pp. 40-43, 47-53.

la tunique ou robe étroite en serge qui enveloppait le corps jusqu'à mi-jambe, et la coule en laine, robe flottante pourvue de manches et surmontée d'un capuchon ou capuce. Aux heures du travail manuel, la coule était remplacée par le scapulaire, serré à la hauteur des reins par une ceinture en cuir. Des souliers découverts et des chausses protégeaient le bas des jambes. Mabillon estime que les premiers Cisterciens portaient aussi, en guise de caleçon, une sorte de ceinturon fermé ou *semicinctium* ; la chose nous paraît douteuse. Durant sa « probation », Bernard garda certainement ses vêtements séculiers. Mais il est à présumer que la forme en devait être peu différente des habits des religieux ; autrement l'épreuve du noviciat n'eût pas eu toute la sincérité désirable. Du reste, il est sûr que le capuce faisait partie de l'habillement du jeune novice.

« La nourriture était des plus simples, pour ne pas dire des plus viles. En cela comme en tout le reste, travail, prière, repos, il fut soumis au même régime que les profès. La viande, le poisson, les œufs, le laitage et le pain blanc étaient des mets inconnus à Cîteaux. Bien que saint Benoît n'eût pas proscrit absolument l'usage du vin, il fallut, pour entrer dans l'esprit du patriarche des moines d'Occident, accepter comme règle de conduite ce principe que « le vin ne convient pas à des religieux ». Les légumes, secs ou verts, l'huile, le sel et l'eau firent tous les frais de la table cénobitique. Citeaux avait adopté à la suite de saint Benoît pour les repas de l'été une coutume qui a quelque analogie avec celle des vieux Romains. En temps de grands labeurs, deux repas, *prandium et cæna*, fixés à la sixième et à la douzième heure (de onze heures à midi et de cinq à six heures) devaient apaiser l'appétit des frères ; du 15 septembre à Pâques, sauf les dimanches, un seul repas était de règle, il se prenait à la neuvième heure, c'est-à-dire de deux à trois heures, ou même, pendant le carême, au coucher du soleil. Malheur aux estomacs qui ne pouvaient supporter vingt-quatre heures de jeûne !

« Une épreuve non moins rude attendait Bernard au dortoir. Ce dortoir était commun : une pâle chandelle en éclairait l'obscurité pendant la nuit. Les lits, disposés à une petite distance l'un de l'autre et séparés par une cloison, consistaient dans une humble paillasse étalée sur une planche, et un oreiller également en paille, le tout recouvert d'une saie, *sagum*. C'était sur cette couche rudimentaire que le Cistercien, novice ou profès, prenait son somme. Il se couchait tout habillé et les reins ceints, afin d'être toujours prêt à se rendre à la chapelle, au premier signal de l'abbé, pour l'office nocturne. Une pièce de laine lui servait au besoin de couverture... Le psalmiste avait dit : *Media nocte surgebam*: « Au milieu de la nuit, je me suis levé pour vous glorifier, Seigneur. » Du 1er novembre à Pâques, les Cisterciens, au saut du lit, sortent du dortoir dès une heure du matin, *hora octava*, pour chanter l'office nocturne en leur froide et obscure chapelle. Durant le reste de l'année, leur lever a lieu un peu plus tard ; il suffit que, leur nocturne achevé, ils puissent commencer laudes à la première lueur de l'aurore, *incipiente luce*. Ces laudes ou matines forment le premier office de leur journée, qui embrasse sept exercices du même genre : Prime, Tierce, Sexte, None, Vêpres et Complies...

« La prière prenait au Cistercien environ six heures ; le reste de sa journée était consacrée au travail... C'est la gloire du patriarche des moines d'Occident d'avoir mis en honneur le travail manuel. « Un vrai moine, disait-il, doit vivre du travail de ses mains. » En conséquence, la règle déterminait certaines heures où tous les religieux sans exception vaquaient aux occupations purement matérielles que nécessite la bonne administration d'une ferme. En été, c'est-à-dire de Pâques au 1er octobre, chaque frère accomplit dans le cloître même, dans la plaine ou dans la forêt, de six heures du matin à neuf heures, et de deux heures après-midi à cinq heures, la tâche qui lui est assignée. A l'époque de la fenaison et de la moisson, ce règlement fixe ne saurait être observé rigoureusement. C'est la nécessité seule qui fait loi. Pour sauver les fourrages et les grains, on transpose sans scrupule l'heure de l'office divin ; la messe est même quelquefois supprimée ; ou du moins les frères sont, en raison de la presse, dispensés d'y assister. Du 1er octobre au mercredi des Cendres, le travail manuel embrasse sept heures, de sept heures du matin à deux heures de l'après-midi.

« Pendant le carême la durée en est la même : seulement il commence à neuf heures et finit à quatre... De Pâques au 1er octobre, le Cistercien, spécialement occupé aux travaux de la campagne, ne consacrait guère, sauf les dimanches et les fêtes, plus de deux heures par jour à la lecture, soit de neuf heures à onze heures du matin. La règle cependant ne lui interdisait pas de prendre un livre au lieu de faire la sieste, entre le déjeuner, *prandium*, et l'office de None qui se récitait à une heure et demie. L'hiver était plus particulièrement le temps des études. Les moines vaquaient à la lecture deux heures ou même plus dans la matinée, et l'après-midi, depuis la fin du repas jusqu'aux vêpres, jusqu'à la « synaxe du soir », comme s'exprime la règle. Cela donne une moyenne de cinq heures environ de travail intellectuel. Les dimanches et les fêtes se partageaient exclusivement entre l'office et la lecture. Cette lecture n'était guère variée. Saint Benoît ne parle que de lecture pieuse, lecture divine, *lectio divina*. Il faut entendre par là l'Ecriture et les Pères, ou encore la Vie des Saints. Tels furent certainement les ouvrages dont se nourrit l'âme de Bernard durant son noviciat, et il est infiniment probable qu'il n'en connut point d'autres. »

Non seulement Bernard se plia sans peine aux rudes épreuves du noviciat de Cîteaux, mais il enchérit d'une façon surhumaine sur les mortifications de la règle (1). N'était sa vocation extraordinaire, il faudrait même prononcer à cet égard le mot d'abus, car, avant la fin de son noviciat, il avait déjà l'estomac ruiné, et il en souffrit cruellement durant sa vie tout entière. En un seul point, le travail manuel, la discipline commune ne lui put être absolument appliquée, mais ce fut bien malgré lui, et sa bonne volonté, selon le touchant récit d'un de ses contemporains et de ses amis, alla jusqu'à un appel direct et pres-

(1) Cf. Vacandard, ouvrage cité, t. I, pp. 44-47.

sant à la grâce divine pour triompher de son inaptitude. « On peut douter qu'il ait su diriger une charrue ou porter de lourds fardeaux. Quand ses frères étaient occupés à des travaux de ce genre, nous dit Guillaume de Saint-Thierry (1), il se réfugiait dans d'autres menus ouvrages, d'une utilité non moindre, mais de plus facile exécution ; il bêchait le jardin, il fendait le bois, le portait sur ses épaules, le rangeait dans le bûcher. La besogne en apparence la plus vile avait pour lui un charme de plus. Il se consolait de n'être ni robuste ni habile, en balayant le cloître ou en lavant les écuelles. Un jour, cependant, le sentiment de son incapacité lui arracha des larmes. C'était le temps de la moisson ; toute la communauté était aux champs faucille en mains. Le poignet de Bernard se prêtait mal au maniement d'un tel outil, ses frères ou peut-être l'abbé Etienne, voyant sa gaucherie et son embarras, lui firent signe de se tenir en repos. Il fallut obéir ; mais humilié de l'espèce de commisération que renfermait un pareil ordre, il tomba à genoux et pria Dieu en pleurant de lui accorder, comme une grâce, l'art de couper le blé. Son vœu fut exaucé. A partir de ce jour, il

---

(1) *Bernardi Vita*, lib. I, cap. IV. — Nous empruntons ce récit à M. l'abbé Vacandard, ouvrage cité, t. I, p. 52.

mania la faucille avec une dextérité rare et devint l'un des meilleurs moissonneurs du couvent. Aussi, plus tard, se félicitait-il avec quelque complaisance de ce petit talent, dans lequel il aimait à reconnaître un don de Dieu. »

Le but poursuivi par Bernard dans ses mortifications, comme dans l'ardeur de prière et de méditation intense, qui fut le constant et cher soutien de son âme durant son noviciat, c'était, comme le dit son récent et excellent historien, d'atteindre « la perfection de la sainteté » en gravissant « les hauteurs du mysticisme » (1). L'étude elle-même, selon l'esprit de Cîteaux, était pour lui avant tout un exercice d'amour divin, un aliment pour sa foi, pour sa piété, pour son zèle, tout autre chose par conséquent que la satisfaction naturelle de cette soif de savoir, de ce besoin inné d'activité intellectuelle qui excitait et déterminait Abélard jusque dans l'acquisition et dans l'approfondissement de la science sacrée. De là, quoique saint Bernard ait été, lui aussi, a beaucoup d'égards, un théologien autodidacte, cette conséquence qu'il ne fut jamais, comme maître Pierre, un théologien téméraire. « L'étude, dit M. l'abbé Vacandard (2) n'était

(1) Vacandard, ouvrage cité, t. I, p. 47.
(2) *Abélard*, pp. 61-63. Cf. *Vie de saint Bernard*, t. I, p. 56, tome II, pp. 112 et suiv.

pour lui qu'une sorte de prière, *spiraculum animæ ad Deum*. Loin de lui la méthode d'abstraction si chère aux esprits subtils, à Abélard par exemple, et qui consiste à analyser les idées et les textes pour en tirer la vie de l'intelligence pure. Son imagination et son cœur éprouvaient le besoin de se nourrir, et se nourrissaient, en effet, aussi pleinement que son esprit, de l'Ecriture et des Pères. Il n'abordait la lecture des saints Livres qu'avec la piété et la dévotion d'un enfant qui demande à son Père céleste le pain supersubstantiel de chaque jour. Aussi son âme tout entière trouvait-elle son aliment dans cette parole vivante et vivifiante qui sort de la bouche de Dieu. Ainsi pénétra-t-il aisément dans les profondeurs du texte sacré et parvint-il en peu de temps à se former un style biblique et à acquérir une science profonde de la doctrine catholique.

« Pour expliquer les difficultés du texte, il n'avait pas d'ordinaire recours aux commentaires ; il s'appliquait à les éclaircir par le rapprochement et la comparaison des différents auteurs sacrés. « Les choses ainsi goûtées à leur source, nous dit-il, ont plus de sel et de saveur. »

« Prise absolument et employée exclusivement, cette méthode pouvait avoir ses dangers.

Il en corrigeait les inconvénients possibles par l'étude assidue des Pères de l'Eglise les plus autorisés. Parmi ceux-ci, nous trouvons au premier rang dans son affection saint Augustin, saint Ambroise et saint Grégoire le Grand. Des deux premiers, il devait dire plus tard : « Je m'attache à eux comme aux colonnes de l'Eglise : s'ils sont dans l'erreur, je confesse que j'y suis avec eux. »

« Cette profession de foi caractérise suffisamment la philosophie ou plutôt la théologie de saint Bernard. En matière de dogme, nous le verrons, il ne reconnaîtra d'autre autorité que celle de l'Ecriture et de la tradition, formulée par le seul organe compétent, qui est l'Eglise catholique.

« Ces principes, qui datent de son noviciat, devaient être ceux de toute sa vie. Jamais, quelle que fût son autorité personnelle, il ne fut tenté de s'en rapporter, dans les questions de doctrine, à son propre jugement comme à un tribunal légitime. Il considéra toujours l'autorité de l'Eglise enseignante comme une arche sainte, à laquelle il était défendu de toucher sous peine de mort. »

Etienne, abbé de Cîteaux, était un homme doué d'un haut esprit et d'un remarquable sens critique (1). Il sut reconnaître dans Bernard le vrai saint et le grand homme. Aussi, dès 1115, trois années seulement après que le fils d'Aleth fut venu à frapper comme novice à la porte de son monastère, il l'en fit sortir, mais avec le titre d'abbé, à la tête d'une colonie de douze religieux, chargés de fonder une communauté nouvelle. C'était le troisième essaim sorti de la maison-mère, et son chef le fixa dans la sauvage, mais belle vallée de Clairvaux. Si la dignité conférée au jeune moine était un moyen dont la Providence usait pour lui préparer une transition légitime entre sa vocation contemplative et sa mission d'activité apostolique, elle ne fut d'abord pour lui qu'une occasion de redoubler son héroïsme de cénobite. A la rigueur de la règle, accrue par le zèle encore inexpérimenté de Bernard, se joignirent en effet, avec les travaux et les soucis d'une fondation matérielle et spirituelle, les épreuves d'une indigence qui en vint quelquefois jusqu'à la misère noire.

« Avant que son nom et ses vertus se révé-

(1) Il entreprit une recension de la Vulgate latine de la Bible en usage dans sa région et n'hésita pas à consulter pour ce travail les rabbins juifs de son voisinage. *Vie de saint Bernard*, t. I. p. 54. — Il est vrai que le sens de la critique des textes ne suppose pas nécessairement le discernement des hommes, mais il y a lieu de croire, à l'honneur de l'abbé Etienne, qu'il réunissait ces deux qualités.

laissent au monde, dit son savant historien (1). Bernard devait subir plus d'une épreuve amère. La construction de son monastère et la direction spirituelle de ses religieux réclamèrent d'abord tous ses soins. Rien ne lui faisait augurer que la vallée de l'Absinthe (nom primitif changé par Bernard en celui de Clairvaux) dût jamais attirer des flots de moines ou de novices. Aussi les premiers bâtiments claustraux furent-ils élevés sur un plan un peu mesquin, où la communauté se trouva bientôt fatalement à l'étroit. La chapelle même ne reçut aucun caractère monumental... Située à l'angle sud-ouest des constructions comprises sous le nom de *Monasterium vetus*, elle formait un carré parfait. On y accédait par une porte extérieure et par l'escalier du dortoir, l'une et l'autre à l'est. Toute la richesse de son ameublement consistait en trois autels, une croix de bois et quelques vases sacrés. L'autel principal était consacré à la Sainte Vierge, patronne de l'abbaye. Dom Méglinger le vit encore au dix-septième siècle dans un parfait état de conservation ; les disciples de saint Bernard l'avaient seulement orné d'un retable en bois. Les autres autels, placés, le premier entre les deux entrées, le second vers l'angle

---

(1) Vacandard, *Vie de saint Bernard*, t. I, p. 66 et suiv.

sud-est, étaient dédiés l'un à saint Benoît, l'autre à saint Laurent. Du reste, nul travail d'ornementation, ni sculpture, ni peinture. Rien, pas même la lueur d'une lampe n'égayait l'aspect du froid monument, à peine éclairé par quelques étroites fenêtres ; et, quand Innocent II le visita en 1131, il ne put admirer que les quatre murs nus.

« A la chapelle était contigu, nous l'avons dit, un édifice à double étage, dont le rez-de-chaussée servait de réfectoire et de cuisine. Ce réfectoire ne fut jamais pavé ; et la lumière n'y pénétrait que par de rares fenêtres, hautes et larges d'environ une palme. Le dortoir auquel on accédait par un escalier étroit et raide occupait tout l'étage supérieur. Chaque frère y avait son lit, sorte de coffre formé de quatre planches, long de cinq ou six pieds et large de moitié. On eût dit une rangée de cercueils où les moines devaient apprendre vivants à dormir le sommeil de la mort.

« A l'entrée du dortoir et sur le palier même, qui communiquait par un escalier avec le réfectoire et la chapelle, Bernard fit construire deux cellules, la première à son usage, la seconde pour les hôtes de marque qui visiteraient l'abbaye. Par l'exiguïté de ses dimensions et surtout par sa forme irrégulière, celle qu'il choisit pour demeure ressemblait plutôt à une prison qu'à une chambre, nous dit Dom Méglinger. L'escalier par sa courbe l'entamait en un coin. C'est dans cet angle que Bernard imagina d'installer son lit où un morceau de bois recouvert de paille lui servait d'oreiller. Le toit qui, d'un autre côté, sans plus de maçonnerie, tenait lieu de muraille, s'abattait à l'intérieur sur un plan incliné ; et sous ce toit, dans le mur qui le supportait, était taillé, à un pied d'élévation du plancher, l'unique siège que renfermait la cellule. Grâce à cette singulière disposition, lorsque le pieux abbé voulait s'asseoir ou se lever, il lui fallait courber la tête, sous peine de se heurter aux poutres. Une étroite lucarne faîtière (nous dirions aujourd'hui une tabatière) qu'on ouvrait ou fermait à volonté, éclairait seule cet obscur réduit. Triste et peu enviable mansarde ! C'est pourtant là que vécut pendant près de trente ans le plus grand homme du douzième siècle ; telle était la retraite après laquelle il soupirait avec tant d'ardeur, lorsque les besoins de l'Eglise ou de son ordre lui faisaient un devoir de s'en éloigner...

« Ces diverses constructions exigèrent de longs mois, sinon plusieurs années, mois terribles et fertiles en incidents émouvants. Habitués comme nous le sommes à considérer le monastère de Clairvaux dans tout l'éclat historique de sa gloire, nous n'imaginons guère les crises qu'il eut à traverser, avant d'arriver à cet état de prospérité qui nous étonne. Le travail et le jeûne, la faim et la soif, le froid et la nudité sont à la base de cet édifice imposant, œuvre de treize pauvres moines. Occupés sans relâche aux ouvrages de charpente et de maçonnerie, Bernard et ses compagnons étaient dans l'impossibilité de se procurer même la maigre nourriture que leur permettait la règle cistercienne. Ne possédant encore ni poules, ni bestiaux, ils étaient privés d'œufs et de laitage. Faute de notoriété, ils ne pouvaient compter sur les aumônes régulières du dehors. Leur nourriture ordinaire consistait en un pain d'orge, de mil et de vesce. Et plus d'une fois ils furent réduits à manger pour tout mets un plat de feuilles de hêtre ou de racines ; un plat de faînes était un grand régal.

« Le jeune abbé entretenait de son mieux, par la parole et par l'exemple, au sein de ses religieux, la foi en l'avenir du monastère. Cependant l'extrémité de la misère, les rigueurs de l'hiver peut-être, finirent par déconcerter la congrégation naissante. Voyant leurs provisions de bouche, les feuilles et les faînes épuisées leurs vêtements et leurs chaussures usés, et impropres même au raccommodage, les pauvres moines exténués, en proie à la faim et au froid, laissèrent échapper des paroles de découragement et supplièrent Bernard de les ramener à Cîteaux. Vainement l'intrépide abbé essayait-il de relever leur courage par l'espoir des récompenses éternelles, ils s'obstinèrent à vouloir déserter ces lieux inhospitaliers, devenus véritablement pour eux une « vallée d'amertume ». Dans le sentiment de son impuissance et de l'inutilité de ses consolations, Bernard eut recours à Dieu qui prit encore une fois pitié de son serviteur. Pendant qu'il priait et mêlait à ses soupirs l'expression d'une confiance que ses frères abattus ne savaient plus partager, plusieurs personnes vinrent à quelques heures d'intervalle apporter à la communauté, les secours si impatiemment attendus...

« Il nous est impossible de déterminer à quelle époque les revenus du monastère suffirent aux besoins des religieux. Nous savons seulement par Guillaume de Saint-Thierry que dix ans après sa fondation, ils ne récoltaient pas encore tout le froment nécessaire à leur maigre alimentation et au service des pauvres. Ils en étaient quittes pour manger quelquefois du pain d'avoine...

« La prospérité peu à peu croissante de

Clairvaux n'apporta guère de changements dans le régime de la communauté. Pour être plus abondante et plus régulièrement servie, la nourriture des moines ne devint guère meilleure. Le laitage, le poisson et les œufs restèrent longtemps plats inconnus. Même le jour de Pâques, on ne servait que des haricots et des pois. Une extrême sévérité présidait, en outre, à la préparation de ces aliments : point de poivre, ni de cumin, genre d'épice alors très apprécié. Pour tout assaisonnement, du sel et de l'huile ; Guillaume de Saint-Thierry en ajoute deux autres : « la faim et l'amour de Dieu ». L'abbé jugeait que ses frères devaient s'estimer heureux de se nourrir de pain bis. « Si vous connaissiez, disait-il, toutes les obligations des moines, il faudrait arroser de larmes toutes les bouchées que vous mangez. Nous sommes entrés dans ce monastère pour pleurer nos péchés et ceux du peuple. En mangeant le pain des fidèles, nous contractons, pour ainsi dire, l'obligation de pleurer leurs péchés, comme s'ils étaient les nôtres. » Du reste, faute de vin ou de bière que permettait la règle, on se contentait de l'eau de la fontaine. »

Les forces physiques de Bernard ne répondaient point à son insatiable zèle de sacrifice. Il finit par succomber sous le fardeau dont il se surchargeait, sans pourtant consentir à en alléger lui-même le poids excessif. Mais l'autorité spirituelle intervint. Muni des pleins pouvoirs du chapitre général de Cîteaux, l'évêque de Châlons, ami et conseiller de Bernard, qui avait reçu de lui l'ordination sacerdotale (1), imposa au jeune abbé un repos d'un an dans une cellule isolée, et une obéissance absolue aux prescriptions d'un médecin, fort considéré dans le voisinage du monastère. Cette obéissance devint, il est vrai, à son tour une rude pénitence, car, en dépit de sa réputation très imméritée, ce malencontreux « physicien » se trouva n'être qu'un charlatan tyrannique. « Le traitement, on pourrait dire les mauvais traitements qu'il fit subir à son malade, devinrent pour celui-ci une source de douleurs souvent plus vives que la maladie même. » Ce fut au point que, dans une conversation familière avec Guillaume de Saint-Thierry, qui l'était venu visiter dans sa retraite, « sorte de cabane semblable aux loges qu'on assigne ordinairement aux lépreux dans les carrefours », le patient ne put retenir à l'adresse de son bourreau un trait de verve humoristique. « Il nous

(1) Bernard s'était adressé pour cela à l'évêque de Châlons à cause de l'absence de l'évêque de Langres, dans le diocèse duquel était situé Clairvaux. Cf. Vacandard, ouvrage cité, t. I, pp. 64, 65, 73, 74.

accueillit, raconte Guillaume (1), avec des marques de joie; et comme nous nous informions de l'état de sa santé : « Je vais très bien, nous dit-il avec un fin sourire, moi qui jusqu'à présent commandais à des hommes raisonnables, je suis, par un juste jugement de Dieu, condamné à obéir à une brute, *cuidam bestiæ datus sum ad obediendum.* » La qualification allait à l'adresse de son médecin. Il ne lui obéissait pas moins avec une ponctualité scrupuleuse. « Nous mangeâmes avec lui, continue Guillaume. Il nous semblait qu'on dût traiter avec beaucoup de ménagement un malade aussi délicat. Mais, voyant que par ordre de ce médecin on lui présentait des aliments auxquels une personne bien portante et affamée eût à peine voulu toucher, nous en ressentîmes une vive indignation ; la règle du silence nous empêcha seule de murmurer tout haut et d'accabler d'injures le sacrilège et l'homicide » qui abusait ainsi de son autorité. « Quand à Bernard, victime passive et résignée, il prenait tout ce qu'on lui servait, indifféremment ; tout lui semblait également bon. » La longue habitude de mépriser le plaisir du goût avait éteint en lui la pointe de la saveur. « Son palais ne distinguait plus les aliments. Il

(1) Cf. Vacandard, ouvrage cité, pp. 75, 76.

avait notamment, pendant plusieurs jours, mangé de la graisse — du saindoux — pour du beurre. Une autre fois, il but de l'huile au lieu d'eau, sans s'en apercevoir. L'eau seule avait pour lui quelque saveur, parce qu'elle rafraichissait en passant sa gorge desséchée. »

Un tel ascétisme étonne, effraie la nature humaine, même chez le commun des chrétiens. Mais il ne faut pas oublier qu'il avait pour principe une vocation exceptionnelle et il en faut aussi considérer les fruits. La conduite du fondateur de Clairvaux convenait à son œuvre, puisque les novices affluèrent de plus en plus sous sa houlette et que, vers l'année 1135, il fallut de toute nécessité construire une nouvelle église et un nouveau monastère, toujours conçus d'ailleurs selon la rigidité cistercienne. « L'église sortit du sol, dit un chroniqueur cité par M. l'abbé Vacandard (1), comme si elle eût été animée d'une âme vivante et capable de se mouvoir ; nous en connaissons à peu près exactement les dimensions. Le chœur, d'abord carré, fut détruit, quelques années plus tard, pour faire place à une abside de forme circulaire avec neuf chapelles rayonnantes. Primitivement, le plan comprenait, sur une longueur d'environ 100 mètres

---

(1) *Vie de saint Bernard*, t. I, pp. 412-414.

et une largeur de 25 mètres, une triple nef divisée en onze travées et terminée à l'ouest par un porche, analogue au narthex des basiliques latines. Le chœur, peu profond, qui terminait les lignes de la nef principale, offrait simplement un chevet ajouré de trois fenêtres. C'était là une disposition du style cistercien primitif. Le transept, large de 54 mètres, renfermait huit chapelles carrées, se faisant face deux à deux dans chaque bras, et ayant leurs autels tournés vers l'orient. On s'explique aisément de la sorte que la seconde église, — ce que les historiens des âges suivants ont appelé l'*oratorium* ait possédé neuf autels, un dans chaque chapelle et l'autel principal dans le sanctuaire.

« Aucun ornement architectural n'atténuait, à l'intérieur ou à l'extérieur, la sévérité de l'édifice. L'imagerie figurée en était inexorablement bannie. Bernard avait l'âme trop repliée sur elle-même pour comprendre qu'une galerie de statues servît à entretenir la piété d'un moine ; à plus forte raison réprouvait-il dans le lieu saint la présence de ces monstres grotesques qui s'accroupissent en culs-de-lampe sous les pieds des saints, saillissent à tous les angles en gargouilles chimériques, et grimacent à travers les enroulements des chapiteaux et des frises. Point de sculpture ornementale ; à peine un feuillage rudimentaire, une feuille d'acanthe, comme à Fontenay, apparaît-elle aux chapiteaux. On n'aperçoit que les grandes lignes du monument, et le regard se refroidit sur les longues murailles nues. La peinture et la couleur sont également proscrites. Point de vitraux peints aux étroites fenêtres ; il ne faut pas que le soleil, projetant sur les murs son spectre coloré, attire l'œil du cénobite et le distraie de sa prière : le temple cistercien est par essence un lieu de recueillement.

« Cependant, si simple et si sévère qu'il fût, ce monument n'était pas dépourvu de caractère et de style. « Sa simplicité, nous dit-on, avait quelque chose de grand ; » et au dix-septième siècle Méglinger en admirait encore « la hauteur et les belles formes ». Pour s'en faire une idée exacte, il faudrait visiter l'église de Fontenay près Montbard, Pontigny dans l'Yonne ou Nerlac en Berry, qui sont à peu près du même temps, et, bien que moins importantes, offrent le même caractère architectural.

« Au collatéral sud de l'église était attenant le cloître, qui formait vraisemblablement un carré parfait d'environ 30 mètres de côté. Ici encore une sévérité de style qui n'accorde rien au plaisir des yeux. Pendant qu'à la même époque d'autres sacrifient à la grâce et élèvent des cloîtres largement ouverts, dont les armatures reposent sur de fines colonnettes aux chapiteaux délicatement ciselés, Bernard ne songe qu'à construire une sombre et pesante galerie, dont la voûte courbe vers le pavé le promeneur, et l'invite au silence. »

Au développement intérieur correspondit pour ce régime si sévère une étonnante expansion au dehors. Colonie de Cîteaux, Clairvaux devint bientôt à son tour une féconde métropole. En 1136 déjà, dix-sept monastères y rattachaient leur origine et, depuis cette date, Bernard présida encore, de près ou de loin, à un bien plus grand nombre de fondations nouvelles, qui rayonnèrent elles-mêmes dans un espace de plus en plus étendu. L'impulsion du grand ascète se fit sentir, par un effet d'émulation généreuse, à tout l'ordre cistercien. « Dans ce grand mouvement de propagande, dit M. l'abbé Vacandard (1), Clairvaux marche en tête ; mais les autres abbayes mères, Cîteaux, la Ferté, Pontigny, Morimond, la suivent d'assez près. En 1152, l'Ordre comptait, nous dit Robert de Torigny, environ cinq cents maisons. Le chiffre est exagéré. Déduction faite des granges (2), qu'on a

---

(1) Ouvrage cité, t. II, pp 412-414.
(2) On appelait ainsi des centres d'exploitation agricole, confiés à des frères convers, et dépendant des

pu confondre avec les abbayes, le nombre des monastères cisterciens ne dépasse guère, à cette date, trois cent cinquante, dont cent soixante environ relèvent plus ou moins immédiatement de l'abbé de Clairvaux. C'est déjà un chiffre imposant. On reste confondu du nombre de moines qu'il représente, quand on songe que plusieurs maisons abritaient, à elles seules, des religieux par centaines, et Clairvaux, par exemple, jusqu'à sept cents âmes, tant profès que novices et convers.

« Cet accroissement si prodigieux, dont la congrégation de Prémontré offre seule l'analogue, finit par inquiéter les chefs mêmes de l'Ordre. On craignit, non sans raison peut-être, que la dissémination des monastères ne nuisit à leur cohésion. Il était extrêmement difficile que les abbés des provinces éloignées se rendissent régulièrement au chapitre annuel de Citeaux. De là un danger de relâchement dans la discipline. Afin de couper court à l'arbitraire, il fallut même, un peu plus tard, autoriser les absences pour un, deux, trois et même quatre ans. En attendant, le chapitre de 1152 interdit l'établissement ou l'affiliation de nouveaux monastères, sans l'avis préalable du conseil supérieur de

abbayes cisterciennes. Cf. Vacandard, ouvrage cité, t. I, p. 433.

l'Ordre. Il semble que cette défense eût dû interrompre, au moins pour un temps, les migrations cisterciennes. Il n'en fut rien. Les fondations se succédèrent à peu près comme par le passé. Et à la fin du douzième siècle, le nombre des filles de Cîteaux s'élevait à cinq cent trente. Comme on l'a dit, « le monde menaçait de devenir cistercien ; *omne Cistercium erat.* »

L'ascétisme transcendant de saint Bernard, auquel, selon une conséquence assez ordinaire dans l'ordre surnaturel, se joignit bientôt, par une récompense anticipée, le don des miracles, fut son arme la meilleure dans la mission de défense et de réforme religieuse qui devait remplir sa carrière et l'entraîner si souvent loin de sa chère cellule. L'exemple de sa vie donnait une force singulièrement efficace aux arguments vibrants de son zèle et de son éloquence. Son existence moins humaine qu'angélique l'autorisait entre tous dans ses justes objurgations contre les relâchements et les vices de son époque, et l'excusait jusque dans les excès du puritanisme toujours orthodoxe qu'il opposait avec une verve terrible à la triste déchéance où s'étaient peu à peu abandonnées, en de trop nombreux monastères, les institutions bénédictines. Sans égaler la honte de la licence et de l'anarchie sans frein qu'Abélard n'avait pu dominer à Saint-Gildas, Saint-Denis, sous l'abbé Adam, et Cluny lui-même, jadis principe et moteur de la régénération ecclésiastique, Cluny, sous l'abbé Pons, avaient offert le spectacle d'une dégénérescene qui menaçait de ruine spirituelle ces illustres chefs d'ordre, ces congrégations maîtresses. Il faut entendre de quel ton, voir de quel pinceau le grand ascète de la vallée d'Absinthe décrit et flétrit ces abus :

« On croit, dit-il (1), et l'on a raison, que nos saints fondateurs ont voulu assurer au plus grand nombre possible les avantages d'une vie si parfaite, et qu'ils ont pu, en considération des infirmes, tempérer les rigueurs de la règle, sans la détruire. Mais loin de moi de penser qu'ils aient jamais prescrit, qu'ils aient jamais concédé les vanités, les superfluités que je vois dans la plupart des monastères. J'admire comment a pu se glisser chez des moines une telle intempérance dans le manger, dans le boire, un tel luxe dans les vêtements, dans les lits, dans les équipages, dans les édifices. Plus on y apporte de soin, de raffinement, de faste, plus on croit faire pour l'affermissement de l'Ordre et l'ac-

---

(1) Nous empruntons cette citation au très intéressant et très remarquable ouvrage de M. l'abbé Demimuid : *Pierre-le-Vénérable ou la vie et l'influence monastique au douzième siècle*. Paris, Téqui, 1895, in-8°, p. 78 et suiv. Cf. Vacandard, ouvrage cité, t. I, p. 111 et suiv.

croissement de la religion. On taxe l'économie d'avarice, la sobriété de rigueur excessive, le silence de mauvaise humeur.

« Par contre, le relâchement est traité de prudence, la profusion de libéralité, le babil de savoir-vivre, le rire immodéré d'aménité ; c'est tenir son rang que d'avoir de riches habits et de brillants équipages ; c'est estimer la propreté que de parer sa chambre d'ornements superflus. Passer tous ces déréglements à ses frères, c'est être charitable. Triste charité, qui détruit la charité ; triste prudence, qui confond la prudence ! Miséricorde pleine de cruauté, qui entretient le corps et tue l'âme ! Qu'est-ce qu'une charité qui flatte la chair et néglige l'esprit ? Qu'est-ce qu'une prudence qui donne tout au corps et rien à l'âme ? Qu'est-ce qu'une miséricorde qui nourrit la servante et laisse périr la maîtresse...

« Au commencement, lorsque naquit l'Ordre monastique, croyait-on qu'il en viendrait à une telle décadence ? Oh ! que nous sommes loin de ces temps où vivaient les disciples de saint Antoine. Quand ils se visitaient, de loin en loin, par charité, telle était l'avidité avec laquelle ils recevaient les uns des autres le pain de l'âme, qu'ils oubliaient la nourriture du corps et passaient des jours entiers sans manger ; mais leur esprit n'était pas à jeun... Aujourd'hui, qui cherche, qui distribue l'aliment céleste ? Jamais il n'est question des Saintes Ecritures, jamais du salut des âmes ; toujours des riens, des quolibets, des paroles en l'air. Pendant que la bouche engloutit les mets, les oreilles se repaissent de frivolités, qui vous absorbent tellement, que vous ne savez plus mettre fin à vos repas. Aussi apporte-t-on plat sur plat. A la place des viandes, la seule chose qui vous soit interdite, de grands corps de poissons paraissent à double rang sur la table. Etes-vous rassasiés des premiers, on dirait, à vous voir aux prises avec les seconds, que vous n'avez pas même goûté des autres. Mais l'industrie des cuisiniers est si grande, si grand est l'artifice de leurs assaisonnements ! Les services peuvent succéder aux services : les premiers ne nuisent pas aux suivants, et la satiété ne diminue pas l'appétit. Le palais, stimulé par des sauces de nouvelle invention, sent, à tout moment, se réveiller ses désirs. L'estomac n'a plus d'yeux ; il se charge toujours, et la variété prévient le dégoût...

« Qui dira, par exemple, toutes les manières dont on sait apprêter les œufs : on les tourne, on les retourne, on les bat, on les délaie, on les durcit, on les hache ; on les fait frire, on les fait bouillir ; on les farcit, on les sert seuls ou mêlés à d'autres aliments... Et l'eau ! faut-il en parler, puisqu'il n'est plus admis qu'on en mette dans son vin ? Chose bizarre ! à peine sommes-nous moines, nous voilà malades de l'estomac; nous n'avons garde alors d'oublier que l'Apôtre nous conseille l'usage du vin, l'usage *modéré*, il est vrai ; mais je ne sais pourquoi, nous oublions l'épithète. Encore si l'on se contentait d'une seule espèce de vin ! J'ai honte de le dire ; vous rougirez de l'entendre peut-être : ayez du moins le courage de vous corriger. Trois ou quatre fois par repas, on vous apporte une coupe à demi-pleine ; vous la subodorez, vous la touchez à peine du bout des lèvres, et avec un flair aussi rapide qu'infaillible, vous choisissez toujours le vin le plus généreux. Mais ce n'est pas tout ; et faut-il croire que, dans certains monastères, il est d'usage, aux grandes fêtes, de servir des vins mélangés de miel ou saupoudrés d'épices ? Serait-ce donc pour soutenir les estomacs débiles ? Après ces repas, on se lève de table, les veines gonflées, la tête lourde, et pourquoi faire, sinon pour dormir ? S'il faut, dans cet état, aller à l'office, pourra-t-on chanter, et de quel nom peut-on nommer les sons rauques qu'on tirera péniblement de sa poitrine ?

« A table, on ne veut pas satisfaire un besoin mais goûter un plaisir ; dans les vêtements, on ne cherche pas de quoi se couvrir, mais de quoi se parer. On a des habits qui garantissent moins du froid qu'ils ne soulèvent le vent de l'orgueil. Ah! que je suis à plaindre d'avoir assez vécu pour voir notre ordre déchoir à ce point, cet ordre qui fut le premier dans l'Eglise, que dis-je? par où l'Eglise a commencé; qui était le plus semblable aux hiérarchies angéliques, le plus voisin de la Jérusalem céleste, soit pour l'éclat de la pureté, soit pour l'ardeur de la charité; qui a eu les apôtres pour fondateurs, et pour premiers membres, des hommes que Paul appelle toujours des saints! Chacun d'eux n'avait à lui que ce qui lui était nécessaire: rien pour la curiosité, rien pour la vanité; dans les vêtements, rien que ce qu'il fallait pour couvrir la nudité et défendre des intempéries. Auraient-ils acheté des habits de galebrun et d'isambrun (1) ?... Mais nous, c'est à peine si dans nos provinces nous trouvons encore des étoffes dignes de vous vêtir. Le chevalier et le moine prennent chacun la moitié du même drap, l'un pour son habit de guerre, l'autre pour sa coule. Les plus grands seigneurs, le roi lui-même, fût-il empereur, ne dédaigneraient pas nos vêtements, à la forme près...

« Je parlerai, je parlerai, dussé-je passer pour

(1) Etoffes de couleur foncée, en grand usage à cette époque.

présomptueux, je dirai la vérité. Comment la lumière s'est-elle obscurcie ? Comment le sel de la terre s'est-il affadi ? Ceux dont la vie devrait nous montrer le chemin, nous donnent l'exemple de l'ostentation ; ce sont des aveugles qui conduisent des aveugles. Quoi donc ! est-ce une preuve d'humilité, de voyager en si grande pompe et en si grand appareil, entouré de cette foule empressée de valets à longs cheveux, avec une suite qui suffirait à deux évêques ? Je mens, si je n'ai pas vu un abbé traîner après lui soixante chevaux et plus. Vous diriez, à les voir passer, non des pasteurs de couvents, mais des seigneurs de châteaux, non des directeurs d'âmes, mais des gouverneurs de provinces. Il faut porter, dans leur bagage, du linge de table, des coupes, des aiguières, des candélabres, de grands coffres remplis de tous les ornements de leur lit. Dès qu'ils vont à quatre lieues de chez eux, il leur faut tout leur mobilier, comme s'ils partaient pour la guerre ou qu'ils dussent traverser un désert. Est-ce que le même vase ne pourrait pas servir pour l'eau qu'on verse sur leurs mains et pour le vin qu'ils boivent ? Ne pourraient-ils voir clair sans des chandeliers d'or ou d'argent ? Ne pourraient-ils dormir sans toutes ces riches tentures ? Le même valet ne pourrait-il panser leur cheval, les servir à table et faire leur lit ? Pourquoi tout cet encombrement ? Serait-ce pour être moins à charge à vos hôtes ? Portez donc aussi votre nourriture pour leur épargner toute dépense. »

L'idéalisme transcendant de saint Bernard va plus loin encore et même, quoique mitigé par son bon sens et par son orthodoxie de réserves et de distinctions nécessaires, il passe un peu la mesure quand il s'élève avec véhémence contre le goût connu des Clunisiens pour la belle architecture (1) et contre l'application qu'ils se

(1) « L'église abbatiale de Cluny, construite par saint Hugues, dit à ce propos M. l'abbé Vacandard, est à coup sûr l'un des monuments auxquels saint Bernard fait allusion dans son *Apologie*. Ce n'est pas encore cette basilique dont les proportions égaleront cent ans plus tard celles de Saint-Pierre de Rome, mais c'est déjà l'un des chefs-d'œuvre de l'architecture romane. Sa largeur moyenne est de 110 pieds et se partage en cinq nefs. Sa longueur est de 410 pieds. Bâtie en forme de croix archiépiscopale, elle possède deux croisées (transepts), la première longue de près de 200 pieds, large de 30, la deuxième longue de 110 pieds et plus large que la première. Sur la croisée principale s'élève trois clochers : au midi, le clocher de l'eau bénite, au nord le clocher de Sainte-Catherine, au milieu du sanctuaire le clocher du chœur ; les deux premiers de forme octogone, le troisième plus grand que les deux autres, de forme quadrangulaire, tous appartenant à la plus élégante architecture romane. Un quatrième clocher, appelé le clocher des lampes, occupe le centre de la deuxième croisée.

« Si l'on pénètre dans la basilique, on se sent comme perdu dans la vaste nef éclairée par un demi jour qui tombe de 300 fenêtres. L'imagination est saisie par l'immensité mystérieuse du monument. La voûte principale a plus de 100 pieds d'élévation. Une forêt de piliers (60

plaisaient à faire au culte divin de toutes les splendeurs de la matière et de l'art. Dans l'entraînement de son zèle de réformateur et de sa verve de polémiste l'austère champion de Cîteaux confond un peu trop une coutume légitime avec les abus qui s'y mêlaient.

« Je passe sous silence s'écrie-t-il (1), ces églises et leur hauteur à perte de vue, leur longueur démesurée, leur largeur exagérée, ces somptueux ornements, ces riches peintures, qui attirent le regard des fidèles, dissipent la dévotion et me rappellent les cérémonies judaïques.

piliers), flanqués, de trois côtés, de colonnes engagées, soutiennent tout l'édifice.

« Nous serions infini, si nous voulions en décrire toutes les beautés. Mais le chœur et quelques œuvres d'orfèvrerie ou de peinture méritent une mention spéciale.

« Le chœur comprend environ le tiers de la grande nef. Au milieu se dresse le sanctuaire, hardiment porté par huit colonnes de marbre de 30 pieds d'élévation. Six surtout sont précieuses, trois de cipolin d'Afrique, trois de marbre grec de Pentélie, veiné de bleu. Leurs chapiteaux sont sculptés avec toute la variété de l'art roman.

« Devant le grand autel, étincelle un candélabre de cuivre, d'une grandeur étonnante et d'un rare travail, tout revêtu d'or, orné de cristaux et de béryls La tige, qui a environ 18 pieds, porte six branches terminées par des lis et des coupes et forme elle-même la septième branche : c'est un don de la reine Mathilde, épouse de Henri d'Angleterre, don vraiment royal et digne du monument qu'il orne. »

Vie de Saint Bernard, t. I, pp. 115-117.

(1) Demimuid, ouvrage cité, pp. 84-87.

Mais je le veux, tout cela est pour la plus grande gloire de Dieu. Je vous demande — je suis moine et je parle à des moines — je vous demande ce qu'un païen demandait à des païens : « Dites-moi, prêtres, que fait l'or en un sanctuaire ? » Et je puis ajouter : « Dites-moi, pauvres (si tant est que vous soyez des pauvres), que fait l'or dans le sanctuaire ? » Autre est la condition des évêques, autre celle des moines. Les évêques se doivent aux sages et aux fous. Les hommes charnels, sourds au langage de l'âme, se laissent toucher aux objets sensibles. Mais nous, qui avons quitté les rangs du peuple, qui avons renoncé aux richesses, aux pompes du monde pour l'amour du Christ; nous qui foulons aux pieds tout ce qui brille aux yeux, tout ce qui flatte les oreilles, les plaisirs de l'odorat, du goût, du toucher, de tous les sens, et les regardons comme du fumier au prix de Jésus-Christ ; pour qui, je vous le demande, tout cet étalage ? quel fruit en voulons-nous recueillir ? les applaudissements des sots ou les offrandes des simples ? Nous sommes encore du siècle ; nous participons à ses œuvres et nous encensons ses idoles.

« Je parlerai ouvertement : n'est-ce pas l'avarice, cette idolâtrie véritable, qui nous inspire ? Que cherchons-nous : la conversion des peuples ou leurs présents? Et comment s'y prend-on? On ne saurait assez l'admirer. Il y a un art de semer l'or qui le multiplie. Il coule comme les rivières et s'accroît dans son cours. Ces somptueuses, ces merveilleuses vanités portent les hommes à donner plus qu'à prier. L'argent attire l'argent : car je ne sais comment il se fait que plus on est riche, plus on reçoit. Les reliquaires sont tout couverts d'or : les yeux se repaissent de cette vue, et les bourses de s'ouvrir. On expose les images des saints : plus elles sont parées, plus elles semblent vénérables. Le peuple court les baiser, et fait son offrande, puis se retire, plus frappé de la beauté du travail que de la sainteté de l'objet. On suspend dans l'église je ne dis pas des couronnes, mais de grandes roues garnies de lumières, étincelantes de pierres précieuses. En guise de candélabres, on dresse des arbres gigantesques, d'airain massif, ciselés avec un art infini, où les cierges jettent moins d'éclat que les pierreries. Que se promet-on de tout cela? la componction des visiteurs ou leur admiration? O vanité des vanités! o folie! L'Eglise resplendit dans ses murailles et manque de tout dans ses pauvres. Ses pierres sont revêtues d'or et ses enfants sont nus. Les ressources des pauvres servent à charmer les yeux des riches. La curiosité est satisfaite, la misère ne reçoit aucun secours.

« Encore si nous respections les saintes images ! mais elles forment le pavé du temple et on marche dessus. Ici on crache sur le visage d'un ange ; là les traits d'un saint s'effacent sous le pied des passants. A quoi bon ces vives couleurs, ce dessin si correct, si tout cela doit être souillé de poussière ? Et d'ailleurs, ces choses conviennent-elles à des pauvres, à des moines, à des hommes spirituels ? A moins que vous ne répondiez au poète, dont je vous citais les paroles, par le mot du prophète : « Seigneur, j'ai aimé la beauté de votre demeure, le séjour de votre gloire. » Soit ! passe encore pour les églises, ce luxe peut enfler la vanité et nourrir l'avarice, il peut aussi entretenir la dévotion des simples. Mais dans les cloîtres, sous les yeux des frères, occupés à lire, à quoi bon ces monstres grotesques, ces difformités belles, ces beautés difformes ? à quoi bon ces singes grimaçants, ces lions en fureur, ces centaures moitié hommes et moitié bêtes, ces tigres tachetés, ces soldats sur le champ de bataille, ces chasseurs avec leurs trompes ? Ici, c'est une tête à plusieurs corps, là un corps à plusieurs têtes ; plus loin un quadrupède avec une queue de serpent, un poisson avec une tête de quadrupède ; à côté une tête de cheval avec un corps de chèvre, une tête surmontée d'une corne et une croupe de cheval (1). Au milieu de ces chimères, de ces extravagances, les yeux se porteront-ils sur le marbre ou sur les livres ? Les journées se passeront-elles à contempler ces sculptures ou à méditer la loi de Dieu ? Mais pour le ciel ! si vous n'avez pas honte de ces folies, rougissez du moins des dépenses qu'elles entraînent. »

S'il y avait, comme on peut le croire, une certaine exagération dans ces reproches, cet excès même ne fut pas inutile à l'œuvre que poursuivait Bernard. Il n'est pas douteux que l'éclat retentissant de sa voix et de ses censures n'ait été pour beaucoup dans la réforme opérée à Cluny par Pierre-le-Vénérable et à Saint-Denis par l'abbé Suger, et qu'elle n'ait réveillé la discipline assoupie dans beaucoup d'autres monastères. « Les *aboiements* de l'abbé de Clairvaux, pour user de son langage, dit M. l'abbé Vacan-

(1) Cette satire pittoresque des fantaisies sculpturales de l'art roman reporte naturellement l'esprit sur les têtes grimaçantes qui se voient encore aujourd'hui sur les corbelets sculptés du mur extérieur, dans la partie la plus ancienne de l'église abbatiale de Saint-Gildas de Ruis. On peut donc avec quelque vraisemblance, se représenter le cloître de la vieille abbaye bretonne, au temps d'Abélard, étalant sur ses chapiteaux sculptés quelques-unes de ces bizarres chimères contre lesquelles s'exerce ici la verve réformatrice du grand abbé de Clairvaux.

dard (1), eurent un retentissement profond, non seulement à Cluny, à Reims et à Saint-Denis, mais encore dant tout l'ordre bénédictin. » Mais, comme nous l'avons dit, l'efficacité de sa parole ou de sa plume avait pour principe et pour appui l'éclatante évidence de sa sainteté. C'est de là qu'il tenait l'ascendant irrésistible qui lui permit d'imposer le feu divin de son zèle à toutes les plaies de l'Eglise, de rappeler à leurs devoirs et à l'idéal évangélique le clergé régulier et le clergé séculier, moines et chanoines, évêques comme abbés, et de faire remonter enfin ses exhortations jusqu'au Pape lui-même, dans la personne de son disciple Eugène III. C'est grâce à sa sainteté manifeste, comme à son activité dévorante, qu'il réussit à triompher du schisme d'Anaclet contre Innocent II, qui faillit dès lors, comme il arriva deux siècles plus tard, déchirer en deux la chrétienté : scission présageant et préparant un prochain abime. C'est sa sainteté encore qui le mit en mainte circonstance en état de négocier utilement les intérêts de l'Eglise avec le pouvoir civil, plein de respect pour un tel homme ; et qui même, quand il le fallut, courba victorieusement devant son auréole

---

(1) Ouvrage cité, t. I, p. 178.

de pénitent et sa parole de prophète le front des princes de la terre.

L'intrépide hardiesse du grand réformateur cistercien dans l'accomplissement de sa mission de régénération morale et disciplinaire s'appuyait donc sur sa sainteté personnelle, ce qui le distingue déjà profondément des hérésiarques de son temps et des âges futurs. Mais ce qui l'en distingue encore davantage, c'est son attachement inviolable à la doctrine commune et traditionnelle de l'Eglise ; son orthodoxie très conservatrice et plutôt timorée qu'aventureuse. En cela aussi ses sentiments correspondaient à sa vocation propre. « L'abbé de Clairvaux, dit le P. de Régnon (1), reçut la mission de s'opposer au torrent du rationalisme... Saint Bernard ne fut point favorable à l'érudition païenne des humanistes, ni au rationalisme pédantesque des dialecticiens. Il s'inquiétait médiocrement du mouvement profane qui se produisait dans les écoles. Mais, si des plaintes au sujet de la foi compromise venaient troubler son repos contemplatif ou son application aux grandes affaires de l'Eglise, alors il se levait et déployait le zèle d'un Phinées. »

Ce n'est pas que son grand esprit méconnût la valeur et l'utilité des connaissances

---

(1) Ouvrage cité, pp. 41, 43.

humaines. « Bien qu'il ne fasse pas grand état des sciences purement spéculatives, dit M. l'abbé Vacandard (1), il professe, en général, une sincère estime pour les savants, surtout quand ils mettent leur génie au service de l'Eglise. Il favorise hautement les jeunes clercs dont les goûts studieux offrent quelque promesse d'avenir. Sa correspondance conserve des traces précieuses de cette délicate sollicitude. C'est à sa requête, par exemple, que l'archevêque de Canterbury accorde une prébende à Jean de Salisbury, le plus brillant humaniste du douzième siècle. Il pousse Robert Pullus, le fondateur de l'Université d'Oxford, à fréquenter assidûment les écoles de Paris pour y perfectionner sa science et sa méthode. Nous possédons encore la lettre par laquelle il recommande Pierre Lombard à Gilduin, abbé de Saint-Victor... L'aversion qu'il témoignait volontiers pour les disputes stériles de l'école lui valut le reproche de décrier la science. Mais il se défend vivement contre une accusation aussi injurieuse. Ses religieux reçurent à cet égard la confidence du fond de sa pensée. « Il y en a, dit-il, qui veulent savoir, uniquement pour savoir : c'est une honteuse curiosité. D'autres veulent savoir, pour

---

(1) Ouvrage cité, t. I, pp. 112, 114.

qu'on sache qu'ils sont savants : c'est une honteuse vanité ; le satirique s'est moqué d'eux quand il a dit :

Scire tuum nihil est, nisi te scire hoc sciat alter (1).

« Il en est qui veulent savoir, afin de vendre leur science, soit pour de l'argent, soit pour les honneurs : c'est un honteux trafic. Mais il en est aussi qui veulent savoir pour édifier autrui, et c'est charité ; comme il en est qui veulent savoir pour s'édifier eux-mêmes, et c'est prudence. De tous ces groupes les deux derniers seulement connaissent le prix de la science et savent en user. »

Sans être donc hostile de parti-pris à la science profane, il entrait, ce semble, dans les sentiments de saint Bernard à son sujet, et notamment à l'égard de l'enseignement philosophique et dialectique de son temps, une impression de défiance dogmatique, morale et mystique, analogue à l'inclination d'austérité puritaine qui lui rendaient suspectes, dans les édifices clunisiens, les magnificences de l'art. Les disputes acharnées et trop souvent stériles des logiciens enragés

(1) Perse, Satire I, vers. 27. « Ton savoir n'est rien à tes yeux, si personne ne sait que tu sais. » On voit que si saint Bernard n'était point favorable à l'érudition païenne des humanistes, cette érudition ne lui manquait pas.

continuellement aux prises dans les écoles de Paris, lui faisaient sans doute l'effet des capricieuses et extravagantes chimères dont la présence le scandalisait sur les chapiteaux des cloîtres romans. Cette disposition d'esprit n'avait pu lui inspirer beaucoup de sympathie pour les tendances, pour les querelles, pour les succès d'Abélard, dont les aventures avec Héloïse n'étaient pas non plus de nature à donner de lui une idée bien favorable au grand ascète de Clairvaux. De plus, l'évêque de Châlons, l'ami et le conseiller de saint Bernard, n'était autre que Guillaume de Champeaux, et, sans attribuer à ce pieux et zélé prélat une rancune indigne de lui, il est permis de penser qu'il n'avait pas conservé un très agréable souvenir de ses relations et de ses luttes avec maître Pierre. La profession religieuse de celui-ci à Saint-Denis avait sans aucun doute plutôt modifié en sa faveur les dispositions de Bernard, dont la grande âme admettait avec joie la sincérité de telles conversions, et ces dispositions durent s'améliorer encore, s'il connut les sentiments courageusement, quoique imprudemment manifestés par le nouveau religieux contre les relâchements de ses confrères. Mais les témérités de l'enseignement théologique d'Abélard, sa condamnation à Soissons, les côtés singuliers de son entreprise de communauté philosophique au Paraclet et les désordres qui s'y mêlèrent, durent indisposer de nouveau contre lui l'esprit de l'abbé de Clairvaux, qui sans se ranger dès lors, comme le crut l'imagination trop surexcitée de maître Pierre, au nombre de ses adversaires déclarés, laissa sans doute percer dans ses conversations avec ses amis son improbation et sa défiance.

La promotion d'Abélard à la tête de l'abbaye de Saint-Gildas de Ruis et la lutte engagée par lui contre ses moines pour les ramener à la discipline paraissent au contraire avoir été entre les deux abbés l'occasion d'un rapprochement marqué. Ils se rencontrèrent personnellement, comme nous l'avons vu, le 20 janvier 1131, à la bénédiction du maître-autel de Morigny par le pape Innocent II, et il est permis de croire que l'un et l'autre ne furent pas sans éprouver le charme de leurs qualités réciproques. A quelque temps de là, saint Bernard donna publiquement une grande marque de sympathie à la nouvelle communauté installée par Abélard au Paraclet sous la direction d'Héloïse. Il y fit une visite longtemps souhaitée et confirma les religieuses dans les devoirs de leur état par ses saintes exhortations. Il fut toutefois légèrement choqué d'une innovation introduite par elles dans la récitation du *Pater* où, au lieu de la demande du pain *quo-*

tidien, formule adoptée d'après saint Luc par toute l'Eglise latine, elles avaient substitué l'expression de pain *supersubstantiel*, qui se trouve dans le texte de saint Mathieu. Il vit là une regrettable tendance à se singulariser et peut-être à couvrir sous de telles mutations de mots des étrangetés de doctrine. Abélard, à qui saint Bernard avait attribué avec raison la responsabilité de ce changement, lui écrivit une longue lettre pour la justifier. Après un préambule d'une déférence assez malicieuse, il s'y explique en termes non exempts d'aigreur, et, entraîné par son instinct polémique, ne se refuse pas le plaisir de confirmer son argumentation en rappelant que l'Ordre de Cîteaux, si récent dans l'Eglise, ne s'était pas fait faute lui-même de beaucoup innover dans sa liturgie particulière (1). Cette petite dissidence ne laissa pas sans doute que de troubler quelque peu les bons rapports des deux abbés. Mais les défiances de saint Bernard furent surtout vivement ranimées par le caractère de l'enseignement repris avec éclat par

---

(1) Cf. *Epistola Petri Abælardi ad Bernardum Claræ-vallensem abbatem* dans Migne, t. CLXXVIII, p. 335 et suiv. — Vacandard, *Abélard*, p. 74 et suiv. — « Abélard avait oublié, fait observer M. l'abbé Vacandard, que ces nouveautés, qu'il reprochait à saint Bernard, étaient sanctionnées par l'Eglise, tandis que la sienne n'avait reçu aucune approbation qui la légitimât. »

Abélard sur la montagne Sainte-Geneviève Dans le traité sur le baptême adressé ce semble, en ce temps-là par l'abbé de Clairvaux à son ami Hugues de Saint-Victor, les témérités doctrinales de maître Pierre furent l'objet d'une sévère critique, mais pourtant sans que l'auteur en fût nominalement désigné (1). L'antipathie très naturelle de saint Bernard pour le génie inquiet du dialecticien breton se confondait avec son zèle pour la pureté de la foi et ne se surexcitait par aucun sentiment de haine personnelle. Même après la formelle mise en demeure qui lui fut adressée par Guillaume de Saint Thierry, il ne se pressa nullement d'entrer en campagne, et sa première préoccupation, quand il résolut d'agir en personne, ne fut pas d'attaquer de vive force Abélard, mais de l'amener amicalement à se corriger.

Il lui demanda donc une entrevue, qui eut lieu en effet et qui parut acheminer l'affaire à un excellent résultat. Malgré son imprudente audace, Abélard était au fond un croyant sincère et un fils dévoué de l'Eglise. Il était, depuis quelque temps, inquiet lui-même des ravages exercés dans l'opinion par cette fureur de disputer qui

(1) Cf. S. M. Deutsch, ouvrage cité, pp. 48, 466 et suiv. — Vacandard, *Vie de saint Bernard*, t. II, pp. 113, 114, 122.

ne connaissait plus de bornes. Il tomba aisément d'accord avec saint Bernard sur la nécessité d'y mettre un frein. Dans un second entretien, l'abbé de Clairvaux essaya de pousser plus loin sa victoire pacifique et de faire reconnoître à maître Pierre que ses propres écarts n'étaient pas étrangers au mal qu'il s'agissait de guérir. Mais alors l'amour-propre du dialecticien regimba et il fit voir par ses réponses qu'il ne se jugeait pas si coupable. Cependant, dit M. l'abbé Vacandard (1), « dans une troisième conférence, à laquelle prirent part plusieurs témoins, Abélard parut enfin comprendre la justesse des observations de l'abbé de Clairvaux et consentit à sacrifier, pour le maintien de la paix, ses théories hasardées, pour ne pas dires ses erreurs manifestes. On parla même de rétractation ; il faut sans doute entendre par là de simples corrections ou retouches. Sur cette résolution, on se sépara. »

Comme il arrive assez ordinairement en pareil cas, l'accord des deux interlocuteurs, quand ils se quittèrent, était plus apparent que réel. Saint Bernard conservait des résistances de maître Pierre une impression fâcheuse. « La promesse d'une rétractation en temps opportun ne le

---

(1) *Vie de saint Bernard*, t. II, pp. 123-124.

rassurait qu'à demi contre les dangers de tant de théories suspectes, d'erreurs manifestes et d'une méthode d'enseignement essentiellement critique, avec une nuance de rationalisme bâtard. Il ne put s'en taire auprès de ses amis ; il entreprit même de mettre les étudiants en garde contre les ouvrages et les leçons d'Abélard. » D'autre part, celui-ci, sincère dans les concessions qu'il avait promises pour le bien de la paix, n'était pourtant nullement convaincu d'être tombé dans des erreurs, même involontaires. Il ouvrit volontiers l'oreille à ceux de ses disciples qui lui reprochèrent l'abandon par lui de sa propre cause et ne se prêta que trop facilement aux suggestions déplorables de l'un d'entre eux, déjà connu alors pour son audace révolutionnaire, et devenu depuis tristement célèbre, Arnaud de Brescia. Selon l'usage, les tiers envenimèrent la querelle. Un chanoine de Toul, nommé Hugues Métel, qui se piquait de bel esprit, saisit cette occasion de composer une pièce d'éloquence à sa façon. Il rédigea une dénonciation d'Abélard au Souverain Pontife, dans laquelle il fit pleuvoir sur le professeur de la montagne Sainte-Geneviève une grêle d'épithètes et de métaphores désobligeantes. « C'est une hydre nouvelle, un nouveau Phaéton, un autre Prométhée, un Antée à la force de géant. C'est le vase d'Ezéchiel qui bout, allumé par l'Aquilon. Il est temps que le Pape prépare le cautère qui doit guérir les âmes malades, s'il ne veut que tous les pécheurs de la terre tombent bientôt dans les rêts de cet homme. » L'imagination, prompte à émouvoir, de l'abbé de Saint-Gildas vit dans ces attaques une conjuration non seulement contre ses idées, mais aussi et surtout contre sa personne. Il ne songea plus qu'à sa défense. Dans cette vue, encouragé non seulement par Arnaud, mais par un autre de ses disciples, le sous-diacre Hyacinthe, attaché à la curie romaine (1), qui lui persuada, non sans quelque fondement, que ses ouvrages, si fort critiqués en France, étaient lus et goûtés par le Sacré-Collège, maître Pierre recourut à une manœuvre hardie : il prit tout-à-coup l'offensive (2).

Une importante réunion de prélats était annoncée à Sens pour le premier dimanche après la Pentecôte ; ils devaient présider dans la cathédrale à une exposition solennelle d'insignes reliques. La présence du roi de France, assisté de ses grands officiers, devait rehausser l'éclat de cette fête religieuse et populaire. Abélard

---

(1) Assagi avec l'âge, Hyacinthe Orsini devint plus tard cardinal, puis, dans son extrême vieillesse, pape sous le nom de Célestin III.

(2) Cf. Vacandard, ouvrage cité, t. II, pp. 140-142.

crut trouver là pour sa doctrine l'occasion d'un triomphe retentissant. Plein de confiance dans l'habileté de sa dialectique, il demanda l'autorisation de venir réfuter devant l'assemblée, transformée en concile ou en synode, les incriminations de l'abbé de Clairvaux. L'archevêque de Sens consentit à sa demande et en prévint saint Bernard, qu'il convoqua pour le débat projeté. L'abbé de Clairvaux refusa tout d'abord. Il n'était pas, il l'avoua lui-même, pleinement rassuré par la bonté de sa cause contre la puissance d'argumentation d'un adversaire rompu à toutes les finesses de la logique, et il estimait que les écrits d'Abélard offraient aux évêques, juges plus autorisés que lui des questions de foi, une matière suffisante pour justifier de leur part une accusation formelle d'hétérodoxie. Ce refus accrut les espérances de maître Pierre et déjà ses partisans poussaient partout des cris de victoire. Les amis de saint Bernard lui représentèrent les conséquences de son abstention, le péril que, par son fait, allait courir la foi catholique. Cette considération fut pour lui déterminante. Il conçut avec raison comme nécessaire, dans l'état des esprits, la condamnation des erreurs d'Abélard, et s'y donna désormais tout entier. Les évêques, dont sa plume ardente enflamma le zèle, ne tardèrent pas à lui confier la direction du procès (1).

« Le 2 juin 1140, octave de la Pentecôte, dit le docte historien de saint Bernard (2), après la cérémonie de l'exposition des reliques, l'abbé de Clairvaux, préludant aux séances du synode, monta en chaire et recommanda Abélard aux prières de son auditoire : « Conjurez Dieu, dit-il, de le rendre tel que le soupçon ne puisse désormais l'entacher. » Le soir, les prélats tinrent une conférence privée dans laquelle ils étudièrent, sous l'œil du saint abbé, les matières de la discussion du lendemain. Bernard produisit les ouvrages d'Abélard, en tira les propositions les plus téméraires, dont il prouva l'hétérodoxie, en les comparant avec l'enseignement de l'Ecriture et des Pères, particulièrement avec la doctrine de saint Augustin. On tomba aisément d'accord sur la nécessité d'une rétractation de l'auteur.

« Ce travail préliminaire simplifiait les opérations publiques du concile. La première séance s'ouvrit le lendemain dans l'église métropolitaine de Saint-Etienne. Le roi y assista. L'abbé de Clairvaux occupait au milieu des prélats une place d'honneur. Après la récitation des prières

---

(1) Cf. Vacandard, ouvrage cité, t. II, pp. 142-144.
(2) Ouvrage cité, t. II, pp. 145-147.

accoutumées, l'un des évêques prit la parole et s'attacha à démontrer l'importance de la vraie foi. Abélard fut ensuite introduit. Bien qu'il ne pût se dissimuler que les évêques, dont il avait escompté l'approbation, étaient devenus ses juges, il ne parut pas d'abord redouter l'issue du débat...

« Lorsque l'illustre professeur, subitement transformé en accusé, eut pris place sur le siège qui lui était assigné, l'abbé de Clairvaux, chargé du rôle de promoteur, se mit en devoir d'énoncer les dix-sept propositions extraites, dès la veille, de la *Theologia christiana*, de l'*Introductio ad theologiam*, du *Scito teipsum*, et d'un autre ouvrage intitulé *Liber sententiarum* (1), et avertit l'auteur que le choix lui était offert ou de renier les textes incriminés, ou de les corriger, ou enfin de les justifier par des raisons théologiques. Mais à peine avait-il achevé ces mots, qu'Abélard se redressa avec fierté et déclara devant ses juges étonnés qu'il en appelait au Pape. Personne ne crut d'abord qu'il prît sérieusement un tel parti ; mais on eut beau lui promettre une pleine liberté de défense et une

---

(1) Abélard a désavoué ce dernier ouvrage. Mais les critiques sont à peu près d'accord aujourd'hui pour y voir, non pas, il est vrai, un écrit de sa main, mais un cahier rédigé d'après ses leçons par un de ses disciples.

entière sécurité pour sa personne, il persista dans son appel et déclina obstinément la compétence d'un tribunal qu'il avait lui-même choisi. »

Cette nouvelle et subite volte-face jeta d'abord quelque trouble dans l'esprit des évêques. Mais l'œil fixé sur son but, saint Bernard ne se laissa pas déconcerter. Il fit décider par le synode que, par respect pour le Saint-Siège, la personne d'Abélard serait mise provisoirement hors de cause, mais qu'il serait passé outre au jugement sur la question de doctrine Après un nouvel examen, les propositions suspectes, réduites, au nombre de quatorze, furent frappées d'une condamnation positive et même notées d'hérésie. Sans perdre un moment, l'abbé de Clairvaux se mit en devoir de soutenir en cour de Rome le bien-fondé de cette sentence et d'en obtenir confirmation. Il déploya pour cela une activité infatigable et un génie hors de pair de théologien, de polémiste et de diplomate. Une terrible volée de lettres, toutes brûlantes de zèle et d'éloquence, et où la passion du saint abbé pour l'orthodoxie l'emporte quelquefois jusqu'à l'invective et jusqu'à l'insulte, s'élancèrent en même temps ou coup sur coup de sa cellule vers le Pape et vers le Sacré-Collège et allèrent sommer, pour ainsi dire, le Souverain Pontife et les cardinaux de sauver l'Eglise, menacée par le dialecticien retors et le novateur contumace que saint Bernard ne se représente plus que sous les traits d'un monstre odieux. « Nous avons échappé au lion (l'antipape Anaclet), s'écrie-t-il, et nous voici aux prises avec le dragon... Un Goliath s'est levé, haut de taille, armé pour le combat, précédé de son écuyer, Arnaud de Brescia. Leurs écailles sont si étroitement unies, qu'un souffle ne saurait les pénétrer. La guêpe de France a sifflé pour appeler à elle la guêpe d'Italie, et toutes deux se sont jetées sur le Seigneur et son Christ. Goliath a poussé sa clameur contre les phalanges d'Israël et insulté l'armée des saints... C'est à vous, successeur de Pierre, de juger si celui qui attaque la foi de Pierre doit trouver un refuge auprès de la chaire de Pierre. Rappelez-vous les devoirs de votre charge... Qui donc se lèvera pour fermer la bouche de ce fourbe? Il est prêt à se faire condamner encore, comme si la première condamnation ne suffisait pas! Que dis-je? il est bien tranquille : car il se glorifie d'avoir pour disciples les cardinaux et les clercs de la cour de Rome, et il invoque comme défenseurs de ses hérésies ceux-là mêmes qui doivent le juger et le condamner. N'y aura-t-il donc personne qui ressente les injures faites au Christ?... Sachez-le, parce qu'il vous est utile de le savoir, vous à qui Dieu donne la puissance, il importe à l'Eglise, il importe à cet homme lui-même qu'on impose silence à sa bouche pleine de malédiction, d'amertume et de ruse (1). »

Abélard, de son côté, était sorti du concile en proie à une assez vive irritation. Il n'avait pas tardé à composer une apologie où, non content de défendre pied à pied sa méthode et ses erreurs, il prenait à partie Bernard et l'accusait d'ignorance, de falsification et de frénésie. Mais peu à peu, rentrant en lui-même, il reconnut la situation périlleuse où ses témérités d'enseignement et de conduite l'avaient placé, et, comme ses erreurs, dont il avait tant de peine à se déprendre, avaient leur principe dans son esprit plutôt que dans son cœur, et que ses intentions n'étaient point celles d'un hérésiarque, il changea de ton dans une nouvelle confession de foi adressée par lui à Héloïse et où, sans rétracter expressément sa doctrine, il faisait cette déclaration exactement orthodoxe et profondément chrétienne : « Héloïse, ma sœur, toi jadis si chère dans le siècle, aujourd'hui plus chère encore en Jésus-Christ, la logique m'a rendu odieux au monde. Ils disent, en effet, ces pervers, qui pervertissent tout et dont la sagesse est perdition, que je suis

(1) Cf. Vacandard, ouvrage cité, t. II, pp. 148-159.

éminent dans la logique, mais que j'ai failli grandement dans la science de Paul. C'est, il me semble, la prévention plutôt que la sagesse qui me juge ainsi. Je ne veux pas à ce prix être philosophe, s'il faut me révolter contre Paul. Je ne veux pas être Aristote, si je suis séparé du Christ ; car il n'est pas sous le ciel d'autre nom que le sien, en qui je doive trouver mon salut. J'adore le Christ qui règne à la droite du Père... Je crois au Père, au Fils et au Saint-Esprit, par nature un et vrai Dieu, qui reçoit la Trinité dans les personnes, mais conserve l'unité dans la substance... Je n'écoute point Arius qui, poussé par son génie pervers ou plutôt séduit par le démon, introduit des degrés dans la Trinité divine... Je déclare que le Saint-Esprit est égal et consubstantiel au Père et au Fils.. Je condamne Sabellius qui soutient que le Père et le Fils sont la même personne... Je déclare que dans le baptême tous les péchés sont remis, et que nous avons besoin de la grâce pour commencer le bien et pour le parfaire ; et que ceux qui sont tombés sont régénérés par la pénitence... Telle est la foi dans laquelle je me repose. C'est d'elle que je tire la fermeté de mon espérance. Fort de cet appui salutaire, je ne crains pas les aboiements de Scylla, je ris du gouffre de Charybde, je n'ai pas peur des chants mortels des

Sirènes. Si la tempête vient, elle ne me renversera pas ; si les vents soufflent, ils ne m'agiteront pas ; car je suis fondé sur la pierre inébranlable (1). »

C'est sur cette déclaration de ses sentiments qu'il se proposait sans aucun doute d'établir à Rome la défense de son enseignement et de ses écrits, qu'il se flattait, au moyen d'une habile interprétation et, s'il le fallait, de concessions opportunes, de mettre en suffisant accord avec sa dernière profession de foi. Il se mit donc en route pour la ville éternelle. Cluny se trouvait sur son chemin. Il s'y arrêta pour s'entretenir de sa situation et de ses projets avec l'illustre et saint abbé de cette congrégation. Pierre-le-Vénérable, qui, sans partager ses idées, avait de l'admiration pour son génie et de la bienveillance pour sa personne.

Pierre-le-Vénérable fut l'un des grands hommes du douzième siècle. Il naquit dans les dernières années du siècle précédent au château de Montboissier, en Auvergne, d'une famille appartenant à la haute aristocratie féodale. Comme celle de saint Bernard, sa mère, Raingarde, était d'une piété toute monastique. Voué dès l'enfance par

(1) Cf. *Petri Abælardi fidei confessio ad Heloissam* dans Migne, t. CLXXVIII, pp. 375-378. — Vacandard, ouvrage cité, t. I, pp. 160, 161.

ses parents à la vie religieuse, son inclination personnelle répondit sans peine à cette vocation. Il fit son éducation au couvent de Sauxillange, de l'Ordre de Cluny, auquel, à l'âge de seize ou dix-sept ans, il s'agrégea par un vœu définitif. Son intelligence et sa piété, correspondant à l'illustration de sa naissance, l'appelaient aux grands emplois de la congrégation. Il fut bientôt élevé, malgré sa grande jeunesse, à la double charge de docteur des anciens et de gardien de l'Ordre, dans le monastère de Vézelay. « Le seul titre de docteur des anciens, dit M. l'abbé Demimuid (1), indique assez les fonctions qui s'y trouvaient attachées, et le cas que l'on faisait de l'érudition du jeune profès, jugé digne d'instruire ceux qui peut-être le devançaient par l'âge. Quant au gardien de l'Ordre, appelé aussi prieur claustral, il était comme le vicaire et le substitut du grand prieur, le remplaçait en son absence et, en tout temps, veillait au maintien de la discipline du couvent. Dix années durant, Pierre s'acquitta de ces emplois avec le zèle le plus édifiant. »

Il fut ensuite préposé au gouvernement du prieuré de Domène, au diocèse de Grenoble. Enfin le chapitre général de l'Ordre l'élut, le 22 août 1122, à la dignité abbatiale, ce qui le faisant chef

---

(1) Ouvrage cité, p. 20.

de la congrégation de Cluny, le plaçait au nombre des principaux personnages, non seulement de l'Église et du royaume de France, mais de la chrétienté tout entière. Mais le poids de cette charge en égalait l'honneur. L'Ordre de Cluny était tombé, sous le gouvernement de Pons de Melgueil dans ce relâchement de vie et de discipline que nous avons vu exciter l'indignation et la verve de saint Bernard. Après l'abdication de cet abbé d'humeur trop temporelle, son successeur, Hugues II, n'avait pu, dans un pontificat de trois mois seulement, mettre la main à l'œuvre de réforme dont la nécessité se montrait urgente aux vrais religieux. Pierre de Montboissier s'y voua de plein cœur, mais il eut à soutenir, dans cette sainte entreprise, de terribles luttes et même des retours sanglants. Revenant sur son abdication, l'abbé Pons, appuyé des partisans d'une vie commode, s'empara de l'abbaye par la force et réussit quelque temps à y maintenir la tyrannie de son relâchement. La cause fut évoquée à Rome, où se rendirent les deux abbés de Cluny. Mais Pierre fut confirmé dans sa charge par l'autorité apostolique, tandis que Pons, solennellement excommunié, était jeté en prison. Il y mourut peu après, victime d'une épidémie à laquelle Pierre lui-même faillit succomber.

Maître d'un pouvoir désormais incontesté, le chef légitime de Cluny releva et soutint, sa vie durant, par un mélange de vigueur et de prudence, la régularité cénobitique et la santé spirituelle dans le grand corps religieux confié à ses soins. Saint Bernard rendit hautement témoignage à ses hautes vertus, qui lui méritèrent de la part de ses contemporains le surnom de Vénérable, indissolublement attaché depuis à son nom. La commune ardeur de leur zèle apostolique, qui se manifesta notamment contre le schisme d'Anaclet, quoique cet anti-pape fût clunisien d'origine, unit ces deux grands hommes par les liens d'une sainte amitié, qui laissa place toutefois, outre les divergences inévitables entre les deux congrégations dont ils étaient les représentants, à une certaine différence de vues et surtout de caractères. Plein d'admiration pour l'idéalisme transcendant de l'illustre ascète cistercien, le pieux abbé de Cluny n'en adoptait pas néanmoins, pour lui et les siens, le puritanisme un peu farouche.

« Pierre-le-Vénérable, dit à ce propos M. l'abbé Demimuid (1), aurait-il souscrit sans réserve à la violente sortie de saint Bernard contre la richesse des temples et le luxe des bâ-

(1) Ouvrage cité, pp. 87-89.

timents ? Nous en doutons. Il ne priait jamais mieux que dans une belle église. Un de ses amis, l'évêque de Troyes, lui semblait appelé à la vie religieuse, il le presse de changer son siège contre une cellule de Cluny. « Avez-vous oublié, lui écrit-il, cette église, la plus belle, et de beaucoup de toute la Bourgogne, les peintures qui la décorent, toute la vie du Christ, ses miracles, si merveilleusement représentés par nos peintres ? Où trouvez-vous un lieu mieux fait pour le recueillement et la contemplation ? » Pierre était dévoré du zèle de la maison de Dieu, et pour ajouter à la décence, à l'éclat du culte, il ne savait rien épargner. Un moine de son ordre n'a pas assez d'éloges pour les deux beaux reliquaires d'argent, incrustés d'or, ornés d'émaux et de pierreries, qu'il avait fait placer sur le maître-autel. Sous son gouvernement s'acheva et fut dédiée cette basilique de Cluny, la plus vaste alors du monde chrétien et dont Saint-Pierre de Rome a seul surpassé dans la suite les proportions colossales. Pierre-le-Vénérable avait toutes les vertus de son état, il était, on l'a dit, « l'idéal du moine », mais du moine de Cluny. C'était un titre à la reconnaissance de cet institut, que d'en avoir accru et embelli les édifices. Un des abbés les plus honorés de l'ordre, un saint, Odilon disait : « J'ai trouvé une abbaye de bois et je la laisse de marbre. » Au contraire, à Citeaux, on se glorifia longtemps de ce qu'on appelait « le monastère de bois ».

« Cluny, c'était le cloître, mais bâti par la main des arts ; c'était la prière, mais entrecoupée d'études variées ; la pratique des conseils évangéliques, mais dans la sérénité et sous le rayon du Thabor, plutôt que dans les larmes et la désolation du Calvaire. Citeaux, c'était le renoncement absolu ; le vœu de pauvreté, compris avec une rigueur singulière ; il y avait un luxe de l'esprit qu'il n'excluait pas moins que les richesses : là aussi, cependant, le travail succédait à l'oraison, mais le travail des mains, qui défrichait les terres abandonnées, desséchait les marais, créait des usines, et parfois réunissait à la même charrue le pauvre colon et le haut baron, jadis puissant dans le siècle. Lorsqu'on se dirigeait vers Cluny, de loin les yeux étaient frappés par la masse imposante de la grande église, par son double transept, ses quatre tours hautaines, qui surmontaient les collines et les forêts, la tour du chœur surtout, plus élevée, plus large que les autres, et d'où s'échappaient les volées de ses dix-huit cloches ; et l'on reconnaissait cette congrégation si respectée qu'on a vu des papes solliciter son appui, si opulente qu'un de ses abbés, Pierre lui-même, a pu l'appeler « le trésor de la république chrétienne ». Le caractère des Cisterciens ne se traduisait pas moins dans leurs églises, dépourvues de sculptures, de peintures, aux vitraux de couleur blanche, sans croix ni ornements, et dont les clochers devaient être, disaient les constitutions, d'une hauteur modeste, en rapport avec la simplicité de l'Ordre. Ces constructions austères, nues, basses, presque écrasées, faisaient songer à des pénitents, prosternés dans la prière et dans l'humilité.

« Mais quoi ! ajoute excellemment le docte historien (1), faut-il se prononcer entre les deux observances, entre les deux esprits ? Proscrire les splendeurs artistiques et l'activité littéraire de Cluny, c'eût été suspendre cette patiente et glorieuse tradition, qui nous a valu les chefs-d'œuvre de l'antiquité (2), ralentir cet élan de la piété de nos pères qui, suivant un mot célèbre, a couvert la France de cette blanche robe d'églises, aujourd'hui encore une de ses plus belles parures ; c'eût été priver le peuple de cette prédication, dont saint Bernard, on l'a vu, ne méconnaissait pas l'efficacité, de ces monuments qui étaient « comme un livre ouvert pour la foule,

(1) Ouvrage cité, pp. 90, 91.
(2) Par le soin qu'ont mis les copistes monastiques à en reproduire les exemplaires.

dont les frises, les chapiteaux retraçaient les histoires sacrées, les légendes populaires (1) », dont les superbes clochers rappelaient moins au fidèle l'orgueil des moines que la pensée du ciel. Car Chateaubriand n'a-t-il pas été bien inspiré, quand il a dit : « Un paysage paraît-il nu, triste, désert, placez-y un clocher ; à l'instant, tout va s'animer : les douces idées de pasteur et de troupeau, d'asile pour le voyageur, d'aumône pour le pèlerin, d'hospitalité et de fraternité chrétiennes, vont naître de toutes parts ! (2) » D'un autre côté, réprouver l'austérité de Cîteaux, en l'accusant, comme on l'a fait dans la chaleur de la dispute, de briser la vigueur du corps et d'alanguir l'esprit, tandis que saint Bernard, dans des membres exténués par le jeûne, trouvait la force de gouverner son siècle, et que les mille bras de ses moines fertilisaient les solitudes et y portaient le commerce et l'industrie, c'eût été détruire une puissante et nécessaire influence, qui vint s'opposer à temps au torrent du relâchement, et retenir l'ordre monastique sur cette pente, dont parle le poète, et qui entraîne toute chose, ici-bas, vers l'inévitable décadence :

---

(1) Viollet-le-Duc, *Dictionnaire d'architecture*, t. I, p. 278.
(2) *Génie du Christianisme*, 3ᵉ partie, livre I, chap. VI.

Sic omnia fatis
In pejus ruere, ac retro sublapsa referri (1).

« C'est donc ici le lieu de répéter, avec saint Bernard, que la robe de l'Eglise est sans couture, mais qu'elle a mille nuances. On peut ajouter qu'il y a plusieurs demeures dans le royaume de Dieu, que toutes les observances y sont à l'aise, pour travailler, chacune selon sa vocation, à l'œuvre commune, et confondre la variété de leurs efforts dans l'unité d'un même but. »

Le goût de l'abbé de Cluny pour l'activité, pour l'efflorescence intellectuelle, dans les lettres comme dans les arts, explique sa sympathie pour l'abbé de Saint-Gildas, de même que sa piété et son zèle apostolique expliquent son lien d'amitié avec l'abbé de Clairvaux. Peut-être aussi son indulgence naturelle, son penchant à considérer, autant que possible, les choses du bon côté, lui faisaient-ils trouver bien dures les poursuites dont était l'objet le beau génie de maître Pierre, poursuites menées maintenant, put-il penser, avec une rigueur, une âpreté trop cisterciennes. Quoi qu'il en soit, il fit à celui-ci le meilleur accueil et l'encouragea dans son des-

(1) « Ainsi la destinée pousse toutes choses de mal en pis, et les ramène peu à peu au néant d'où elles sont issues. » Virgile, *Géorgiques*, I, v. 199.

sein d'aller chercher à Rome, ainsi qu'il le lui dit, justice et au besoin miséricorde. Mais déjà la sentence du Pape était rendue et la nouvelle en vint bientôt foudroyer Abélard à Cluny même. Innocent II, de l'avis du Sacré-Collège, avait, dès le 16 juillet 1140, renouvelé, en termes très durs, frappant non plus seulement la doctrine, mais la personne même d'Abélard, la condamnation prononcée à Sens. « Nous condamnons, écrit-il aux évêques, en vertu de l'autorité des saints canons, les articles recueillis par vos soins et tous les dogmes pervers de Pierre, ainsi que l'auteur lui-même, et nous lui imposons à lui, comme hérétique, un perpétuel silence » Une seconde lettre, en date du même jour, qui devait être provisoirement tenue secrète, aggravait encore la rigueur de la sentence : « Par les présents écrits nous mandons à Votre Fraternité de faire enfermer séparément, dans les maisons religieuses qui paraîtront le plus convenables, Pierre Abélard et Arnaud de Brescia, fabricateurs de dogmes pervers et agresseurs de la foi catholique, et de faire brûler leurs livres partout où on les trouvera. » Et, comme pour prêcher d'exemple, Innocent II fit brûler publiquement les écrits d'Abélard dans la basilique de Saint-Pierre à Rome (1).

(1) Cf. *Petri Venerabilis opera omnia* dans Migne,

Pierre-le-Vénérable n'abandonna point le condamné dans le terrible état où il se trouvait, mais s'efforça au contraire, en l'exhortant à la soumission, de relever son courage et de lui préparer une situation meilleure. L'abbé de Cîteaux, Rainard, peut-être d'accord avec saint Bernard, s'honora par une démarche noblement chrétienne. Il vint à Cluny conférer avec Pierre-le-Vénérable et avec Abélard et leur proposa sa médiation pour réconcilier l'abbé de Saint-Gildas avec l'abbé de Clairvaux. Abélard consentit à se rendre avec lui auprès de saint Bernard. La cause de la foi sauve, qui seule avait embrasé son zèle, celui-ci, qui portait un cœur très tendre sans sa fougue apostolique, ne demanda au proscrit que de donner un témoignage public de sa soumission au jugement du Saint-Siège, et cette promesse faite, lui ouvrit les bras. Abélard revint à Cluny satisfait de cette entrevue, autant du moins qu'il pouvait l'être en de telles circonstances. Pour dégager sa parole, il composa et répandit, sous le nom d'*Apologie*, une nouvelle et dernière profession de foi, où tout en déclarant accepter tout ce que l'Eglise enseigne, réprouver tout ce qu'elle condamne, il ne put

---

Patrologia latina, t. CLXXXIX, p. 305. — Vacandard, *Vie de saint Bernard*, t. II, pp. 163, 164.

s'empêcher de laisser voir que sa propre condamnation reposait, à son avis, sur l'interprétation de sa pensée par ses adversaires plutôt que sur sa pensée même, qu'en son vrai sens il croyait orthodoxe, comme l'était en effet son intention. « La soumission du cœur, si pure soit-elle, dit à ce propos M. l'abbé Vacandard (1), ne corrige pas toujours les travers de l'esprit. Accoutumé dès longtemps à jouer avec les mots et à les plier à sa fantaisie, Abélard était devenu à peu près incapable de saisir la contradiction logique qui existe entre les explications qu'il donnait des mystères et l'expression exacte du dogme. Cet état psychologique était une infirmité, personne ne lui en fit un crime. » La tradition doctrinale était maintenant pleinement sauvegardée par la décision venue de Rome ; saint Bernard jugea donc préférable de ne pas exaspérer l'infortuné dialecticien par une implacable persécution jusque dans ses illusions dernières. Il garda le silence sur l'*Apologie* d'Abélard et le laissa terminer en paix, dans l'asile qu'il s'était choisi, son existence tourmentée.

Cet asile n'était autre que Cluny même. L'enseignement public était désormais interdit à maître Pierre, et d'ailleurs la fatigue et la souf-

---

(1) Ouvrage cité, t. II. p. 174.

france pesaient lourdement sur son corps et sur son âme. Il était assuré de trouver auprès de Pierre-le-Vénérable, non seulement le repos avec les plus grands égards, mais encore toutes les facilités pour l'étude, et l'emploi même de son génie didactique et de sa vocation professorale. L'abbé de Cluny accueillit avec joie, si même il ne la provoqua par ses exhortations, la demande de perpétuelle hospitalité qui lui fut faite par Abélard, et il résolut, décision agréable à tous deux, d'utiliser sa science pour l'instruction des novices et des religieux de Cluny. Il écrivit au Souverain Pontife en termes pressants pour obtenir son assentiment à cette charitable interprétation de la sentence romaine, et Innocent II, qui avait autrefois donné des marques d'estime et d'affection à l'illustre dialecticien, aujourd'hui proscrit, et qui regrettait peut-être un peu sa sévérité d'hier, le lui accorda sans difficulté. Abélard, tout en pratiquant à Cluny, avec une édifiante exactitude et comme un simple religieux, la règle du monastère, y fut traité par Pierre et ses moines en écolâtre de l'abbaye, abbé lui-même par son titre de Saint-Gildas. Son activité intellectuelle était toujours remarquable, mais sa santé pliait de plus en plus sous le poids des chagrins et des infirmités. Il fut atteint d'une maladie de peau qui acheva de l'exténuer. Espérant qu'un changement d'air pourrait ranimer ses forces, Pierre-le-Vénérable, avec une touchante sollicitude, l'envoya au prieuré de Saint-Marcel, sur les bords de la Saône, dans une des situations les plus agréables et les plus salubres de la Bourgogne. C'est là que Pierre Abélard devait trouver le terme de son existence inquiète. Il y expira dans les plus vifs sentiments de piété, le 21 avril 1142, à l'âge de soixante-trois ans (1).

Cette nouvelle fut pour le Paraclet et surtout pour son abbesse le sujet d'une bien grande douleur. Le bon abbé de Cluny jugea, non sans raison, que la meilleure consolation pour Héloïse serait l'expression des sentiments qu'il avait conçus pour l'hôte illustre de son monastère, et le récit de ses derniers jours. Il lui écrivit une longue lettre où il exprime tout d'abord, avec une sincérité pleine de candeur, malgré la recherche, çà et là un peu ridicule, d'érudition et d'expression qui est la marque de son temps, son admiration pour Héloïse elle-même.

« J'étais encore un adolescent, dit-il (2), je

(1) Cf *Petri Venerabilis epistolarium* lib. IV, epist. IV, dans Migne, recueil cité, p. 306. — Vacandard, ouvrage cité, t. II, pp. 172, 173. — Rémusat, ouvrage cité, t. I, pp. 256, 257.

(2) *Petri Venerabilis epistolarium*, lib. IV, epist. XXI, recueil cité, p. 347 et suiv. — Demimuid, ouvrage cité, p. 168 et suiv.

n'étais pas sorti des années de la jeunesse, lorsque la renommée de votre vie studieuse et de vos louables travaux vint à ma connaissance. On disait qu'une femme de notre temps, vraie merveille, s'adonnait tout entière à la culture des lettres, à la recherche de la sagesse — c'était encore la sagesse profane — et ne pouvait être distraite de son application aux arts utiles par les séductions du monde, par ses frivolités ou ses plaisirs. Tandis que le monde presque entier, fuyant la peine, s'endort dans une honteuse paresse, tandis que la sagesse ne sait plus où poser le pied, non-seulement chez les femmes, qui la tournent en raillerie, mais chez les hommes eux-mêmes, votre passion pour l'étude vous élevait, je ne dis pas au-dessus de toutes les femmes, mais au-dessus de la plupart des hommes. Bientôt, Celui qui vous avait mise à part dès votre naissance et dont la grâce vous avait appelée, vous a conduite à meilleure école, et vous avez échangé la logique contre l'Evangile, la physique contre l'Apôtre, Platon contre le Christ, l'académie contre le cloître ; en un mot, vous êtes vraiment aujourd'hui une femme philosophe. »

Ecrivant à une telle femme, le bon abbé se fait un devoir de s'élever aux plus hauts sommets du style mythologique et biblique. Il ne tarde pas à comparer Héloïse à Penthésilée, reine des Amazones, et à Débora, la prophétesse, dont l'une, à la tête de son armée de femmes, combattit pour défendre Troie, dont l'autre suscita contre les ennemis de son peuple Barach, juge d'Israël, et mit à mort elle-même le chef païen Sisara. Puis, jouant sur le nom de Débora : « Vous n'ignorez pas, dit-il, vous dont l'érudition est si vaste, qu'en hébreu Débora signifie une abeille. Vous serez donc une Débora, c'est-à-dire une abeille. Ce miel que vous avez recueilli de tous côtés et à grand'peine, vous ne le garderez pas pour vous seule ; vous le distribuerez en bons exemples, en bonnes paroles, à vos sœurs et à toutes les âmes qui se présenteront à vous. » — Il est mieux inspiré lorsque, laissant parler son cœur, il ajoute qu'il porte envie au Paraclet : « Plût à Dieu, s'écrie-t-il, que notre Cluny vous possédât, que l'aimable prison de Marcigny (1) vous tînt enchaînée avec les autres servantes du Christ dans l'attente de la liberté céleste ! J'aurais préféré vos trésors de science et de piété à toutes les richesses des rois ; j'aurais été fier de vous voir ajouter par

---

(1) Couvent de religieuses, de l'Ordre de Cluny, où la mère même de Pierre-le-Vénérable, Raingarde, avait terminé ses jours. Cf. Demimuid, ouvrage cité, pp. 23 et suiv., 147 et suiv.

votre présence à l'éclat de cet illustre communauté. Et pour vous-même, que de sujets d'édification ! la noblesse et l'orgueil mondains foulés aux pieds ; le luxe du siècle abandonné pour la pauvreté ; des vases du démon, autrefois pleins d'ordures, changés en temples très purs de l'Esprit-Saint ; des vierges de Satan, devenues les vierges de Dieu, arrachées au monde et à ses mensonges, occupées à bâtir, sur le fondement de l'innocence, l'édifice de leurs vertus, et à en élever le faîte jusqu'au plus haut des cieux ! Quelle joie pour vous de contempler ces âmes angéliques, ces fleurs de pureté, associées à de chastes veuves, attendant avec elles la gloire de la bienheureuse résurrection, et ensevelies, même de corps, dans l'étroite enceinte du cloître, comme dans le sépulcre de l'immortelle espérance ! »

Il vient ensuite, par une transition très aimable, à l'expression de ses sentiments pour Abélard : « Si, dit-il, la divine Providence vous a refusée à nous, elle nous a du moins accordé celui qui vous est cher et dont le nom sera toujours prononcé ici avec honneur, maître Pierre, ce vrai serviteur et philosophe du Christ, don plus précieux pour nous que l'or et le topaze. Tout Cluny rend témoignage de l'humble, pieuse et sainte vie qu'il a menée dans ce monastère.

Je ne pense pas avoir vu jamais son pareil pour l'humilité de la mise et de l'attitude. Il égalait saint Germain par son amour de l'abjection, saint Martin par son amour de la pauvreté. Dans la nombreuse communauté de nos frères, je l'obligeais à tenir le premier rang : son extérieur négligé le faisait prendre pour le dernier de tous. Je l'admirais souvent, mais surtout dans les processions, lorsque je le voyais marcher devant moi au milieu des autres moines : je me demandais alors comment un homme d'un si grand nom pouvait se mépriser et s'abaisser de la sorte. On voit des religieux profès qui ne trouvent jamais leur costume assez beau : pour lui, rien de trop simple ; le premier vêtement venu, pourvu qu'il le couvrît, lui paraissait suffisant. C'était la même modération dans le boire et le manger, dans tous les soins du corps ; ses discours et ses exemples condamnaient, je ne dis pas le superflu, mais ce qui n'était pas absolument nécessaire. Il lisait sans cesse, priait souvent, parlait peu, excepté dans les conférences qu'il faisait familièrement aux frères, ou dans les sermons qu'on l'obligeait à prêcher devant la communauté. Il fréquentait les sacrements célestes et offrait à Dieu le sacrifice de l'immortel agneau, toutes les fois qu'il le pouvait, et c'était presque tous les jours, depuis que j'eus obtenu, par mes prières et mes instances, sa réconciliation avec le Saint-Siège. Tout ce qu'il avait d'intelligence, de voix, d'activité, appartenait à la théologie, à la philosophie, à l'érudition, qui faisaient le constant objet de ses méditations et de son enseignement. Tel nous l'avons vu au milieu de nous, simple et droit, craignant Dieu, fuyant le mal ; tel il fut aussi dans les derniers jours de sa vie, à Saint-Marcel.

« Là, autant que le permettaient ses infirmités, il reprit ses anciennes études ; toujours penché sur ses livres, à l'instar du grand saint Grégoire, il ne laissait passer un seul instant sans prier, sans lire, écrire ou dicter. C'est au milieu de ces saintes occupations que le Visiteur évangélique vint le trouver ; il ne dormait pas, il veillait, et quand sonna l'heure des noces éternelles, il put s'y rendre comme les vierges sages. Il tenait à la main sa lampe pleine d'huile : c'était sa conscience, qui rendait témoignage de la sainteté de sa vie. Car il fallut qu'il payât le commun tribut à la nature ; la maladie fit les plus rapides progrès, et en peu de temps, le mit à l'article de la mort. Avec quelle sainteté, quelle dévotion, quels sentiments chrétiens, il fit d'abord sa profession de foi et ensuite l'aveu de ses fautes ; avec quelle effusion de cœur il reçut le viatique du dernier pèlerinage, le gage de l'éternelle vie, en un mot le corps du Dieu rédempteur ; avec quelle résignation il lui recommanda son corps et son âme pour l'éternité, nous en avons le témoignage de nos frères, les religieux du couvent de Saint-Marcel, où il rendit le dernier soupir. C'est ainsi que maître Pierre a terminé sa vie. Sa singulière autorité dans la science avait porté son nom dans l'univers presque entier, et partout où il était connu, il était illustre. Il avait pour maître celui qui a dit : « Apprenez de moi que je suis doux et humble de cœur ; » il imita sa douceur et son humilité, et mérita par là, il est juste de le croire, d'aller d'ici-bas vers lui. Ainsi donc, vénérable et chère sœur en Dieu, celui dont vous aviez été la compagne selon la chair, et qui vous fut plus tard uni par les liens meilleurs et plus forts de la divine charité, celui qui vous apprit à servir le Seigneur, celui-là, le Seigneur, à votre place et comme un autre vous-même, le réchauffe dans son sein et le garde pour vous le rendre par sa grâce, au jour de sa venue, quand retentiront la voix de l'archange et la trompette annonçant Dieu descendant du ciel. »

Non content de ces éloges en une prose parfois trop poétique, le pieux et affectueux abbé de Cluny composa pour maître Pierre l'épitaphe suivante en vers hexamètres : « Le Socrate de la Gaule, le Platon de l'Occident, notre Aristote ; de tous les logiciens qui furent jamais on l'égal ou le supérieur ; reconnu de tout l'univers comme le prince des études ; génie varié, subtil, pénétrant, surmontant toutes les difficultés par la force du raisonnement et l'habileté du langage : voilà ce qu'était Abélard. Mais son plus beau triomphe, ce fut le jour où adoptant la vie et la discipline monastique de Cluny, il embrassa la véritable philosophie, celle du Christ. C'est sous de tels auspices que, nous donnant le ferme espoir qu'il serait compté au ciel parmi les élus, ces vrais philosophes, il acheva sa longue vie, le dernier jour des calendes de mai (1). »

Abélard avait été enseveli d'abord au prieuré de Saint-Marcel, mais, conformément à la vo-

---

(1) *In epitaphio Petri Abœlardi versus.*
Gallorum Socrates, Plato maximus Hesperiarum,
Noster Aristoteles, logicis quicumque fuerunt
Aut par aut melior : studiorum cognitus orbi
Princeps, ingenio varius, subtilis et acer,
Omnia vi superans rationis et arte loquendi,
Abœlardus erat. Sed tunc magis omnia vicit,
Cum Cluniacensem monachum moremque professus,
Ad Christi veram transivit philosophiam,
In qua longævæ bene complens ultima vitæ,
Philosophis quandoque bonis se connumerandum
Spem dedit, undenas Maio renovante Kalendas.
Migne, t. CLXXXIX, p. 1022. Cf. Vacandard, *Abélard*, pp. 163, 164.

lonté qu'il avait exprimée depuis longtemps, Pierre-le-Vénérable, par un dernier acte de sympathie efficace, fit enlever secrètement sa dépouille mortelle et la transporta lui-même au Paraclet. Au dessus du tombeau Héloïse fit suspendre l'attestation suivante, rédigée sur sa demande toute spéciale et conforme à un usage assez singulier de cette époque (1) : « Moi Pierre, abbé de Cluny, qui ai reçu Pierre Abélard dans le monastère de Cluny et cédé son corps à l'abbesse Héloïse et aux religieuses du Paraclet, par l'autorité de Dieu tout-puissant et de tous les saints, je l'absous d'office de tous ses péchés (2). »

L'écho, sans doute assez faible, de la mort de maître Pierre, considéré spécialement comme abbé de Saint-Gildas, ne nous est parvenu que dans cette brève mention de la chronique de Ruis, à l'année 1141 (au lieu de 1142) : « Mort de Pierre Abélard, abbé de Saint-Gildas de Ruis. Ordination de l'abbé Guillaume. » Les

---

(1) Cf. à ce sujet les doctes explications du religieux de Saint-Maur, auteur du manuscrit français 16822, p. 624 et suiv.

(2) Cf. Rémusat, ouvrage cité, pp. 260, 261. — Vacandard, *Abélard*, pp. 162, 163. — On sait que par suite de translations successives, dont la série n'est peut-être pas d'une certitude absolue, le tombeau d'Abélard et d'Héloïse figure aujourd'hui au cimetière du Père-Lachaise à Paris.

moines de la vieille abbaye bretonne qui, pendant son séjour chez eux, lui avaient rendu la vie si dure, regrettèrent peut-être alors cet abbé qui, toujours absent, ne les gênait plus. A mesure que le temps s'écoula, par un phénomène assez naturel, sa mémoire devint de plus en plus en honneur dans le monastère qu'elle illustrait. On y conserva jusqu'à la Révolution une prétendue chaire d'Abélard, d'où il aurait enseigné ses religieux, et dont le siège couvrait une armoire destinée, disait-on, à recevoir ses livres usuels. Le bon religieux de Saint-Maur, auteur de l'ouvrage manuscrit sur Saint-Gildas déjà cité par nous et où nous puiserons encore, s'est fait très nettement son apologiste, et de nos jours la même tendance est assez sensible dans la petite, mais consciencieuse et intéressante *Histoire de Saint-Gildas de Ruis*, par M. l'abbé Luco (1).

(1) Chapitre X, p. 208 et suiv.

IV

L'ABBAYE JUSQU'A LA RÉVOLUTION. — LA RÉFORME DE SAINT-MAUR.

A la différence de son illustre et turbulent prédécesseur, l'abbé Guillaume n'a pas fait grand bruit dans le monde. L'histoire du moins ne connaît de lui que la mention de son avènement par la chronique de Ruis. Elle n'en sait guère davantage sur ses successeurs de ce temps-là et même des époques suivantes. L'abbaye de Saint-Gildas tombe désormais dans une longue période de vie crépusculaire, qui ne laisse pas d'être de temps à autre traversée de lueurs plus vives et animée de scènes intéressantes. Il semble tout d'abord raisonnable d'admettre que sous Guillaume et sous Guethenoc-Judelet, qui prit sa place en 1161, l'attention de l'autorité ecclésiastique, attirée sur les désordres du vieux et célèbre monastère par les virulentes lamentations d'Abélard, se prêtant aussi au mouvement général de régénération parti de Citeaux, et si ardemment soutenu par le zèle de saint Bernard, ramena Saint-Gildas à un plus honorable état de choses. C'est une conséquence qui se tire naturellement d'une charte de la duchesse Constance de Bretagne, souscrite à l'abbaye même pendant un séjour qu'elle y fit au mois de mai 1189. Elle se déclare grandement édifiée de l'ordre et de la piété avec lesquels s'y célébrait l'office divin, ce qui l'avait engagée à demander aux religieux de lui accorder l'agrégation spirituelle connue sous le nom de « commun bénéfice », et en retour de cette concession, elle leur fait une donation importante de divers droits de propriété ou de jouissance, notamment dans la ville d'Auray. De là très probablement l'origine du prieuré de Saint-Gildas d'Auray et du patronage exercé par l'abbaye de Ruis sur l'une des églises paroissiales de cette ville, celle qui demeure encore aujourd'hui placée sous le vocable du grand saint celtique (1).

Au sujet de l'association de prières appelée « commun bénéfice », le bon religieux de Saint-Maur, auteur de l'ouvrage manuscrit déjà plusieurs fois cité, fait, en guise de commentaire à la charte de Constance, des remarques et des rapprochements qui ne manquent pas d'inté-

(1) Cf Ms fr. 16.822, pp. 638, 640. — Luco, ouvrage cité, pp. 231, 232, 325, 349.

rêt (1). Nous en citerons quelques lignes :

« De cette chartre, dit-il, je tire la loüable coustume qu'avoient autrefois les ducs et duchesses de Bretagne de prendre des lettres d'association avec les religieux de ce monastere. Or, cette coustume n'estoit autre, sinon de se recommander aux prieres des religieux, ce qu'ils appelloient *commune beneficium*, c'est à dire que si celuy qui estoit ainsy enroolé venoit à deceder, l'abbé et ses religieux estoient obligez de prier Dieu comme si c'eust esté un du monastere ; et non seulement les ducs et duchesses se recommandoient de la sorte aux prieres des religieux, mais mesme les roys de France, comme aussy tous les seigneurs et les dames de la province tenoient à faveur d'estre admis à ce benefice commun que je viens de dire. Nous avons une belle preuve de cela dans le cartulaire de Sainct Melaine (de Redon)... Les noms... tant (des) bienfacteurs que (des) religieux qui participoient au benefice commun et jouissoient du droict de fraternité ou association,... estoient escrits dans la Regle. D'où nous apprenons que dans chacque monastere il y avoit un livre dans lequel estoient escrits 1° la regle de sainct Benoist, qu'on lisoit tous les jours ; 2° le calendrier des festes et jours de l'année ; 3° le martyrologe, et en 4° lieu le cata-

(1) Ms. fr. 16822, pp. 639-643.

logue des bienfacteurs et des religieux, selon le jour qu'ils estoient decedez, et desquels il falloit faire l'anniversaire. Ce catalogue des bienfacteurs et des religieux defuncts qui avoient lettres de commun benefice, association, droict de fraternité ou filiation, s'appeloit Regle ou Martyrologe, d'autant qu'il estoit joinct et escrit dans le mesme livre qui contenoit la regle et le martyrologe. Quelquefois il s'appeloit Mortiloge, Necrologe et Annal, dans lequel on escrivoit les singuliers bienfaicts que les fondateurs avoient conferez au monastere, que l'on recitoit à haute voix ; avec quelles prieres et suffrages il falloit faire leurs anniversaires. et avec quelle solennité on devoit les celebrer. Et pour cet effect, si tost qu'ils estoient decedez, on en donnoit advis à l'abbé, qui faisoit escrire le jour de leur deceds dans le livre du chapitre. »

Cette duchesse Constance, ainsi associée aux prières des religieux de Saint-Gildas, marque un point important dans l'histoire de Bretagne. Fille de Conan IV, son mariage avec Geoffroi, fils de Henri II, roi d'Angleterre, qui devint duc sous le nom de Geoffroi II, transféra le duché breton à la dynastie des Plantagenet, déjà maîtresse de l'Anjou, de la Normandie et de la Guyenne, et qui menaçait ainsi de supplanter dans l'Europe occidentale et jusque sur la terre française la dynastie capétienne. Mais ses discordes intestines écartèrent ce danger. Artus de Bretagne, fils de Constance et de Geoffroi, fut assassiné par son oncle Jean-sans-Terre, et ce meurtre fournit à Philippe-Auguste l'occasion d'une victorieuse offensive contre la maison rivale. Entre autres fruits de ses victoires, ce grand politique ramena la Bretagne dans le cercle de son influence, en y installant sur le trône ducal une branche de sa propre dynastie. La duchesse Constance, après la mort du duc Geoffroi, avait épousé Guy de Thouars, et en avait eu deux filles. Philippe maria la première, nommée Alix, avec un prince français, Pierre de Dreux, arrière petit-fils de Louis-le-Gros, qui fut reconnu régent de Bretagne, où il exerça l'autorité ducale jusqu'à la majorité de son fils aîné. Pierre de Dreux avait, paraît-il, été destiné d'abord à l'Eglise, et il avait même commencé à étudier dans cette intention aux célèbres écoles de Paris.

Mais son ambition était tout autre et de cette cléricature manquée il lui demeura le surnom de Mauclerc (mauvais clerc), qu'il s'attacha, pour ainsi dire, à mériter tout-à-fait, durant son règne en Bretagne, par les exactions et les violences dont il accabla le clergé séculier et régulier. Avec de belles facultés politiques et militaires,

Pierre Mauclerc avait le terrible tempérament de ces barons diaboliques que l'on voit figurer dans quelques chansons de gestes ou autres récits du moyen âge. Non seulement il agit en vrai tyran dans son duché, mais il fut l'âme des conjurations féodales formées contre Blanche de Castille durant la minorité de saint Louis, et ce fut contre lui que le jeune roi fit ses premières armes au siège de Bellême en Perche (janvier 1229). Après bien des guerres, bien des ligues, bien des fourberies, bien des cruautés, il essaya de racheter ses forfaits en Terre-Sainte. Chef de la croisade de 1238, il fut, en 1249, l'un des principaux lieutenants de saint Louis dans l'expédition d'Egypte. Joinville nous a laissé de ce terrible guerrier un portrait immortel, saisi, pour ainsi dire, au vif et au vol pendant la journée de Mansoura.

« Nous vînmes, dit le bon sénéchal de Champagne, à un ponceau qui était sur le ruisseau, et je dis au connétable que nous demeurassions pour garder ce ponceau ; « car, si nous le laissons, ils se jetteront sur le roi par deçà ; et si nos gens sont assaillis de deux côtés, ils pourront bien succomber. » Et nous fîmes ainsi... Tout droit, à nous qui gardions le ponceau, vint le comte Pierre de Bretagne, qui venait tout droit de devers Mansoura, et était blessé d'un coup d'épée au visage, en sorte que le sang lui tombait dans la bouche. Il était sur un cheval bas, bien membré ; il avait jeté ses rênes sur l'arçon de sa selle et le tenait à deux mains, de peur que ses gens qui étaient derrière, qui le pressaient fort, ne le fissent aller plus vite que le pas. Il semblait bien qu'il les prisât peu ; car, quand il crachait le sang de sa bouche, il disait très souvent : « Hé bien ! par le Chef-Dieu, avez-vous vu de ces goujats ? » A la fin de son corps de bataille, venaient le comte de Soissons et monseigneur Pierre de Neuville, que l'on appelait Caier, qui avaient essuyé assez de coups cette journée. » — Fait prisonnier avec saint Louis dans la désastreuse retraite de l'armée chrétienne, Pierre Mauclerc, tout-à-fait à bout de forces, fut du nombre des seigneurs qui s'embarquèrent pour l'Europe aussitôt que la liberté leur fut rendue. « Ils montèrent sur leurs galères et s'en vinrent en France, et emmenèrent avec eux le bon comte Pierre de Bretagne, qui était si malade qu'il ne vécut que trois semaines, et mourut en mer (1). »

(1) Jean, sire de Joinville. *Histoire de saint Louis*. Edition N. de Wailly. Paris, Firmin-Didot, 1874, gr. in-8, §§ 236, 237, 379 ; pp. 130, 131, 206, 207. — Cf. *Saint Louis* par Marius Sepet dans la collection « Les Saints ». Paris, Victor Lecoffre, 1898, in-12, pp. 49, 131-133. — Dom Maurice, *Histoire de Bretagne*, livres III et IV, t. I, pp. 114 et suiv., 140 et suiv. — Elie Berger, *Histoire de Blanche de Castille*. Paris, Thorin, 1895, in-8, *passim*.

Le « bon comte Pierre » en qui Joinville, lui-même haut baron féodal, considère plus volontiers le valeureux chevalier, son compagnon d'armes, que le prince tyrannique et cruel, fut sans aucun doute beaucoup moins regretté par ses anciens sujets de Bretagne, surtout par les églises et les monastères. Son fils Jean Ier, dit le Roux, suivit d'ailleurs à leur égard, quoique peut-être avec un peu moins de scélératesse, les traditions paternelles. Du vivant même de Pierre et sous sa régence, il avait traité fort cavalièrement les droits de l'abbaye de Saint-Gildas dans la presqu'île de Ruis. Le château de Sucinio, qu'il construisit en 1229 dans cette presqu'île, avait besoin d'un beau parc. Il fit enclore à cet effet une bonne partie de la forêt de Ruis où le monastère avait droit d'usage. De plus, non loin de Sucinio, se trouvait un prieuré dépendant de Saint-Gildas ; mais comme, dit la chronique de Saint-Brieuc, le voisinage de ces moines lui déplaisait, il le fit tout simplement raser. Il est vrai qu'en compensation il fonda et dota, un peu plus tard, au diocèse de Vannes une nouvelle abbaye, celle de Prières, mais elle fut rattachée à l'ordre de Cîteaux. Soit qu'ils aient fait contre mauvaise fortune bon cœur, soit qu'ils aient obtenu dès lors quelques dédommagements partiels, l'abbé de Saint-Gildas et ses moines semblent dans la suite avoir vécu en fort bons termes avec l'abbaye de Prières et avec leur redoutable voisin de Sucinio. Plusieurs enfants du duc Jean, morts au nouveau château, sa résidence favorite, furent enterrés dans l'église de l'abbaye, où leurs pierres tombales se voient encore. Le duc lui même, revenu dans sa vieillesse à de meilleurs sentiments, témoigna sa bonne volonté aux religieux en chargeant ses exécuteurs testamentaires de réparer en son nom les torts qu'il leur avait faits. Ces bonnes relations continuèrent sous son petit-fils et successeur Jean II, lequel par son testament, fait au mois de septembre 1302, et dont l'original se trouve, paraît-il, aux archives de Nantes, légua une somme de cinquante livres à l'abbaye de Ruis, avec charge de célébrer pour lui, chaque année, un service anniversaire le jour de son obit (1).

La proximité de l'une des principales résidences ducales paraît, du reste, n'avoir pas été désormais sans un réel avantage pour les intérêts temporels de l'abbaye, que les princes bretons prirent volontiers sous leur sauvegarde. Elle eut, il est vrai, comme toute la Bretagne,

---

(1) Cf. Luco, ouvrage cité, pp. 233-237. — Ms. fr. 16822. pp. 643-646. — Dom Maurice, livre V, p. 189.

beaucoup à souffrir de la longue guerre de succession engagée entre Charles de Blois et Jean de Montfort, et perdit notamment, à deux reprises, pendant ces années de troubles sanglants les copies authentiques de ses titres de propriété. Mais Charles de Blois pendant son règne contesté, et, après sa mort, son victorieux compétiteur Jean de Montfort, se montrèrent l'un et l'autre très bien disposés à écouter les plaintes et réclamations des abbés de Saint-Gildas et à y faire droit. Cette bienveillante protection devint une tradition dans la maison ducale, et la duchesse Anne, qui en avait donné personnellement une marque éclatante, en confirmant solennellement tous les droits réels et tous les titres, même légendaires, du vieux monastère celtique, transmit cette tradition, avec son duché, à la maison royale de France, qui y demeura fidèle (1).

Cette protection de l'autorité souveraine était d'autant plus précieuse à l'abbaye, que les droits de propriété et de juridiction étaient extrêmement compliqués dans l'enchevêtrement féodal et coutumier de l'ancienne France. Ducs ou rois

---

(1) Cf. Luco, ouvrage cité, pp. 238 et suiv.; 218 et suiv., 267 et suiv. Les droits et privilèges de l'abbaye furent notamment confirmés par des lettres patentes de Henri III (octobre 1587), Henri IV (juillet 1604), Louis XIII (avril 1616) et Louis XIV (septembre 1650).

eurent souvent lieu de l'exercer contre leurs agents. Tel fut le cas, par exemple, dans la circonstance notée en ces termes par le bon religieux de Saint-Maur : « L'an 1470 ou environ, le duc François, second du nom, aprez avoir estably une foire le jour de sainct Armel, seiziesme d'aoust, audict lieu de Sainct Armel, dependant de l'abbaye de Sainct Gildas, les officiers (de la juridiction ducale, puis royale) de Sarzau ou de Ruys (car c'est le mesme) voulurent troubler les officiers de l'abbaye et voulurent empescher le droict tant de police que de justice qu'ils ont audict lieu. C'est pourquoy les religieux s'adresserent au duc » qui donna tort à ses officiers. « Nous jouissons encor à present, ajoute notre auteur (1) de tous ces droicts et privileges, car, le jour de la foire, nous avons plusieurs droicts, et nos officiers ont coustume de s'y trouver, afin d'obvier aux desordres qui pourroient arriver. Les officiers de Ruys ou Sarzau ont eu de tout temps ces privileges à contre cœur, et ont tasché de troubler les religieux en l'exercice d'iceux, mais lesdites religieux ont obtenu divers arrests à cet effect. »

Parmi les dépendances spirituelles et possessions temporelles de l'abbaye de Ruis, il en est

(1) Ms. fr. 16822, p. 668. — Cf. Luco, ouvrage cité, p. 247.

une qui a conservé jusqu'à notre époque un caractère d'originalité particulière. Ce sont les deux petites îles de Houat et de Hœdic, situées en mer au sud de Saint-Gildas, entre Belle-Isle et la rade du Croisic.

Au temps de l'émigration bretonne elles durent être un séjour favori de méditation et de pénitence pour quelques-uns de ces saints celtiques, qui recherchaient si avidement de telles solitudes. C'est à Houat que la légende fait mourir saint Gildas, le fondateur de Ruis. Lors de la restauration du grand monastère par saint Félix au onzième siècle, il semble bien que des colonies monastiques furent envoyées dans les deux îles par cet abbé, et que saint Gulstan fit partie de celle qui occupa Hœdic sous la direction de Rioc. Il est certain, en tout cas, que Houat et Hœdic devinrent le siège de deux prieurés, dépendant de Saint-Gildas, et qui n'étaient pas sans importance. « Les ruines de ces deux prieurés, dont il reste encore quelques traces, dit M. l'abbé Luco (1), permettent de conjecturer qu'ils durent être considérables. La chapelle de celui de Houat était vaste et avait été solidement construite. Le sol de son enceinte a été fouillé et de nombreux débris humains se sont trouvés

---

(1) Ouvrage cité, p. 243.

mis au jour. Leur position était celle dans laquelle sont inhumés les prêtres. A cette église était jointe une maison de 25 à 30 mètres de longueur. Les restes des murs d'enceinte indiquent une propriété close de deux à trois hectares de surface. » A une époque indéterminée, mais qui semble se rapporter à la fin du quatorzième siècle ou au commencement du quinzième, une bande de pirates, dont ces parages étaient alors infestés, étant descendus dans les deux îles, « entrerent de force, dit notre religieux de Saint-Maur (1), dans les deux petits monasteres, emportant les calices, ciboires et tous les ornemens sacrez, avec tous les livres d'eglise et generallement tous les meubles et provisions qu'ils trouverent dedans ; ... de plus, battirent outrageusement les religieux et les chasserent de leurs monasteres, qu'ils ruinerent ou par le feu ou par le fer. » L'abbaye de Saint-Gildas ne jugea pas à propos de les relever et remplaça, pour le service religieux, les moines qu'elle avait jusqu'alors entretenus dans les deux îles par des pré-

---

(1) Ms. fr. 16822, p. 655. — Ce récit est tiré d'une bulle pontificale relative à ce forfait et alors conservée dans les archives de l'abbaye, mais dont malheureusement « les premieres lignes,... qui nous pouvoient donner connaissance du nom du pape qui fulmina cette excommunication, et aussi les dernieres, qui nous pouvoient apprendre l'année de la dabte d'icelle, sont tellement pourries et vermoulües que l'on ne peut rien en tirer. »

tres séculiers qu'elle y établit et pensionna. Elle y conserva d'ailleurs ses droits de propriété et de juridiction. Mais, en 1568, un voisin désagréable l'obligea de traiter avec lui à ce sujet.

« En ce temps, raconte notre religieux (1), estoit gouverneur de Belle Isle le sieur de Sourdeval, gentilhomme de Normandie, proche Mortagne, et de la religion pretendue reformée, qui ne faisoit que naistre, lequel jetta les yeux de sa concupiscence sur les deux isles Hoüat et Hedic, esgallement distantes de Belle Isle et de l'abbaye de Sainct Gildas de quatre à cinq lieües. Il creut qu'il luy seroit aysé de s'en accommoder, ayant la force en main, et ayant affaire à un abbé commendataire, qui ne residoit point en son abbaye, et à des moynes. Il ne voulut pas user de violence, mais les demanda à arrenter, se doutant bien qu'on ne les refuseroit pas, et aussy qu'en cas de refus, il sçavoit bien ce qu il auroit à faire. L'abbé et les religieux, dans cette conjoncture, craignant de perdre tout à faict leurs isles, et de peur de plus grande vexation, furent obligez de donner les mains. C'est pourquoy ils les luy laisserent, et donnerent en forme d'affeage, pour la somme de 80 livres par an (c'estoit un peu à trop bon marché), ce qui se passa l'an 1568.

(1) Ms. fr. 16822, p. 674.

« Dix ans aprez, comme les ecclesiastiques rent obligez pour la seconde foys d'aliener le bien de l'Eglise, le sieur de Sourdeval prit l'occasion au poil, et achepta de l'abbé Jean de Quistre, sieur de Tremouhart, et des religieux la dicte rente de 80 livres, estant encore contraincts de ce faire, crainte que le sieur de Sourdeval ne s'emparast de leurs isles de force, et qu'ils n'en eussent rien du tout. Cette vente et alienation se passa l'an 1578, et a duré jusques à 1628. » — En cette année, l'abbé Henri de Bruch, qui s'occupait avec beaucoup de zèle de recouvrer les anciennes possessions du monastère, résolut de revenir sur ce contrat, jugé par lui léonin. « Sçachant, dit notre religieux (1), que les isles de Hoüat et de Hedic avoient esté alienées à tres vil prix, il entreprit le retraict contre Messieurs le comte de Pouaillé, vicomte de Mortagne, et de Launay Razilly, heritiers de M'de Sourdeval... Le procès fut fort chaudement poursuivy par Monsieur de Bruch (2), et bien defendu par les detenteurs. La raison principale que le demandeur allegua, fut que l'allienation desdictes isles fut

(1) Manuscrit cité, p. 678.
(2) Syndic des Etats de Bretagne, père de l'abbé, et qui lui fut d'un grand secours dans ses revendications, ou, pour mieux dire, qui géra en son nom les intérêts de l'abbaye et eut l'initiative et le mérite de ces actes réparatoires.

faicte à un religionaire, contre la teneur de la bulle (1), laquelle fut trouvée si puissante, qu'elle fit adjuger le retraict desdictes isles à Mʳ l'abbé et aux religieux par un arrest, l'an 16?8. »

Une nouvelle aliénation, fort à noter, faillit avoir lieu une huitaine d'années plus tard. M. l'abbé Luco nous la rapporte en ces termes (2) : « Nicolas Fouquet, surintendant des finances, gouverneur de Belle-Isle, et qui avait amassé une fortune immense, convoita les îles de Houat, de Hœdic et de Glénan. Comme elles étaient souvent dévastées pendant les guerres, pillées par les pirates et presque sans revenus pour l'abbaye, l'abbé Michel Ferrand et les religieux les échangèrent avec lui, le 1ᵉʳ septembre 1660, contre sa seigneurie de Coëtcanton sur la paroisse de Malren, dans l'évêché de Cornouaille. Toutes ces îles ne rapportaient au monastère que 1500 livres par an, tandis que les revenus annuels de la seigneurie précitée s'élevaient à 3500 livres... L'échange était avantageux pour l'abbaye ; aussi fut-il approuvé par le supérieur général de la Congrégation (3). Mais le surin-

(1) Il s'agit de la bulle qui, pendant la Ligue, autorisa au profit de la cause catholique, l'aliénation des biens des églises et monastères de France. — Cf. Luco, ouvrage cité, pp. 262, 263.
(2) Ouvrage cité, pp. 280, 281.
(3) Il s'agit de la Congrégation de Saint-Maur, qui, comme nous le verrons, fut, au dix-septième siècle, mise

tendant des finances ayant été accusé de dilapidation, arrêté en 1661 par ordre de Louis XIV, jugé, condamné et enfermé dans la citadelle de Pignerol, où il mourut en 1680, le contrat passé entre les religieux et lui fut annulé par un arrêt de février 1665. »

L'abbaye de Saint Gildas de Ruis demeura donc en possession de la seigneurie temporelle comme du patronage spirituel des îles de Houat et de Hœdic. La vie des habitants fut loin d'y être toujours paisible. Ils éprouvèrent assez durement les effets des grandes guerres maritimes du dix-septième et du dix-huitième siècle. Néanmoins ils étaient relativement heureux sous le régime théocratique et patriarcal qui était leur coutume traditionnelle, et dont sans doute les chefs, à la fois temporels et spirituels, étaient leurs curés, vicaires perpétuels de l'abbaye (1).

« Il y a dans Houat cinquante hommes et trente dans Hœdic. écrit en 1764 l'abbé Expilly (2), qui, dans une vie très dure et très pénible, conser-

---

en possession de l'abbaye de Saint Gildas. — On peut se demander si dans les chiffres cités : 1500 l. et 3500 l., il ne s'est pas glissé un zéro de trop.

(1) Celle-ci pensionnait les curés, mais elle prélevait encore, au dix-huitième siècle, à titre de redevance, le quart de la récolte de froment dans les deux îles.

(2) *Dictionnaire géographique, historique et politique des Gaules et de la France*, t. III, p. 767, au mot *Hœdic*.

vent encore la force et la vigueur des hommes des premiers siècles, étant bien constitués et presque tous de très grande taille. » De son côté Ogée, à l'article *Houat* de son *Dictionnaire de Bretagne*, s'exprime en ces termes : « L'abnégation de tous les vices, une vie laborieuse, la frugalité, la salubrité de l'air et la bonté des eaux les font jouir d'une santé constante, d'un corps robuste et de la longévité qui en est la suite (1). »

Ce qui est curieux et digne d'attention, c'est que le régime tout particulier des deux îles a survécu à la période révolutionnaire et s'est perpétué presque jusqu'à nos jours sous l'administration paternelle des recteurs des deux paroisses. « Dans chacune de ces deux îles, dit M. l'abbé Luco (2), le curé ou recteur est à la fois maire, juge de paix, percepteur, notaire, syndic des gens de mer, etc. Il gouverne son petit royaume, aidé des vieillards les plus considérés, formant une espèce de conseil des anciens. »

Les contrats ci-dessus mentionnés au sujet de Houat et de Hœdic furent passés, nous l'avons

---

(1) Nous empruntons cette dernière citation à l'intéressante monographie de M. François Escard : *Paroisses et communes autonomes. Hœdic et Houat* (Extrait de la *Revue générale internationale*, janvier 1897), p. 9. On y trouve une description détaillée de l'état actuel de Hœdic.
(2) Ouvrage cité, p. 244, note 1.

vu, au nom du monastère de Ruis, par des abbés dits *commendataires*. En effet, comme la généralité des abbayes bénédictines du moyen âge, celle de Saint-Gildas était tombée en *commende*, c'est-à-dire que la mense abbatiale, définitivement et radicalement séparée de la mense conventuelle, était attribuée, avec ses revenus et ses charges, mais à titre de bénéfice propre et individuel, à un personnage ecclésiastique quelconque, privé désormais de toute juridiction spirituelle sur les religieux dont il demeurait censé l'abbé, mais dont le véritable chef était maintenant leur prieur claustral. Le concordat passé entre François Ier et Léon X accorda au pouvoir royal la collation des bénéfices de ce genre les plus importants. Si la commende précipita la décadence des anciennes institutions bénédictines, elle avait souvent commencé par en être l'effet avant d'en devenir la cause. Elle exista d'ailleurs en fait avant d'être érigée en règle habituelle et canonique. Nous en avons vu comme une première esquisse dans la personne d'Abélard, lors de sa séparation d'avec ses moines. A la fin, la transition fut parfois presque insensible. Ce fut le cas, ce semble, à Saint-Gildas de Ruis, où, quant à la vie monastique, il n'y a vraiment pas lieu de distinguer entre le dernier abbé régulier, Robert Guibé (1506-1513), et le premier abbé commendataire, André Hamon (1513-1526). Ecoutons M. l'abbé Luco (1) :

« Robert Guibé était neveu de Pierre Landays, trésorier de Bretagne et favori du duc François II. Ce dernier le chargea, en 1484, bien que jeune encore, d'une mission auprès du Souverain Pontife Innocent VIII. Il fit, devant le Pape, une magnifique harangue latine et fut créé, n'ayant que 18 ans, cardinal du titre de Saint-Anastase. Successivement évêque de Troyes, de Rennes et de Nantes, il fut pourvu de l'abbaye de Ruis à la translation de Pierre de Brignac (son prédécesseur) à l'abbaye de Redon. Il fut en même temps abbé de Saint-Melaine de Rennes et de Saint-Mathieu. A la prière de la duchesse Anne, alors reine de France, il fut nommé administrateur de l'évêché de Vannes, le 26 février 1511. Le roi Louis XII, dont il était conseiller, l'envoya aussi en mission à Rome, auprès du pape Jules II. Il assista au concile général de Latran ; mais le roi l'ayant soupçonné d'être plus pour le Pape que pour lui, lui retira sa faveur et le priva des revenus de tous ses bénéfices en France. Il resta à Rome, vivant d'une cotisation faite en sa faveur par le Sacré-Collège, y mourut à l'âge de 47 ans,

---

(1) Ouvrage cité, pp. 353, 354.

en 1513, et fut enterré dans l'église de Saint-Yves-des-Bretons...

« André Hamon, neveu de Robert Guibé et frère de François Hamon, évêque de Nantes, était chanoine de Rennes et abbé de Saint-Gildas de Ruis et de Saint-Gildas-des-Bois. A la sollicitation du roi de France et de la reine Claude, il élu évêque de Vannes et reçut ses bulles de Rome ; mais en lui cédant son siège, le 11 décembre 1514, le cardinal Laurent Pucci s'était réservé le titre d'évêque de Vannes et la nomination des vicaires généraux, par l'entremise desquels il gouverna le diocèse jusqu'à la mort d'André Hamon, le 26 septembre 1531. Aussi Hamon, bien qu'ayant reçu la consécration épiscopale, n'avait-il que l'ombre de cette dignité et n'était il nommé ordinairement qu'André, élu évêque de Vannes. En 1526, il établit le frère Julien Sorel, qui était prieur claustral, son vicaire général pour le temporel et le spirituel de l'abbaye. »

Il est même juste et intéressant de constater que le premier abbé commendataire de Saint-Gildas, sans s'immiscer dans le régime intérieur du monastère, prit intérêt et part personnelle, beaucoup plus, ce semble, que le dernier abbé régulier, toujours absent, aux manifestations extérieures et aux cérémonies religieuses de l'abbaye. « Les processions des Rogations, dit M. l'abbé Luco (1), attirèrent beaucoup de monde à Saint-Gildas en 1523, parce qu'André Hamon, évêque de Vannes et abbé du monastère, les présida pontificalement avec la crosse et la mitre des anciens abbés, conservées au trésor de l'église. Pendant son séjour à l'abbaye, il bénit une cloche qu'il avait fait fondre ; c'était la moindre des deux grosses de la tour. Ce fut lui qui, vers cette époque, établit à Saint-Gildas la fête solennelle du *Craizo* (2). Voici quelle en fut l'occasion. A un certain jour de l'année, les Vannetais avaient l'habitude de se rendre en pèlerinage à l'église de Saint-Gildas et à la chapelle de Notre-Dame-du-Confort, dans l'île de Hœdic. Or, une tempête s'étant une fois subitement élevée pendant que les pèlerins étaient sur mer, cinq navires chargés de monde firent naufrage sans que personne pût être sauvé. Pour empêcher le retour de pareils malheurs, le prélat supprima le pèlerinage et lui substitua la grande fête du Craizo, au dimanche qui précède le 24 juin ou la Nativité de saint Jean Baptiste. Les habitant de Ruis continuèrent, jusqu'à la grande

(1) Ouvrage cité, pp. 251, 252.
(2) « On prétend, ajoute en note M. l'abbé Luco, que, à cette époque, ce mot breton signifiait le milieu de l'année. »

Révolution française, à accourir à cette solennité. »

La procession des Rogations que présida, en 1523, André Hamon, était de temps immémorial l'une des principales cérémonies religieuses de l'abbaye de Saint-Gildas et de la presqu'île de Ruis. On l'y rattachait à la découverte légendaire du corps du grand saint celtique, ramené miraculeusement de Houat, où la tradition plaçait sa mort, et trouvé sur une barque dans la petite baie du Crostic (aujourd'hui Croisty) (1). Cette procession donna lieu en 1612, le 28 mai, à des incidents sur lesquels il faut entendre le récit de notre bon religieux de Saint-Maur :

« L'année 1612, dit-il (2), fut fort remarquable à toute l'isle de Ruys et es environs, par la juste punition que Dieu prit de l'insolence de certains esprits brouillons. Nous avons dict assez amplement en la premiere partie de ceste histoire (3) avec quel ordre marche la procession solennelle du lundy des Rogations à la chapelle du Crostic et en l'eglise d'Arzon, où se trouve le clergé de toute l'isle avec grand concours de peuple, qui suit la

---

(1) *Vita S. Gildœ*, cap. 31. — Luco, ouvrage cité, pp. 97-100.
(2) Ms fr. 16822, pp. 676, 677.
(3) Cf. ms. cité, pp. 372, 373.

chapse de sainct Gildas, et que les religieux de l'abbaye et les prebstres de la parroisse de Sainct Goustan font un chœur, et les prebstres de l'eglise de Sarzeau, avec tous les autres qui se joignent sur le chemin avec eux, un autre chœur, chantant alternativement les grandes litanies. Les croix, bannieres et estendars vont aussy selon leur rang. celles de l'abbaye et de la parroisse de Sainct Goustan tenant le premier lieu, comme ne faisant qu'un corps, et celles de Sarzeau et autres parroisses après. Le lundy des Rogations, 28e may 1612, quelques habitans dudict Sarzeau, portant impatiemment que la croix et estendart de la paroisse de Sainct Goustan marchoient devant les leurs, voulurent avoir la preference et les faire entrer devant dans la chapelle de Kerner, qui est une des stations de la procession, pretendant ce pas à cause que Sarzeau est un gros bourg, plus peuplé et plus grand que celuy de Sainct Gildas, où est size la parroisse de Sainct Goustan ; de plus. qu'à Sarzeau il y a justice royalle avec nombre d'officiers, et qu'à Sainct Gildas il n'y a que celle de l'abbaye ; enfin que le clergé de la parroisse de Sarzeau estoit beaucoup plus nombreux que celuy de Sainct Goustan. Ceux de Sarzeau donq, ayant envie de brouiller, en vindrent premierement aux grosses parolles, puis après aux coups ; on en remarqua cinq des plus apparens de Sarzeau, qui soustinrent leur party avec plus de chaleur et violence. Le tumulte fut fort grand, et les religieux avec quelques personnes de condition, eûrent bien de la peine à l'appaiser. La procession de Sarzeau ne fut pas plutost de retour, et les cinq autheurs de la mutinerie rendus chacun chez soy, qu'ils sentirent la peine deüe à leur temerité. Car leur esprit commença à s'esgarer, puis à se perdre tout à faict, et enfin tomberent en telle folie et fureur, que le lendemain il fallut les apporter liez et garrotez dans des charrettes en l'abbaye de Sainct Gildas, pour faire amende honorable au sainct de l'insolence qu'ils avoient commise en la procession et devant ses sainctes reliques, et après avoir faict leur neufvaine, ils s'en retournerent en leur bon sens et jugement, sainct Gildas les ayant chastiez de la sorte, pour les rendre, et leurs semblables, une autre fois plus sages La memoire de cette punition est encor fraische dans toute l'isle, et l'on sçait bien le nom et surnom de ces seditieux là ; mais on ne veut pas les desclarer, pour sauver l'honneur de leurs familles. C'est aussy la raison pourquoy on ne veut pas escrire en detail toutes les guerisons miraculeuses que sainct Gildas faict en ses deux monasteres de Ruys et des Boys (1). Depuis ce chastiment si manifeste, quand Monsieur le recteur de Sarzeau annonçoit à son prosne les festes de sainct Gildas ou les processions, il avait coustume d'exhôrter ses parroissiens de les chaumer avec grande dévotion, et leur representoit la severe punition qu'ils avoient experimentée, et qu'il prenoit de ceux qui manquoient à porter l'honneur et reverence deüe à leur sainct et protecteur. »

A l'époque de cette mémorable procession de 1612, l'abbaye de Saint-Gildas était loin de se trouver dans une situation florissante. Les abbés commendataires, fort zélés pour faire confirmer par le pouvoir royal les droits et privilèges du monastère, dont leur mense avait sa large part, l'étaient beaucoup moins pour veiller à le maintenir en bon état. Dans les dernières années du seizième siècle, il s'était trouvé tellement dégradé, que « les religieux, bien que peu nom-

(1) Saint Gildas y était particulièrement invoqué pour la guérison de la folie, appelée *mal de saint Gildas*. Cf. Luco, ouvrage cité. p. 157. — Le surnom de *Sage*, attribué de toute antiquité (Gildas-le-Sage) au grand saint celtique, fondateur et patron des monastères de Ruis et des Bois, ne fut probablement pas étranger à cette dévotion, à laquelle contribua peut-être aussi l'aventure, racontée plus haut, du meurtrier d'Ehoarn au onzième siècle. — Les personnes bien instruites n'ignorent pas que la question de l'origine exacte des dévotions de ce genre est distincte de celle de l'authenticité des guérisons obtenues par la piété des fidèles.

breux, ne pouvaient plus y loger. Ceux d'entre eux qui étaient pourvus de prieurés, s'y retiraient. Les autres s'en allaient dans leurs familles, quand cela leur était possible. Pendant plusieurs années, il n'y resta qu'un seul religieux. » (1) L'intervention des supérieurs ecclésiastiques, appuyée par l'autorité du parlement de Bretagne, paraît avoir produit une certaine amélioration au commencement du siècle suivant, mais médiocre et peu soutenue. Un procès-verbal, dressé au mois de mai 1623 par ordre de ce parlement, et conservé aujourd'hui aux Archives départementales du Morbihan, constate de nouveau une situation lamentable. « L'église était presque entièrement dépavée ; au chœur, les stalles de bois étaient pourries et les livres d'office tout usés ; la lampe du sanctuaire ne s'allumait plus depuis longtemps ; l'horloge, qui ne marchait plus, demandait pour 90 livres de réparations ; à la sacristie, il n'y avait plus que quelques ornements fort peu convenables. Dans le cloître, qui formait un carré de 96 pieds, le côté adossé à la nef de l'église était tombé. Autour du cloître étaient, au côté du levant, la salle du chapitre, et, au-dessus, le dortoir, qui avait 50 pieds de long sur 27 de large, et cinq

---

(1) Luco, ouvrage cité, pp. 254, 255.

croisées sur chaque longère ; au bout du chapitre la prison, de 9 pieds de haut et à refaire à neuf ; au midi, le réfectoire, de 94 pieds sur 30, et auprès une vaste cuisine, suivie du parloir ; les greniers dominaient le tout, excepté le côté du cloître adossé à la nef de l'église, où il n'y avait eu que des cellules qui n'existaient plus. Tout cela était dans un déplorable état. Il n'y avait ni couverture, ni charpente ; les murs eux-mêmes avaient beaucoup souffert et s'étaient écroulés en partie. Le cellier avait besoin de grandes réparations. Le portail d'entrée dans la grande cour était tombé. Les murs de clôture de cette cour s'écroulaient partout. Il n'y avait pas une chambre qui n'eût besoin de très urgentes et considérables réparations. La chapelle de Notre-Dame, au bas du bourg, n'avait plus que la moitié de sa toiture. Dans ce procès-verbal, on blâme beaucoup l'abbé Charles de Clermont, qui aurait dû réparer ces ruines, et on avoue que, sans les soins du prieur claustral, l'église eût été entièrement ruinée depuis plus de dix ans. L'évêque de Vannes avait, peu auparavant, visité l'abbaye et menacé de censures le prieur, pour le forcer à plaider contre l'abbé afin d'en obtenir les réparations nécessaires. Deux religieux, Ferey, prieur de Gavre, et de Pontroger, cellerier, accusent ce prieur d'être de connivence avec l'abbé pour ruiner l'abbaye. Contrairement aux règles et aux usages, l'abbé mangeait à la table conventuelle. Il y invitait ses amis et s'y faisait servir par ses gens. Souvent, en guise de lecture, il s'y élevait de vives contestations. Ferey y fut une fois souffleté, et, une autre fois, menacé d'être percé d'un coup d'épée par un serviteur de l'abbé. » (1)

Cette immixtion, fort peu canonique, de l'abbé commendataire dans la vie conventuelle eut, un peu plus tard, sa contre-partie, plus excusable. Vers 1643, la dégradation des bâtiments monastiques en était venue à un tel point que « l'abbé et les religieux vivaient ensemble dans la maison abbatiale, seul bâtiment habitable » (2). Au reste, la communauté monastique n'était plus guère alors qu'une apparence. Déjà séparée de la mense abbatiale, la mense conventuelle s'était fractionnée elle-même en revenus particuliers, attribués à chacun des « offices claustraux ».

« Ces offices, dit M. l'abbé Luco (3), sont des bénéfices dont jouissent les religieux qui vivent dans le monastère, en vertu des charges qu'il y exercent et des titres qui leur sont conférés. Leur origine remonte aux relâchements du

---

(1) Luco, ouvrage cité, pp. 260, 261.
(2) Luco, ouvrage cité, p. 264.
(3) Ouvrage cité, pp. 318-320.

treizième siècle (1). Amovibles d'abord, ils devinrent perpétuels plus tard... D'après un vieux martyrologe de l'abbaye, il y en avait six à Saint-Gildas : le prieuré, la chambrerie, la cellerie ou le celleriage, l'ouvrerie, l'aumônerie et l'infirmerie. Le *prieur claustral* (appelé *grand prieur* à Saint-Gildas) était chargé de la direction spirituelle de la communauté ; il en était le supérieur régulier et immédiat, surtout depuis que les abbayes étaient tombées en commende. Le *chambrier* était à cause de son office, recteur ou curé primitif de Saint-Goustan (2), dîmait sur tout le lin qui se récoltait et sur toutes les terres novales dans cette paroisse. Il était, en même temps, sacriste de l'abbaye et, comme tel, jouissait des offrandes faites à l'église du monastère et à la chapelle de Notre-Dame de Kerusen. En outre, il percevait les revenus affectés au luminaire de l'église pour l'huile, la lampe et la cire des bougies. Le *cellerier* était le procureur du couvent et chargé surtout de faire les provisions de bouche.

(1) Nous en avons noté ci-dessus des exemples bien plus anciens. — Ce fractionnement semble avoir existé, à Saint-Gildas même, au temps d'Abélard.

(2) Le recteur ou curé effectif de cette paroisse, qui était celle du bourg de Saint-Gildas et de ses dépendances, était vicaire perpétuel de ce *chambrier* et, plus généralement, de l'abbaye de Ruis.

L'*ouvrier* avait pour fonction de surveiller les ouvriers employés par le monastère et de fournir les vases nécessaires pour recueillir l'eau de pluie aux endroits découverts par les tempêtes et les ouragans, qui étaient fréquents sur ces côtes. L'*aumônier* était chargé des aumônes qui se distribuaient à la porte du couvent. Régulièrement un des moines distribuait, de la Toussaint à la Saint-Jean, ces aumônes dites de fondation. Pour ces aumônes, qui consistaient surtout en pain, l'abbé devait annuellement à l'aumônier 26 perrées de seigle, les journées de l'ouvrier qui faisait le pain et la paille nécessaire au chauffage du four. L'*infirmier* devait visiter les malades, leur porter ce qu'on lui donnait pour eux, avoir soin des infirmeries et bénir l'eau pour les bains que venaient prendre à l'abbaye les malades atteints du *mal de saint Gildas*. Les revenus fixes de ces offices avaient varié avec le temps. »

Tous les offices claustraux avec leurs revenus furent réunis à la communauté et à la mense conventuelle, à la suite du grand évènement qui rétablit, en 1650, à Saint-Gildas de Ruis la régularité monastique, et fut le signal d'une nouvelle renaissance de la vieille abbaye. L'initiative en fut prise par l'abbé commendataire, Michel Ferrand, qui à la vérité y devait trouver son compte, puisque sa mense abbatiale fut en conséquence déchargée de toutes dettes, mais qui néanmoins fut en cela réellement mû, à ce qu'il semble, par le zèle religieux, et qui se plut d'ailleurs à contribuer de sa bourse aux restaurations dont ce changement fut l'heureux point de départ (1). Il s'agit de la prise de possession de Saint-Gildas par la Congrégation de Saint-Maur. Les origines de cette nouvelle et illustre branche du grand ordre bénédictin sont retracées en ces termes dans la préface du bel ouvrage de Dom Tassin (2) :

« C'étoit le vœu du clergé de France assemblé aux Etats de 1614, que la réforme de l'Ordre de Saint-Benoît, commencée en 1600 dans l'abbaye de Saint-Vanne de Verdun, fût introduite dans les monastères du royaume. La bonne odeur qu'elle répandoit partout, excita plusieurs Bénédictins françois à l'embrasser, et quelques abbayes demandèrent à s'y soumettre.

« Le vénérable Dom Didier de la Cour et les autres supérieurs de Saint-Vanne envoyèrent en France d'excellents ouvriers pour travailler au grand ouvrage de cette réforme. Mais la difficulté de réunir dans un même corps un

---

(1) Cf. Luco, ouvrage cité, p. 266.
(2) *Histoire littéraire de la Congrégtioan de Saint-Maur, 1770*, in-4º.

grand nombre de monastères éloignés, leur fit prendre la résolution d'ériger en France une nouvelle congrégation, indépendante de celle de Lorraine. Ce projet ayant été approuvé dans leur chapitre général de 1618, ils permirent à ceux de leurs religieux qu'ils avoient envoyés en ce royaume, d'y former de nouveaux corps, composés de monastères où ils avoient déjà porté l'étroite observance et de ceux qui voudroient l'observer dans la suite.

« Ces pieux réformateurs, animés d'un zèle ardent pour la gloire de Dieu et l'édification de l'Eglise, travaillèrent sans relâche à l'œuvre dont ils s'étoient chargés. Dès le mois d'aout 1618, ils obtinrent des lettres-patentes du roi Louis XIII pour l'érection de la nouvelle congrégation, à laquelle ils donnèrent, dans leur première assemblée, le nom de saint Maur, disciple de saint Benoît. Plusieurs personnes du premier rang se firent un devoir d'accélérer le succès d'une entreprise qui tournoit au bien de l'Eglise et à l'honneur de la France.

« Mais, pour assurer davantage le progrès de la réforme, il fallut en poursuivre à Rome la confirmation. Le Roi, fort porté de lui-même au rétablissement de toutes les maisons religieuses, particulièrement de l'Ordre de Saint-Benoît, n'eut garde de refuser sa recommandation auprès du pape Grégoire XV, qui érigea la Congrégation de Saint-Maur en France par son bref du 17 mai 1621. Le pape Urbain VIII, informé de la piété, de l'union et de la régularité des premiers Pères de cette congrégation naissante, la confirma et lui accorda de nouvelles grâces par sa bulle, datée du douzième des calendes de février, c'est-à-dire du 21 janvier 1627.

« La réforme de Saint-Maur s'étendit de plus en plus par toute la France, sous les favorables auspices du roi Louis-le-Juste et de la pieuse reine Anne d'Autriche, et par le zèle des évêques et des abbés les plus recommandables. Le cardinal de Richelieu y contribua plus que personne. Ce grand ministre, qui savoit en quoi consiste la prospérité d'un Etat, s'appliquoit non seulement à faire fleurir les sciences et les beaux-arts, mais encore à régler les mœurs du clergé séculier et régulier. Il savoit les services que l'Ordre bénédictin en particulier avoit rendus autrefois à l'Eglise et à l'Etat, et son dessein étoit de le rendre florissant, comme il avoit été avant la décadence de la discipline ecclésiastique et monastique ; décadence causée par l'abandon des bonnes études, par les commendes, par le malheur des guerres civiles et les nouvelles hérésies.

« Les Pères de la réforme de Saint-Maur

entrèrent parfaitement dans les vues du sage ministre, leur puissant protecteur. Ils ne se contentèrent pas de relever les murailles des monastères, d'en rétablir les églises et les lieux réguliers, la plupart abandonnés, et de rebâtir plus de cinquante maisons menacées d'une ruine totale ; ils firent revivre l'esprit de saint Benoît par la pratique exacte de sa règle et marchèrent sur les traces des saints et des autres grands hommes, qui ont sanctifié et illustré l'Ordre depuis le sixième siècle. Un des premiers soins des supérieurs fut de former à la piété et à la régularité les jeunes religieux et de leur inspirer du goût pour l'Ecriture sainte et les saints Pères, dont la lecture devait leur tenir lieu de principale occupation dans la solitude le reste de leurs jours.

« Ce fut pour faciliter l'intelligence de ces saints livres, si propres à former tout à la fois l'esprit et le cœur, qu'ils établirent les études de la philosophie et de la théologie (scolastique), et ensuite des écoles de (théologie) positive, de droit canon, de cas de conscience et des langues hébraïque et grecque. Ces secours préliminaires donnèrent naissance aux grandes études dont on s'est occupé jusqu'à présent dans la Congrégation. »

A la différence de la grande réforme du douzième siècle, celle de Cîteaux et de Clairvaux, la réforme de Saint-Maur, au dix-septième siècle, donna le pas, dans la vie monastique, au labeur intellectuel sur le labeur matériel. Au défrichement du sol succéda, pour ainsi parler, le défrichement des grands espaces encore incultes dans le domaine des sciences sacrées et de ce qui s'y rapportait dans celui des sciences profanes, et en particulier dans l'érudition historique. L'accession de Saint-Gildas de Ruis à la nouvelle congrégation fut réglée par un concordat en date du 24 novembre 1649, enregistré au parlement de Bretagne le 14 janvier 1650. C'est l'abbaye de Saint-Sauveur de Redon, où la réforme était déjà introduite, qui dut fournir ses introducteurs à Saint-Gildas. Ce dernier monastère ne comptait plus alors que sept religieux. Voici quels furent les termes de l'accord conclu entre eux et les moines de Redon qui devaient les remplacer. Nous empruntons l'analyse de ce pacte très instructif à M. l'abbé Luco (1) :

« 1° Les anciens religieux sont libres d'embrasser la réforme ou de rester sous le gouvernement de leur grand prieur, soit au dedans, soit au dehors du monastère. A la mort du prieur susdit, ceux qui ne seront point entrés dans la

(1) Ouvrage cité, pp. 270-274.

Congrégation reconnaîtront pour supérieur le plus ancien d'entre eux.

« 2° A partir de ce concordat, les anciens participent à tous les privilèges accordés à la réforme.

« 3° S'ils meurent dans l'abbaye, ils y seront enterrés par les nouveaux, si leur grand prieur ne veut faire l'office lui-même, avec les mêmes cérémonies et les mêmes prières que ceux de la Congrégation.

« 4° L'administration de l'église et de la sacristie, avec les reliques, les calices, l'argenterie, les ornements, les linges et généralement tous les meubles sont cédés aux nouveaux ; mais ceux-ci devront fournir aux anciens toutes les choses nécessaires quand ils voudront célébrer.

« 5° Les nouveaux acquitteront toutes les fondations et feront à l'église le service divin selon leur cérémonial. Quand les anciens assisteront à l'office, ils auront les premières places au chœur, après le célébrant et le visiteur de la Congrégation de Saint-Maur. Pendant son séjour au monastère, ce dernier occupera la première stalle du côté de l'Evangile. Les mêmes places leur seront assignées pour les processions. Néanmoins le chœur et les offices seront toujours présidés par les nouveaux, qui donneront les bénédictions et le signal.

« 6° Le grand prieur ayant résigné les offices de chambrier, de sacriste et de trésorier (1), les fonctions en seront remplies par les nouveaux et les revenus, conformément aux statuts de la Congrégation, réunis à perpétuité à la mense conventuelle. Les autres offices demeureront aux anciens titulaires, qui ne pourraient les résigner qu'en faveur des nouveaux ; à leurs vacances par décès ou par résignation, ils seront pareillement réunis à la même mense.

« 7° Les nouveaux jouiront de tous les lieux réguliers, des maisons, des caves, du cellier, des greniers, des granges, des jardins, etc., sauf les réserves suivantes : chacun des anciens conservera toute sa vie, s'il demeure au monastère, les chambres, les caves, les écuries, etc., dont il jouissait auparavant. Si les anciens restent à l'abbaye au nombre de trois ou plus, ils pourront jouir de la grande salle, de la cuisine, des dépenses, etc., dont ils se servent. Au cas

---

(1) Dans le dernier état des choses avant l'introduction de la réforme de Saint-Maur, le grand prieur cumulait sans doute ces offices avec le sien propre. Dans ce même état le nombre et le titre des offices claustraux paraît avoir été un peu différent de ce que nous avons vu ci-dessus, d'après le vieux martyrologe consulté par M. l'abbé Luco.

cependant où les nouveaux auraient besoin d'en disposer autrement pour de nouvelles constructions, ils pourraient le faire, mais alors ils fourniraient aux anciens des logements convenables.

« 8º A cause de la clôture pour les femmes, les portes de l'abbaye ne seront ouvertes par les nouveaux, qui seuls auront les clefs des principales, que depuis six heures du matin jusqu'à sept heures du soir en hiver et huit heures en été. Les anciens auront des clefs pour les autres portes, même pour celle qui met le cloître en communication avec l'église. Seul parmi eux le grand prieur aura une clef de la porte qui s'ouvre vers le bourg.

« 9º Le colombier (1) reste aux anciens ; mais les nouveaux auront droit d'y prendre des pigeons pour leurs malades.

« 10º Les anciens se réservent, pour eux et leurs gens, le droit de chasse sur toutes les terres dépendant de l'abbaye.

« 11º Ils ne recevront plus les 2560 livres que leur donnait annuellement l'abbé. Moins les réserves des articles 7 et 10, ils cèdent aux nouveaux tout l'enclos de l'abbaye, toutes les pailles

---

(1) « Le colombier, ajoute en note M. l'abbé Luco, était l'un des plus beaux de la Bretagne. On n'en aurait pas fait construire un semblable pour 2000 écus, et l'on estimait qu'il pouvait tenir lieu d'un revenu de 300 livres. »

de la grande ferme, la moitié de leurs droits sur les marais, les étangs et la forêt, les dîmes et les fruits du chapitre ou petit couvent, les titres et les archives, les places monacales vacantes, les corvées des tenanciers, moins celles qui leur seraient nécessaires pour leurs provisions, etc. En retour, les nouveaux s'engagent à payer à chaque ancien et par avance une somme annuelle de 380 livres, sans charge aucune, aux deux termes du 25 janvier et du 25 juillet. Mais ceux qui se retireront dans d'autres monastères n'auront que 150 livres, et 200 livres, si, avec l'autorisation de leur grand prieur, ils vivent en leur particulier et sans autres ressources.

« Quant au grand prieur lui-même, sa pension fut fixée à 580 livres, à percevoir aussi aux termes susdits, mais le 25 janvier, il recevait un supplément de 100 livres. Il paraît que les anciens demandèrent la modification de cet article et obtinrent, pour chacun, une pension de 400 livres.

« 12° Jusqu'à la réédification des lieux réguliers, les nouveaux n'enverront à l'abbaye que deux prêtres et un frère convers pour aider les anciens dans le service divin.

« 13° Le logement du grand prieur sera rendu convenable. Aux visites de ses parents et de ses amis, les chevaux seront nourris aux frais des nouveaux. Ces derniers prennent aussi à leur charge les frais de la visite épiscopale.

« 11° Le Père de Trévégat, ancien prieur de Quiberon (1), aura la jouissance de l'écurie qu'il a fait bâtir dans la grande cour et auprès de la grande porte.

« Le samedi 22 octobre 1650, continue M. l'abbé Luco (2), toutes les conventions préliminaires ainsi réglées, la congrégation de Saint-Maur prit possession de l'abbaye de Ruis. Dès le matin de ce jour, le grand prieur et les religieux de Saint-Gildas, réunis capitulairement, reçurent Dom Dominique Huillard et Dom Mathieu Pichonnet, l'un prieur et l'autre procureur de l'abbaye de Saint-Sauveur de Redon, qui se présentaient au nom de la Réforme et avec deux notaires. Un de ces notaires fit lecture du concordat passé, le 24 novembre précédent, entre l'abbé Michel Ferrand et les religieux de Redon ; ceux de Saint-Gildas l'approuvèrent officiellement et permirent aux députés susdits de prendre possession de leur abbaye. Ils les conduisent, à cet effet, devant le maître-autel de l'église abbatiale, où ils prient ensemble, tous agenouillés sur les marches. Dom Huillard

(1) Sur ce prieuré voyez la notice de M. l'abbé Luco, ouvrage cité, pp. 341-343.
(2) Ouvrage cité, pp. 274, 275.

monte à l'autel, qu'il baise, entonne le *Veni Creator*, continué par tous les assistants, et chante ensuite les oraisons du Saint-Esprit, de la Sainte Vierge, de saint Benoît et de saint Gildas. Conduit alors aux stalles du chœur, il s'y assied et sonne la cloche, se rend à la sacristie, à la place des anciens cloîtres, au réfectoire, aux dortoirs et autres lieux réguliers, aux jardins, aux maisons et aux dépendances des offices de chambrerie, de sacriste et de cellerier. L'inventaire des reliques, de l'argenterie, des ornements et des autres ustensiles de la sacristie fut remis à l'époque où les nouveaux religieux se fixeraient définitivement à Saint-Gildas. Enfin, en exécution des deux concordats précités, Dom Huillard compta, en bonne monnaie ayant cours, au prieur et aux religieux du monastère, la somme de 725 livres, pour les deux termes de janvier et de juillet de cette année. Séance tenante, un acte notarié de cette ratification et de cette prise de possession fut dressé par les notaires et signé par les intéressés. A cette pièce même ont été puisés les détails qu'on vient de lire.

« Conformément à leurs obligations, les moines de Redon envoyèrent à Saint-Gildas trois religieux, dont deux prêtres, pour aider à faire l'office divin et pour surveiller les réparations et les nouvelles constructions, qui furent immédiatement commencées. C'étaient Dom Robert Diéc, avec le titre de prieur, et Dom Noël Mars, avec celui de procureur. »

Ce dernier religieux était loin d'être le premier venu parmi les Bénédictins réformés d'alors. La notice que Dom Tassin lui a consacrée nous retrace une physionomie de moine énergique et originale. « Dom Jean-Noël Mars, dit-il (1), neveu de Dom Noël Mars, premier vicaire-général de la Société des Bénédictins réformés de Bretagne, étoit né à Orléans. Il n'avait pas encore seize ans, quand il prit l'habit monastique dans cette société. Lorsqu'elle fut unie à la Congrégation de Saint-Maur en 1628, son noviciat n'étoit pas encore achevé. Il le recommença dans l'abbaye de Redon, où il fit profession le 24 décembre de l'an 1630. Il fut procureur pendant quarante-cinq ans dans plusieurs monastères. Devenu aveugle à l'âge de quatre-vingts ans, il n'en fut pas plus incommode à ses confrères. Il disoit que Dieu le punissoit de ses curiosités, et il l'en bénissoit. Deux ans avant sa mort, il fit faire son cercueil, où il se couchoit souvent, pour s'y mieux disposer. Après avoir suivi jusqu'à la fin, autant qu'il pouvoit,

(1) Ouvrage cité, p. 189.

les exercices de la régularité, il mourut à Marmoutier le 25 de novembre 1702, âgé de quatre-vingt-dix ans, dont il en avoit passé soixante et quatorze dans l'état religieux. Il a bien mérité un rang parmi les écrivains de la Congrégation. »

Les fonctions de procureur, qui occupèrent la plus grande partie de la carrière de Dom Noël Mars, indiquent son aptitude à l'administration. Il la déploya très utilement dès son arrivée à Saint-Gildas pour la restauration de ce monastère en ruines. « Les nouveaux habitants, dit M. l'abbé Luco (1), mirent énergiquement la main à l'œuvre. Ils bouchèrent les croisées du nouveau dortoir qui ouvraient sur le cloître et en percèrent d'autres sur la longère du levant. La sacristie fut rebâtie et enrichie de meubles et d'ornements convenables. Plusieurs bâtiments nécessaires s'élevèrent dans la basse-cour... Parce que les fidèles de Saint-Gildas et des environs avaient une grande dévotion pour la chapelle de Notre-Dame de Kerusen, au bas du bourg, une des premières sollicitudes des nouveaux religieux fut de rebâtir ce sanctuaire, élevé en l'honneur de saint Yves, qui fut son premier patron... Commencée en 1653, cette construction ne fut achevée qu'en 1656. Les

(1) Ouvrage cité, pp. 276, 278, 282.

aumônes des fidèles y contribuèrent largement. »

Une dizaine d'années plus tard, l'état du monastère était singulièrement amélioré. « Alors déjà, tout, moins la nef et la tour de l'église, avait changé de face à l'abbaye. De bons et solides bâtiments s'y étaient élevés à la place des ruines. Les nouveaux édifices n'étaient ni magnifiques ni hauts, parce que l'argent manquait, et que, sur ces côtes, les bâtiments trop élevés ont beaucoup à souffrir des vents ; mais ils étaient convenables et pouvaient loger une petite communauté d'une dizaine de religieux. Pour atteindre ces résultats, le monastère avait dû faire plusieurs emprunts. On en trouve un de 1200 livres, fait en 1665, pour réparer la charpente et la couverture du chœur qui menaçaient de tomber et d'effondrer la voûte. La rente annuelle et perpétuelle de 60 livres, à laquelle on dut s'obliger à l'égard du créancier, fut amortie avant la fin du siècle. »

La nécessité de pourvoir à toutes les dépenses de l'œuvre urgente de réparation qui lui incombait, avait rendu Dom Noël Mars très attentif à la gérance des biens temporels du monastère et au maintien de ses droits. Aussi avait-il compulsé avec le plus grand soin les titres contenus dans le chartrier de l'abbaye. Ce travail lui fournit l'occasion d'obéir en même temps à la vocation générale de la Congrégation de Saint-Maure et à son propre goût pour les études historiques. D'après ces titres, complétés par d'autres recherches, il composa donc une histoire de l'abbaye de Saint-Gildas de Ruis depuis son origine jusqu'à l'année 1656, qui ne fut point d'ailleurs livrée à l'impression. Ce manuscrit, dont nous ignorons la destinée, servit à son tour de point de départ et de fondement à l'ouvrage, également demeuré inédit, qui fut rédigé, une douzaine d'années plus tard, par un autre religieux du même monastère, et duquel nous avons détaché ci-dessus, à plusieurs reprises, quelques pages, croyons-nous, non dépourvues d'intérêt (1).

Mais, en dehors du prix qu'ont encore pour nous les informations contenues dans le manuscrit du bon religieux de Ruis, la façon dont il a conçu et composé son ouvrage est intéressante par elle-même. Elle marque en effet une époque curieuse dans l'histoire de l'érudition historique en France et particulièrement dans la Congrégation de Saint-Maur : celle qui a immédiatement précédé l'avènement de la grande école critique des Mabillon et des Ruinart. L'année même où il a terminé l'écrit dont nous nous occupons,

(1) Cf. Ms fr. 16822, p. 636. — *Histoire littéraire de la Congrégation de Saint-Maur*, p. 190.

est celle de l'apparition du premier volume de la célèbre collection : *Acta sanctorum Ordinis sancti Benedicti* (1668) et Mabillon, auquel il a peut-être communiqué, par correspondance, le fruit de ses recherches à Saint-Gildas de Ruis et à Saint-Gildas des Bois, n'a pu cependant, cela est certain, exercer sur son esprit une influence bien notable. Toutefois, notre religieux a eu entre les mains les premiers volumes des Bollandistes et sa critique, encore bien inexpérimentée, a pourtant, on le voit, déjà mis à profit les premières manifestations de la forte méthode adoptée par ces illustres émules des Bénédictins de Saint-Maur. Les principes qu'il pose dans sa préface, quoique faiblement appliqués dans son ouvrage, n'en sont pas moins, pour ainsi parler, comme l'aurore d'un jour nouveau dans le domaine de l'histoire ; comme l'indice, déjà lumineux, du prochain lever d'une critique à la fois orthodoxe et rationnelle.

« La verité et l'edification, dit-il (1), sont les deux principales choses que l'on doibt considerer dans la vie des saincts que l'on escrit, et contre lesquelles on manque souvent. — Pour ce qui est de la verité, c'est chose estrange des opinions qui se sont glissées dans l'esprit des

---

(1) Ms. fr. 16822, fol. A verso et B recto.

hommes, et qui, estant une fois formées et conceües, se perpetuent de siecle en siecle, et sont receües universellement et sans contredict mesmes par les plus doctes. qui s'en rapportent trop facilement à ce qu'en ont escrit leurs predecesseurs, sans vouloir les esplucher de plus près et avec une diligente perquisition. Les opinions, quoyque fausses, ainsy receües pour vrayes, donnent bien de la peine puis après pour les effacer et oster entierement de l'imagination des hommes. Mais, comme d'un mauvais principe, il ne suit jamais que de mauvais effects, et que la verité est une lumiere qui ne peut recevoir aucun ombrage des tenebres, je veux dire aucune fausseté, il ne faut s'estonner si l'ayant une fois abandonnée, tant plus on s'esgare que l'on croit avancer, et tant que l'on edifie sur un fondement ruineux, le bastiment est il plus proche de sa decadence. Car d'où vient tant de contradictions et repugnances qui se descouvrent tous les jours dans la suite des temps et des histoires, si ce n'est qu'elles tirent leur origine d'un mauvais principe, et qu'elles sont appuyées sur un fondement faux et erroné? C'est ce qui a donné et donne encor à present tant de peine aux sçavants historiens, qui, ne retenant pas indiferement ce qui peut avoir le moindre soupçon de fausseté, font de serieuses recherches pour descouvrir et confirmer la verité, destruire et confondre le mensonge et les erreurs qui passent pour veritables, et qui ont acquis du credit par le long espace de temps qu'ils ont esté receûs generallement de tous les historiens, lesquels, adjoustant foy trop legerement à quelques autheurs qui les ont inventez, ou qui par mesgarde se sont trompez les premiers, ont faict tresbucher les autres après eux. C'est à quoy travaillent les curieux, qui recherchent soigneusement et espluchent de plus près ce que les anciens ont laissé par escrit, qui faict soupçonner tant soit peu de la verité de ce qu'ils racontent, pour n'estre pas conforme ny à la raison, ny au temps, ny à ce qu'en ont escrit les autres historiens ou plus anciens, ou contemporains, ou posterieurs. Et tous les jours il se descouvre des faussetez qui ont passé jusques icy pour des veritez, que l'on a d'autant plus de peine d'arracher de l'imagination commune qu'elles sont inveterées, et ont pris naissance dans l'esprit des hommes, qui les croyent indubitables. C'est pourquoi il n'y a gueres d'autheurs recens qui escrivent pour le jourd'hui, qui ne protestent qu'ils n'ont entrepris leur ouvrage, après un grand nombre d'autheurs qui ont traité de semblables matieres, que par ce qu'ils (ceux-ci) ont advancé plusieurs choses contre la verité, contre la raison et contre le temps, et autres points de l'histoire, ou qu'ils ont oublié de traicter plusieurs choses qui leur estoient inconnües, et qu'ils (les nouveaux) croyent estre à present obligez de le mettre au jour, en ayant une entiere connoissance, desabuser les lecteurs par de fortes et puissantes raisons, et confondre ce qu'ils (les lecteurs) avoient trop legerement creû par la lecture de ces autheurs. Et tant que le monde durera, il y aura toujours des esprits clairvoyants qui penetreront sans cesse jusques à ce que la verité triomphe glorieusement du mensonge.

« Ce défaut ne se rencontre pas seulement pour les histoires profanes, mais encore dans les ecclesiastiques, et surtout dans la vie des saincts car, comme on a une grande veneration pour leur memoire, nous nous persuadons tres facilement ce que nous lisons dans les autheurs, presumant que ces biographes ne voudroient pas escrire aucune chose contre la verité, et que Dieu est assez puissant pour operer des miracles en faveur de ses saincts. Et neantmoins nous descouvrons assez souvent de combien de faussetez, fables et contradictions sont parsemées les vies des saincts, qui ne sont pas escrites selon les regles de la prudence. Il ne faut qu'un escrivain trop credule et indiscret pour advancer une fausseté et la divulguer partout, notamment quand il est appuyé de trois ou quatre autheurs qui l'imitent ou empruntent de luy ce qu'ils escrivent après luy. »

Malgré l'exemple de Dom Noël Mars et du bon religieux qui marcha si vaillamment sur ses traces, Saint-Gildas de Ruis ne devint pas l'un des centres intellectuels de la Congrégation de Saint-Maur. Il est vrai que la vieille abbaye paraît avoir été surtout utilisée par la Congrégation comme un séjour convenable « aux jeunes gens qu'on destinait aux ordres » (1), c'est-à-dire comme un lieu de retraite spirituelle et d'étude silencieuse. Mais les bénédictins réformés relevèrent du moins dans le monastère et dans la région environnante la vie morale et religieuse, les cérémonies du culte et les exercices de la piété. C'est ainsi qu'ils obtinrent du pape Alexandre VII, pour le pélerinage traditionnel établi à Notre Dame de Kerusen, le 8 septembre de chaque année, la concession d'une indulgence plénière et la même faveur pour la fête du saint patron de l'abbaye, le 29 janvier (2). Un cérémonial manuscrit de la fin du dix-septième siècle, aujourd'hui conservé au presbytère

---

(1) Luco, ouvrage cité, p. 300.
(2) Luco, ouvrage cité, pp. 278, 279.

de la paroisse de Saint-Gildas (1), nous montre en pleine vigueur un déploiement liturgique, à l'intérieur et au dehors, qui donnait, aux jours de fête, une grande et salutaire animation au monastère et à la contrée. Les plus anciennes traditions et légendes locales y avaient conservé leur place, non inutile soit pour l'histoire, soit pour l'histoire littéraire et ce qu'on appelle aujourd'hui le *folklore* (2). C'est ainsi que « le 5 janvier, dit M. l'abbé Luco (3), on célébrait un service très solennel pour le roi Grallon. Les cloches l'annonçaient dès la veille et encore à cinq heures et demie du matin. A neuf heures et demie le prieur claustral chantait la messe. On sait ce qu'il faut penser de l'opinion qui attribue à ce prince la fondation de l'abbaye. L'erreur en ce point n'empêchait pas ces prières d'être salutaires à son âme si elle en avait besoin. »

La fête du saint fondateur et patron authentique de l'abbaye avait naturellement beaucoup plus d'éclat encore. « Elle était de première classe, de premier ordre, avec octave pour l'ab-

(1) Luco, ouvrage cité, p. 361 et suiv. — Il semble résulter d'un autre passage de M. l'abbé Luco, p. 207, que le cérémonial en question est non du dix-septième, mais du dix-huitième siècle.
(2) Etude des traditions et légendes populaires.
(3) Luco, ouvrage cité, p. 373.

baye, et de précepte pour la paroisse de Saint-Goustan. De grand matin, la châsse renfermant les reliques du saint était exposée sur le brancard ordinaire et parfaitement orné, entre le maître-autel et la chapelle de saint Yves, et un religieux imposait et faisait baiser aux fidèles le chef, qu'il déposait ensuite, avec d'autres reliques, sur le maître-autel splendidement décoré. A huit heures et demie, les trois grandes cloches de la tour sonnaient le premier signal de la messe, le second coup un quart d'heure après, et, à neuf heures, toutes les cloches s'ébranlant ensemble indiquaient le commencement du saint sacrifice. Depuis le commencement de l'épître jusqu'à l'évangile, la troisième cloche de la tour invitait au sermon, s'il devait y en avoir, et à l'offertoire elle reprenait pour avertir la paroisse de Saint-Goustan, qui arrivait en procession à l'issue de la grand'messe. Immédiatement après, le vicaire perpétuel disait au maître-autel une messe basse à laquelle assistaient ses paroissiens. Ordinairement les processions de Sarzeau et d'Arzon arrivaient sur ces entrefaites, et les prêtres qui les conduisaient célébraient aux différents autels de l'église. (1) »

Les processions des Rogations, célèbres de

---

(1) Luco, ouvrage cité, pp. 373, 374.

tout temps à Saint-Gildas de Ruis, y avaient conservé et renouvelé leur antique splendeur. Trois jours durant, du matin au soir, elles mettaient en mouvement, avec les religieux de l'abbaye, le clergé et les fidèles de toute la contrée (1). La fête du Craizo n'avait également rien perdu de son éclat. « Le dimanche qui précédait le 24 juin, les fidèles des environs accouraient en foule à Saint-Gildas. Comme ils y arrivaient dès la veille, les vêpres du samedi se chantaient très solennellement. Le sacristain devait, pour la même raison, orner le tombeau de saint Gildas, en mettant sur la voûte qui le recouvrait une croix, des tableaux, des vases avec des fleurs et des bougies qu'on devait allumer pendant les offices. Après les vêpres, il exposait les reliques du saint sur tous les autels des chapelles et le chef sur le maître-autel de l'église. A la demande des fidèles il leur donnait ce chef à baiser, après le leur avoir imposé. La châsse ordinaire était exposée sur le brancard entre le maître-autel et la chapelle de saint Yves. Le lendemain matin, on commençait les matines vers une heure et demie ou deux heures, de manière à achever les laudes pour la première messe basse, que le sacristain disait, à trois

(1) On en peut lire la description détaillée dans l'ouvrage de M. l'abbé Luco, p. 363 et suiv.

heures, au maître-autel, en faveur des pèlerins venus de loin et pressés de retourner chez eux. Immédiatement après, ayant déposé la chasuble et le manipule, il imposait et faisait baiser aux fidèles le chef de saint Gildas. Parce que les paroisses de Sarzeau, d'Arzon et de Saint-Goustan se rendaient parfois, ce jour-là, en procession à Saint-Gildas, la messe conventuelle se chantait plutôt, de manière à être terminée pour leur arrivée vers dix heures. Dès que chaque procession atteignait le bourg, on sonnait les grandes cloches et le sacristain présentait des chapes à tous les prêtres. Plusieurs de ces derniers célébraient la messe à la chapelle (de Kerusen ?), et, à cet effet, le sacritain devait préparer des ornements verts, excepté pour les prêtres de Sarzeau qui, bien souvent, disaient la messe de saint Gildas. Les vêpres, auxquelles il restait beaucoup de monde, se chantaient à trois heures. — Quand cette fête coïncidait avec le dimanche dans l'octave du Sacre (Fête-Dieu), on ne devait exposer le Saint-Sacrement qu'à la grand'messe, à cause du tumulte qui se faisait autour du chœur pour visiter le tombeau de saint Gildas. (1) »

Parmi les usages et particularités locales que ce cérémonial de l'abbaye nous fait connaître,

---

(1) Luco, ouvrage cité, pp. 370-372.

celle-ci nous paraît curieuse : « Un des moines disait, à sept heures et demie, le lundi de Pâques, une messe basse dans la chapelle de Kerusen pour les nouveaux époux de l'année. Chaque jeune couple devait ensuite verser huit pièces de monnaie, qui étaient consacrées à orner cette chapelle (1). »

La situation subordonnée du curé ou recteur de Saint-Goustan, église paroissiale du bourg de Saint-Gildas et de ses dépendances, est nettement indiquée dans le cérémonial. C'est ainsi que pour maintenir à l'abbaye son titre et ses droits de curé primitif, dont le recteur effectif n'était que vicaire-perpétuel (2), « le dimanche de Pâques, un des moines, désigné à cet effet, chantait la grand'messe dans l'église de Saint-Goustan. Le clergé de la paroisse devait assister, le soir, aux vêpres et à la procession de l'abbaye. Cette procession se faisait dans l'église seulement, en tournant deux fois autour du chœur et en s'arrêtant devant le crucifix pour la station. Après la cérémonie, l'abbaye offrait une colla-

---

(1) Luco, ouvrage cité, p. 363.
(2) Cette distinction qui, dans toute la France, existait alors en mainte paroisse, avait, au temporel, une grande importance, parce que c'était le curé primitif qui, en général, percevait le meilleur des dîmes. Le curé effectif recevait un traitement ou pension que l'on appelait « portion congrue ».

tion au clergé de la paroisse. » Ce clergé toutefois ne supportait pas sans peine ces liens d'antique dépendance et même, à plusieurs reprises, son chef avait tenté de s'en affranchir. C'est ainsi que, le 31 octobre 1604, nous voyons une sentence du présidial de Vannes donner raison aux religieux « contre le vicaire perpétuel de Saint-Goustan, qui refuse de les laisser, malgré leur titre de curé primitif, célébrer l'office solennel dans l'église paroissiale, à Pâques, à la Pentecôte, à l'Assomption, à la Toussaint, et à la fête de saint Goustan (1). » Une soixantaine d'années après, un nouveau conflit éclate et de la façon la plus fâcheuse. Le dimanche de Pâques, 13 avril 1727, Dom Pierre Aubin, prieur claustral de Saint-Gildas, se présente à l'église de Saint-Goustan pour célébrer l'office paroissial. « Le vicaire-perpétuel, qui, devançant l'heure ordinaire, a déjà commencé l'office et fait l'aspersion, lui nie son droit et refuse de le laisser célébrer. Une vive contestation s'élève à ce sujet dans la sacristie. Les moines y appellent un notaire de la juridiction de l'abbaye et lui font dresser procès-verbal du refus opposé par le vicaire-perpétuel. Lecture publique de cet acte est faite à l'église devant les paroissiens, pris comme témoins et

---

(1) Luco, ouvrage cité, p. 284.

scandalisés. Le prieur dut alors se retirer et dire sa messe au couvent. » On ignore la suite donnée à cette affaire, mais, sans aucun doute, cette fois encore, les religieux obtinrent gain de cause, car le droit dont il s'agit paraît bien leur avoir été maintenu jusqu'à la Révolution.

Les Bénédictins de Saint-Gildas eurent aussi de pénibles difficultés résultant de leurs rapports avec leur abbé commendataire. Une nouvelle convention, faite en 1678 avec l'abbé Bertot, successeur de Michel Ferrand, avait modifié les relations établies entre la mense abbatiale et la mense conventuelle. Mais l'exécution en laissait beaucoup à désirer, car si l'abbé Bertot percevait exactement ses revenus, il se dispensait d'acquitter les charges qui lui incombaient. Les moines ne purent rien obtenir de lui de son vivant, mais ils exercèrent plus utilement leurs revendications sur sa succession. Ils introduisirent une instance devant le bailli de Montmartre, juridiction compétente, parce que l'abbé résidait à l'abbaye de ce nom près Paris et y était mort, et le 6 décembre 1681, Madeleine Bertot, sa nièce et son héritière, fut condamnée à diverses indemnités dont l'ensemble se montait à une assez forte somme (1).

(1) Luco, ouvrage cité, pp. 283-286.

Au total, à la fin du dix-septième siècle, le monastère se trouvait dans un état de restaurations remarquable. Voici comment il se présente à nos regards, dans son aspect de 1687, saisi alors par le dessin et ensuite fixé par la gravure : « L'abbaye, dit M. l'abbé Luco (1), se composait des parties suivantes : A l'extérieur, l'église avait la disposition actuelle (2). En face de son portail, on voyait l'ancienne entrée principale du couvent, monument grandiose nommé *propylæum* et alors tombant en ruine ; à sa place on a fait le grand portail actuel. Entre le propylæum et l'église se trouvait l'entrée ordinaire. Le cloître carré, avec un puits au centre, était à la place encore maintenant occupée par ses restes. La maison abbatiale faisait suite, vers le couchant, au côté du cloître adossé à la nef de l'église. Derrière le cloître, du côté de la mer, se trouvait le jardin de l'infirmerie entouré de murs assez hauts. Au chevet de l'église, il y avait un autre jardin clos, avec un puits au milieu, et communiquant par une porte en grille avec le grand jardin ; on le nommait jardin à fleurs, *hortus florum*. Le grand

---

(1) Ouvrage cité, pp. 287, 288. — Cf. Bibliothèque nationale. Département des estampes. V^e 22. *Monasticon gallicanum. Plans topographiques. Abbayes*, t I, pl. 33. — Louis Courajod, *Le Monasticon gallicanum*. Paris, 1869, in-fol. Pl. 152.

(2) Mais la nef était complètement ruinée.

jardin, divisé en seize carrés, bien planté d'arbres à fruits et servant de potager, s'étendait depuis l'église jusqu'au petit bois du côté de la mer. A l'angle de ce bois, où les religieuses actuelles ont leur cimetière particulier, il y avait une tourelle jouissant d'une vue délicieuse sur la mer. Une grande vigne s'étendait depuis le jardin de l'infirmerie le long du grand jardin et du bois ; à sa place, il y a un champ. Tout ce qui précède était clos par de hautes murailles. Dans la grande cour, où est maintenant la maison abbatiale, il y avait, auprès du propylæum, l'écurie des chevaux et les pressoirs, auxquels faisait suite le grand grenier ; venaient ensuite l'aire à battre, qui était commune entre les religieux et l'abbé, le petit grenier et l'étable ordinaire. Le fameux colombier, dont il a été question plus haut, se trouvait aussi au fond de cette cour. »

Les redevances perçues par l'abbaye dans la région de Ruis et dont, au reste, à ce qu'il semble, la plus large part profitait non aux moines, mais à l'abbé commendataire, étaient loin d'être sans compensation, puisque le monastère contribuait d'une façon notable, par exemple au moyen d'améliorations apportées à l'exploitation du sol, à la prospérité du pays. C'est ainsi que dans le courant de l'année 1698, « les religieux firent commencer la conversion des marais de la Villeneuve dans la prairie de Saint-Armel, en nouvelles salines. Cette entreprise leur coûta plus de 20000 livres. Pendant la dernière année des travaux (1714-1715), ils y employaient de sept à huit cents ouvriers par jour (1). »

Ce fut également, pour les ouvriers du pays, une occupation sans doute fort appréciée que la reconstruction de la nef de la vieille église abbatiale, entreprise presque en même temps que le précédent travail par le zèle vigilant des Bénédictins de Saint-Maur. « Le 17 septembre de la même année, dit M. l'abbé Luco (2), les religieux firent marché, à Saint-Gildas, avec un entrepreneur de Vannes pour la reconstruction de la nef de leur église, des collatéraux de la nef, de la tour, des croisées, et pour la restauration de la partie du cloître adossée à l'église, moyennant la somme de 20089 livres, 10 sols. Il fut convenu, en outre, qu'il paverait en briques cuites la nef, ses collatéraux et l'espace sous la tour pour 202 livres, 10 sols, qu'il cintrerait les huit vitraux et les huit œils-de-bœufs de la nef et les trois de la tour pour 344 livres, et qu'il mettrait toutes les serrures nécessaires pour 100 livres. Les religieux se chargèrent des charrois, de

---

(1) Luco, ouvrage cité, p. 291.
(2) Ouvrage cité, pp. 291, 292.

donner la soupe aux ouvriers deux fois par jour, de nourrir, à la portion de leur table, l'entrepreneur et son appareilleur. Le cheval de l'entrepreneur devait lui-même être logé et nourri aux frais du couvent. Toutes ces sommes réunies étaient acquittées avant le 9 septembre 1727 ; ce qui permet de supposer que les travaux étaient achevés à cette époque. »

Une construction moins agréable pour eux fut imposée aux religieux, une vingtaine d'années après l'achèvement de leur nef. « La maison abbatiale, que la vue de l'abbaye, telle qu'elle était en 1687, nous a montrée comme faisant suite au côté du cloître adossé à la nef de l'église, fut détruite vers 1740. L'abbé Jean-Joseph de Villeneuve-Trans, qui voulait résider à Saint-Gildas, demandait qu'un nouveau logis abbatial lui fût construit. Au procès engagé, à ce sujet, entre lui et les religieux, ces derniers furent condamnés à faire bâtir le logement exigé. Capitulairement réunis, le 8 août 1744, ils en firent marché avec un entrepreneur de Saint-Malo, qui s'engagea à livrer la maison le dernier jour de septembre 1745, pour la somme de 12600 livres. Les maçons commencèrent les travaux avant la fin de l'année 1744 ; l'ouvrage traîna en longueur par la faute de l'entrepreneur, qui se désista de son entreprise avant la fin, et coûta plus que ne l'indiquait le marché du 8 août. Cette maison existe encore dans la cour d'entrée et sert maintenant à recevoir les étrangers pendant la saison des bains (1). »

L'abbé de Villeneuve-Trans, il convient de lui en savoir gré, tint, à ce qu'il semble, sa résolution de résider au siège de son bénéfice, et, par conséquent, de dépenser son revenu dans le pays d'où il le tirait. Du moins mourut-il en 1772 dans la maison dont il vient d'être question, et son corps fut inhumé dans l'église de Saint-Gildas, où son tombeau se voit encore. Il paraît qu'il s'était d'ailleurs assez mal acquitté des obligations de la mense abbatiale, car, par convention en date du 12 octobre 1773, sa succession se reconnut débitrice d'une somme de 21000 livres à la mense conventuelle (2). Il fut le dernier successeur de saint Gildas et de saint Félix. En effet, après sa mort, sur la demande de Mgr Charles-Jean Bertin, évêque de Vannes, le roi Louis XV obtint du pape Clément XIV la suppression du titre d'abbaye au monastère de Saint-Gildas et l'union perpétuelle de sa mense abbatiale à la mense épiscopale, reconnue insuffisante. On ne saurait méconnaître les avan-

---

(1) Luco, ouvrage cité, p. 297.
(2) Luco, ouvrage cité, pp. 297, 360, 378.

tages de cette union au point de vue des intérêts généraux de l'Eglise et du bon usage de ses biens. Mais les religieux de Saint-Gildas, qui n'avaient pas été consultés, présentèrent au roi un mémoire où ils soutinrent que l'union de la mense abbatiale à l'évêché, dans les conditions où elle s'effectuait, allait priver leur mense conventuelle du tiers de ses revenus. Ils rappelèrent à ce propos qu'ils étaient obligés à des dépenses assez considérables pour les naufragés sur la côte et pour les officiers généraux de la marine qui se réfugiaient chez eux en temps de guerre. Néanmoins un plein accord finit par s'établir entre l'évêché et le monastère, et un acte capitulaire, en date du 12 décembre 1775, accepta les propositions faites aux religieux par Mgr Amelot, successeur de Mgr Bertin (1).

Dès l'année 1689, une mesure analogue avait été prise, mais du consentement des religieux, à l'égard d'un prieuré dépendant de Saint-Gildas, celui de Saint-Vincent du Hézo, tombé aussi en commende. Les revenus en avaient été attachés à perpétuité à l'entretien du grand séminaire diocésain. Seulement, les moines de Saint-Gildas s'étaient réservé la juridiction temporelle dont jouissait ce prieuré. « Or, en 1715, dit

---

(1) Luco, ouvrage cité, pp. 301, 302.

M. l'abbé Luco (2), ils voulurent user de cette réserve par les deux actes suivants. Le 22 janvier, fête de saint Vincent, patron de la chapelle, Dom Georges Botherel, procureur de l'abbaye, assista aux offices célébrés par le curé de Surzur, sur la paroisse duquel était situé le prieuré. A l'issue de l'office, le susdit procureur, comme seigneur du lieu, reçut dans le cimetière et à la porte de la chapelle la soule qui, cette année, dut être fournie par Marin Le Breton, cultivateur et le dernier marié de l'endroit, puis il la jeta au peuple... La soule ou saoule était une boule de bois ou un ballon que le seigneur jetait aux jours de fêtes parmi la foule qui se le disputait. Selon l'usage, au Hézo, elle était fournie par le sujet du fief qui, dans l'année, s'était marié le dernier, et un religieux de Saint-Gildas la jetait après les offices, le jour de la fête patronale...

« Le 15 mars suivant, Dom Botherel s'y transporta de nouveau avec Dom Joly, prieur claustral de Saint-Gildas. En signe de seigneurie et de mouvance, ils firent planter, au son du tambour, entre le cimetière et la croix du village, sur le terrain appartenant à leur monastère, un pilier portant les armes de l'abbaye. Procès-verbal de cette plantation fut dressé

(2) Ouvrage cité, pp. 288, 293-296, 335.

en présence de Gabriel Guégan, chapelain et desservant de la frairie. Une copie en fut affichée à la porte de la chapelle et une autre adressée à l'abbé Pierre Rodes, supérieur du grand séminaire, comme plus grand vassal de ce fief. » — Mais ce dernier prit fort mal la chose. Jugeant abusive la prétention des religieux, il porta l'affaire au Grand-Conseil. D'accord avec le demandeur, le procureur général près le parlement de Bretagne intervint dans l'instance et revendiqua pour le roi la prérogative contestée. Après un formidable procès, durant lequel les religieux de Saint-Gildas et les prêtres de la Mission ou Lazaristes, auxquels était confiée la direction du séminaire de Vannes, échangèrent un grand nombre de factums (1), un arrêt, en date du 31 mars 1718, déclare le fief du Hézo de mouvance et haute justice royale et en attribua la

---

(1) « Le fonds de l'abbaye de Saint-Gildas, aux archives de Vannes, dit M. l'abbé Luco, est encombré par les pièces écrites à l'occasion de ce procès ; elles forment, à elles seules, plusieurs liasses. » — L'une de ces pièces : *Mémoire pour les religieux, prieur et couvent de l'abbaye de Saint-Gildas de Rhuis, défendeurs, contre les prestres de la Congrégation de la Mission du séminaire de Vannes, demandeurs, et encore contre M. le procureur général, intervenant* (in-fol. de 15 p.), envoyée à Saint-Germain-des-Prés, se trouve encore aujourd'hui dans le manuscrit latin 12674, fol. 338 (*Monasticon benedictinum*, XVII, G.) à la Bibliothèque nationale.

juridiction au présidial. Les religieux de Saint-Gildas furent condamnés à la démolition de leur pilier et aux frais du procès. D'autres contestations s'ajoutaient à celle-ci, mais le P. de Sainte-Marthe, supérieur général de la Congrégation de Saint-Maur, et le P. Bonnet, supérieur général des Lazaristes, réussirent enfin à mettre la paix entre leurs belliqueux subordonnés de Bretagne.

Un état du temporel de l'abbaye, dressé par le prieur claustral en 1776, nous apprend que la valeur de ses biens s'élevait alors à 293900 livres et ses revenus à 14695 livres. Ces derniers ne s'élevaient qu'à 12966 livres, avec des charges de 4955 livres, selon un autre état du 3 juin 1774. Le rapport des deux menses, abbatiale et conventuelle, peut être relativement apprécié à l'aide d'un état, spécial à cette dernière, dressé le 25 juin 1756. Cet état « nous apprend qu'alors ses revenus étaient de 3338 livres 1 sol 8 deniers, ses charges de 560 livres, et qu'il n'y avait que huit religieux au monastère, ayant chacun un revenu annuel de 347 livres 10 sols 2 deniers. Les charges mentionnées dans cette pièce sont, dit l'auteur, les frais de l'hospitalité et de l'église que les abbés ne soutiennent qu'en faible partie (1). »

(1) Luco, ouvrage cité, pp. 298, 302.

La crise terrible qui bouleversa la France à la fin du siècle dernier et dont, à bien prendre, elle n'est pas sortie encore à la fin de celui-ci, atteignit naturellement les Bénédictins de Saint-Gildas comme tous les ordres religieux et l'Eglise de France entière. La communauté proprement dite ne se composait plus alors que de quatre membres. « Leurs noms, dit M. l'abbé Luco (1), se trouvent dans l'inventaire fait à l'abbaye, le 25 mai 1789, par les commissaires de la municipalité de Saint-Gildas. Il y avait Yves-René Gannat, de Guérande, profès de 1759, âgé de 50 ans et prieur claustral ; Charles Broust, de Danjeau au diocèse de Chartres, profès de 1775, âgé de 37 ans et sous-prieur ; René-Bonaventure Lorho, d'Auray, profès de 1771, âgé de 40 ans et procureur ; Théophile-Louis Quénerdu, de Douarnenez au diocèse de Quimper, profès de 1777, âgé de 30 ans et cellerier. Tous étaient prêtres, et, malgré leur petit nombre, ils disaient deux messes par jour à l'intention des fondateurs et des bienfaiteurs de l'abbaye, et célébraient pour eux un obit chaque année. Il y avait, en outre, avec le titre de commis donné, Laurent Toufaire, du Mans, âgé de 60 ans et habitant le monastère depuis l'année 1766. »

(1) Ouvrage cité, p. 304.

Le nom du vieux saint celtique, devenu, à cause de l'abbaye, celui du bourg qui s'était construit, pour ainsi dire, sous ses ailes, était devenu suspect au philosophisme triomphant. Un décret de l'Assemblée nationale, en date du 15 janvier 1790, y substitua celui d'Abélard, qui avait naguère si peu goûté ce séjour. Après le décret du 13 février de la même année, supprimant les ordres religieux, les bénédictins de Saint-Gildas furent, par mesure transitoire, autorisés à continuer quelque temps dans l'abbaye la vie commune. L'usage du mobilier leur fut provisoirement laissé, mais quant aux immeubles « il ne leur resta bientôt plus que les bâtiments réguliers et le jardin, car, après la récolte de 1790, tous les biens de l'abbaye furent, par ordre de la nation, loués aux plus offrants. Le 13 novembre, Dom Lorho, ancien procureur du monastère, prit à ferme pour 1110 livres par an, la métairie dite le pourpris de l'abbaye et dont faisait partie la maison abbatiale. Le 16 du même mois, la veuve Lorho, d'Auray, dut à l'occasion de ce bail, cautionner pour son fils (1). »

Dès le commencement de l'année suivante, la main de la Révolution se fit plus lourde et les derniers religieux de Saint-Gildas se séparèrent.

(1) Luco, ouvrage cité, pp. 229, 304, 305.

Le 1ᵉʳ avril 1791, les commissaires de la municipalité d'Abélard mirent les scellés sur les meubles de l'abbaye. « A cette date, dit M. l'abbé Luco(1), il ne restait plus aucun religieux dans les bâtiments conventuels. Dom Lorho et Toufaire habitaient l'abbatiale à titre de fermiers. Le 8 du même mois, Quénerdu était à Vannes et déclarait qu'il ne se rendrait pas à la maison de réunion fixée à Prières (2), mais qu'il vivrait en son particulier dans cette ville ou dans les environs. On le trouve, en effet, à Séné, le 27 février 1783, protestant contre la municipalité qui lui refuse un certificat de résidence pour la perception de son traitement (3). Dom Broust se retira à Lorient, où il mena, jusqu'à sa mort, une vie loin d'être édifiante. On ignore ce que devint Dom Gannat. Quant à Dom Lorho, rejoint dans sa ferme par deux de ses sœurs, après s'être caché quelque temps dans la maison abbatiale et avoir

---

(1) Ouvrage cité, pp. 306, 307.
(2) Lors de la suppression des ordres religieux, il avait été décidé qu'un petit nombre de maisons seraient désignées, où pourraient se réunir, dans chaque département, les membres de ces ordres qui voudraient continuer à vivre en communauté.
(3) Une pension avait été accordée par l'Assemblée constituante aux membres des ordres religieux supprimés par elle. Mais par suite des péripéties et persécutions redoublées de cette effroyable époque, Dieu sait ce qu'il en advint.

passé pour émigré, ce qui fit autoriser, le 28 novembre 1792, Toufaire à tenir seul la ferme, il dut quitter Saint-Gildas et se cacher ailleurs. Lorsque la tourmente révolutionnaire fut un peu apaisée, il reparut à Auray avec ses deux sœurs et y vécut pendant quelques années, tranquille et ignoré. Une de ses nièces, qui vit encore et l'a connu, atteste qu'il était d'un caractère exceptionnellement aimable et gai. Mais les chagrins les soucis, les privations de toute nature qu'il dut endurer pendant qu'il se cachait, avaient singulièrement ébranlé sa santé ! Il mourut à Hennebont aux premières annnées de ce siècle. »

Le 2 mai 1791, A. Ribot, premier huissier du ci-devant siège royal de Ruis, commença la vente publique des meubles de l'abbaye, qui dura huit jours. L'argenterie, les archives et la bibliothèque furent réservées pour être transportées au chef-lieu du département. Cette bibliothèque comprenait 206 volumes in-folio, 211 in-quarto, 107 in-octavo, 673 in-douze, et, de plus, environ 200 autres volumes de différents formats et non reliés, les uns couverts en parchemin et le reste sans couverture. La plupart de ces volumes se retrouvent encore aujourd'hui dans la bibliothèque de la ville de Vannes (1).

(1) Luco, ouvrage cité, pp. 305, 307, 308.

En attendant leur vente comme bien national, les immeubles tombèrent dans un triste état. « Il est très probable, dit M. l'abbé Luco (1), que les maisons n'étaient plus habitées en 1796: car elles n'étaient point habitables. Presque toutes les chambres n'avaient ni volets, ni fenêtres, ni portes ; les maisons et l'église étaient dans un délabrement total. Le monastère se trouvait dans ces conditions, lorsque le 1er thermidor an IV (juillet 1796), il fut vendu nationalement la somme de 55479 francs au citoyen Jacques-Jean-Baptiste Casset-Verville, négociant à Vannes, et agissant pour le citoyen François-Jean-Baptiste Dessaux, négociant à Nantes. Outre les bâtiments, toutes les dépendances de l'abbaye étaient comprises dans l'acte de vente, moins les marais salants et les terres situées en dehors de la commune de Saint-Gildas. Verville, qui avait gardé cette acquisition sous son nom, céda le tout, le 9 vendémiaire an V (octobre 1796), pour le même prix, au citoyen Magloire-Laurent Bisson, négociant à Lorient... Le citoyen Bisson trouva beaucoup de ruines à l'abbaye. Loin d'y faire des réparations, il se mit à vendre les matériaux à vil prix. Plusieurs bâtiments disparurent ainsi. Il paraît qu'un égal sort était réservé

---

(1) Ouvrage cité, pp. 314, 345.

à l'église elle-même, lorsque la commune en devint propriétaire, celle de Saint-Goustan, qu'on avait tenté de réparer en 1801, ne pouvant plus servir convenablement au culte. »

L'affectation au service paroissial de la vieille église abbatiale, aujourd'hui classée comme monument historique, fut son salut. Le monastère à son tour dut, en notre siècle, non seulement la conservation de ses restes menacés, mais sa restauration matérielle et sa renaissance religieuse à une congrégation nouvelle, dont la fondation se rattache, elle aussi, à des évènements et à des personnages illustres de notre histoire.

V

NOUVELLE RENAISSANCE. — LA CONGRÉGATION DE LA CHARITÉ DE SAINT-LOUIS

La décadence religieuse et morale de la France au dix-huitième siècle fut la cause principale des abominables excès de la période révolutionnaire. Il ne faut pas croire pourtant que cette décadence fût absolue et universelle. Sous le double triomphe du libertinage d'esprit et de mœurs, alors décoré du nom de *philosophie*, et qui ne mérite que celui de *philosophisme*, non seulement un vif courant de christianisme se maintint dans notre pays, mais on y vit se développer de puissants germes d'une renaissance future. Le jansénisme proprement dit ne doit pas être compté parmi ces éléments de compensation et d'espérance providentielles. Il fut, au contraire, de diverses façons, conscientes et inconscientes, un déplorable auxiliaire de l'incrédulité et un actif agent de la révolution en perspective (1).

(1) Sur les effets du jansénisme au dix-huitième siècle, cf. notre ouvrage intitulé : *Les Préliminaires de la Révolution*. Paris, Retaux-Bray, 1890, in-12, p. 8 et suiv.

Mais il serait injuste de confondre absolument avec cette pernicieuse autant qu'absurde hérésie, bien que celle-ci l'ait presque toujours imbue à quelque degré de ses maximes et de ses usages, la piété sincère et profonde, quoique étroite et souvent rigoriste, qui se transmettait à côté d'elle, mais quelquefois en dehors d'elle, dans les vieilles familles de la haute bourgeoisie française, en particulier dans la magistrature parlementaire. Il y a en effet bien des degrés, dans la théorie et la pratique, entre l'hétérodoxie formelle et la parfaite orthodoxie. Parallèlement à ce courant mêlé, pour ainsi dire, de bonnes et de mauvaises eaux, la Compagnie de Jésus, qui ne laissait pas, à l'aide de communications latérales, d'en atténuer les éléments fâcheux, lutta jusqu'à sa suppression, avec une admirable énergie et avec un réel succès, pour maintenir en France le courant large et fécond de la grande et pure tradition catholique et d'une piété non seulement forte et solide, mais généreuse, vivante et fervente. Après sa suppression, son heureuse influence subsista encore à cet égard comme double remède au jansénisme et au philosophisme de cette époque. La dévotion au Cœur de Jésus, en conséquence des révélations faites sur la fin du siècle précédent à la bienheureuse Marguerite-Marie (1647-1690), se développa de jour en jour davantage dans l'Eglise de France sous le nom de Sacré-Cœur, sujet et symbole spécial de l'Amour divin, et devint, comme notre siècle en a témoigné, l'un des germes et des éléments principaux de la renaissance religieuse qui devait succéder aux catastrophes révolutionnaires (1).

On remarque de notables traces des deux courants religieux dont nous venons de constater l'existence parallèle, non sans communications latérales, au dix-huitième siècle, dans la vie et le caractère de Madame Molé de Champlâtreux, l'un des instruments, et non des moindres, de la renaissance catholique de ce siècle-ci.

Marie-*Louise*-Elisabeth de Lamoignon était née à Paris, le 3 octobre 1763. Elle était le quatrième enfant de Chrétien-François de Lamoignon, président à mortier au parlement de Paris, qui fut garde-des-sceaux en 1787 et 1788, dans le ministère formé par l'archevêque de Toulouse, Loménie de Brienne, et de Marie-Elisabeth Berryer, fille de Nicolas-René Berryer, successive-

(1) Sur les origines et les développements du culte du Sacré-Cœur nous renvoyons aux deux excellents ouvrages dont les titres suivent : *Histoire de la bienheureuse Marguerite-Marie, religieuse de la Visitation Sainte-Marie au monastère de Paray-le-Monial, et des origines de la dévotion au Cœur de Jésus*, par le P. Charles Daniel. Paris, Lecoffre, 1874, in-12. Quatrième édition. — *La France et le Sacré-Cœur*, par le P. Victor Alet. Paris, D. Dumoulin, 1889, in-4°.

ment conseiller au Parlement, maître des requêtes, intendant du Poitou, lieutenant de police, conseiller d'Etat, ministre de la marine et enfin garde-des-sceaux en 1761.

Le garde-des-sceaux Lamoignon fut un assez triste homme d'Etat, et il n'accrut point la gloire de l'illustre famille de robe qui avait brillé sous Louis XIV d'un si vif éclat, par l'alliance des vertus chrétiennes avec les grandes qualités civiles, judiciaires et politiques, et par le goût et le protectorat éclairé des lettres. Digne de son père, le premier président, et de l'avocat général, son frère, qui s'honorèrent de l'amitié de Bourdaloue et y joignirent celle de Boileau, Madeleine de Lamoignon avait, elle, été alors l'amie et l'auxiliaire de saint Vincent de Paul. Le garde des sceaux Berryer avait dû sa brillante carrière à ses complaisances pour Mme de Pompadour. Mais sa femme, Mme Berryer, était une chrétienne d'élite, qui avait transmis ses sentiments et ses vertus à Mme de Lamoignon, sa fille, et qui les transmit encore à sa petite-fille, Marie-*Louise*-Elisabeth, dont, sur sa demande, l'éducation lui fut confiée.

« A cette école aussi douce que grave, dit M. le marquis de Ségur (1), Louise fit de rapides

---

(1) *Vie de Madame Molé, fondatrice de l'Institut des Sœurs de la Charité de Saint-Louis, 1763-1825*, Paris, Bray et Retaux, 1880, in-12, p. 8.

progrès dans la vertu. Elle préférait aux divertissements accoutumés de la jeunesse et aux plaisirs brillants que ses sœurs trouvaient dans la maison paternelle, la vie retirée et studieuse qu'elle menait chez sa grand'mère. La prière était le principal attrait et le plus cher aliment de son âme, et après la prière, l'étude était sa plus agréable occupation. Son esprit vif et pénétrant s'ouvrait sans peine à toutes les connaissances. Non contente des leçons ordinaires de français, de littérature, d'histoire et de géographie qu'on donne aux jeunes filles, elle voulut apprendre le latin, et plus tard elle se perfectionna si bien dans cette étude qu'elle pouvait lire sans difficulté dans cette langue la Sainte Ecriture et les ouvrages des Pères de l'Eglise.

« Elle cultivait les arts avec le même succès et le même goût que les lettres, et elle ne tarda pas à devenir si bonne et si habile musicienne, qu'elle égalait sur le clavecin, les meilleurs artistes. Le célèbre organiste Claude Balbâtre, élève de Rameau, qui lui donnait des leçons, en était dans l'admiration, et il venait chez elle non plus, disait-il, pour la perfectionner dans son art, mais pour l'entendre jouer et pour faire de la musique avec elle.

« C'est dans ces exercices variés, dans ces études sérieuses ou charmantes, et surtout dans la pratique de la retraite et des vertus chrétiennes, que s'écoula, sous les yeux de son aïeule, l'heureuse et féconde jeunesse de Louise de Lamoignon. »

Parmi les fâcheux usages introduits par l'esprit janséniste dans l'Eglise de France, aux dix-septième et dix-huitième siècles, il faut noter celui des premières communions tardives, qui contrastait avec celui des mariages plutôt prématurés. « L'intervalle qui sépara ces deux grands actes de la vie de Louise de Lamoignon ne fut donc que de courte durée. » Il semble résulter de son propre témoignage que la pieuse jeune fille, si elle eût été pleinement maîtresse d'elle-même, aurait dès lors préféré la vie religieuse, quoique cette vocation ne fût pas assez prononcée en elle pour y devenir un cas de conscience. « Prévenue, dès ma plus tendre jeunesse, des grâces du Ciel, dit à ses enfants Madame Molé dans son testament, la solitude et la retraite eurent toujours pour moi des charmes et furent l'attrait de mon cœur; cependant mes parents, dès l'âge de quinze ans, m'unirent à l'homme le plus vertueux, comme aussi le meilleur : que vous êtes malheureux de n'avoir pu le connaître davantage ! (1). »

(1) Ségur, ouvrage cité, pp. 10, 11, 317.

Ce digne époux était Edouard-François-Mathieu Molé, comte de Champlâtreux, d'une famille illustre dans la robe à l'égal de la famille de Lamoignon, et dont la grande figure de Mathieu Molé, premier président du Parlement pendant la Fronde, avait à jamais fixé le nom dans notre histoire. En plein accord avec lui et sous sa protection constante, la jeune Madame Molé, sans négliger aucun de ses devoirs de famille ou de société, mena au sein même de cet heureux mariage, où elle fut mère de cinq enfants, la vie non seulement d'une fervente chrétienne, mais presque d'une religieuse militante.

« Ses matinées, dit M. de Ségur (1), appartenaient tout entières à la charité sous ses deux formes également admirables, Dieu et les pauvres. Elle commençait par l'église, assistait à la messe où elle communiait souvent. Puis elle faisait sa tournée charitable. Le curé de Saint-Sulpice lui avait remis une liste des pauvres les plus nécessiteux de sa paroisse. Elle les visitait successivement, ne s'arrêtant ni devant la fatigue de monter plusieurs fois cinq ou six étages, ni devant le dégoût naturel qu'inspire le spectacle de la misère ou du vice dans ce qu'ils ont de plus repoussant. La malpropreté et la mau-

---

(1) Ouvrage cité, pp. 17, 18, 20, 21.

vaise odeur, la vue des plaies, la grossièreté des sentiments et du langage, suite trop ordinaire de la pauvreté, rien ne la rebutait. Elle ne voyait dans les pauvres que les membres souffrants de Jésus-Christ, et entrait dans leur mansarde comme à l'église. Elle les secourait, les lavait de ses mains, leur donnait de l'argent, des vêtements, et, don plus précieux encore et plus rare, de bonnes et douces paroles. Elle caressait leurs enfants, s'informait de leurs besoins, des causes de leur misère, des moyens d'en sortir ; puis, s'élevant des nécessités du corps à celles de l'âme, elle leur parlait de Dieu, de son Eglise, de ses sacrements, de son amour pour les pauvres, des consolations et des espérances de la foi, du prix dont il couronnerait plus tard leurs souffrances chrétiennement acceptées. Alors elle se retirait, promettant de revenir, mais refusant de dire son nom, et ne voulant être pour ces infortunés que le messager anonyme de la Providence..

« Bien qu'elle voulût, par une humilité qu'on pourrait trouver excessive, garder l'incognito dans ses visites de charité, Madame Molé ne se bornait pas à des aumônes individuelles. Elle connaissait les bénédictions promises et accordées aux prières, aux bonnes œuvres accomplies en commun, et elle faisait partie des associations de dames pieuses qui, dans ces temps comme de nos jours, se consacraient au soulagement de la misère humaine sous toutes ses formes. A la tête de cette armée pacifique de la charité se trouvaient des personnes de la famille royale, entre autres la princesse de Condé et Madame Elisabeth, la sainte sœur du roi Louis XVI, qui répandait partout les bienfaits et qui devait expier sur l'échafaud son amour de Dieu et des âmes (1). Par son rang, comme par son angélique piété, Madame Molé se trouvait en rapport fréquent avec ces admirables chrétiennes qui, sur les marches du trône et au sein d'une cour corrompue, malgré les exemples des nouveaux souverains, donnaient le spectacle de tous les dévouements et de toutes les vertus.

« M. Molé, digne d'une pareille compagne, s'associait aux bonnes œuvres de sa femme en tenant à la disposition de sa charité les ressources de sa grande fortune. Jamais il ne trouvait à redire

---

(1) Comme son père, le dauphin, fils de Louis XV, et sa mère, la dauphine Marie-Josèphe de Saxe, Madame Elisabeth appartenait tout entière au courant religieux principalement représenté, jusqu'à sa suppression, par la Compagnie de Jésus. Elle fut une fervente adepte du culte du Sacré-Cœur. (Cf. P. Victor Alet, ouvrage cité, pp. 274, 280, 281). — Les associations de charité de la fin du dix-huitième siècle fournirent un excellent moyen de communication aux deux courants signalés plus haut.

à ses saintes prodigalités, et il se contentait de lui dire en plaisantant : « Vous faites mieux que le proverbe. Le proverbe dit que, par le moyen de l'aumône, on entre dans le ciel dans une voiture à six chevaux ; du train que vous y allez, vous y entrerez dans une voiture à douze chevaux. Si vous y arrivez la première, faites en sorte de me préparer une place auprès de vous. »

M. Molé, grâce à son nom et à l'influence du garde-des-sceaux, son beau-père, était devenu président à mortier au parlement de Paris, dont son père, encore vivant, avait été premier président sous Louis XV. Il ne joua qu'un rôle assez effacé dans les évènements auxquels fut mêlée cette cour souveraine dans les dernières années de l'ancien régime, et ne semble avoir pris aucune part, du moins bien ostensible, à ceux qui marquèrent les débuts de la Révolution. Mais son nom seul, sa situation de haut magistrat et de grand propriétaire féodal, notamment à Champlâtreux et à Méry, en firent de bonne heure un *suspect*. Dès la fin de l'année 1789 il dut se résoudre à chercher à l'étranger un asile pour lui et pour sa famille. « Il est probable, dit M. de Ségur (1), que, comme la plupart des émigrés qui n'allèrent pas à Coblentz se mettre à la

1) Ouvrage cité, pp. 43, 46, 47.

disposition des princes, il se retira en Angleterre et qu'il y mena la vie retirée, austère et réduite que lui imposaient les circonstances. En supposant que ses sentiments n'eussent point suffi, dans ces temps sans précédents où il était si difficile de connaître son devoir, à l'écarter du camp de Condé où ses beaux-frères se trouvaient avec la plupart des gentilshommes d'épée, ses fonctions et ses habitudes de magistrature ne laissaient place pour lui à aucune alternative. Son séjour en Angleterre ne fut donc qu'un temps de retraite et de solitude où il ne vécut que pour Dieu, sa femme et ses enfants. »

Ce qui semble indiquer que M. Molé, quoique profondément royaliste, ne partageait pas les illusions de ceux des hommes de son rang qui désiraient et qui espéraient une contre-révolution totale et prochaine, c'est le parti qu'il prit lors de la mise en demeure, d'ailleurs inique, adressée aux émigrés par l'Assemblée législative.

« M. Molé n'hésita point. Rester à l'étranger, c'était ajouter aux douleurs de l'exil les souffrances de la misère, et entraîner dans sa ruine sa femme et ses enfants... Qui sait même si, par une illusion trop facile aux âmes généreuses, il n'espérait pas trouver dans les auteurs et les hommes politiques de la nouvelle constitution quelque garantie pour sa personne et pour ses biens, quelque fidélité dans l'exécution de leurs promesses ? Il revint donc en France dans les délais fixés par les décrets, c'est-à-dire dans les premiers mois de 1792, et pensant avec raison que le séjour à Paris était encore moins dangereux que celui de Méry ou de Champlâtreux, il s'établit à l'hôtel Molé avec son vieux père, qui, infirme, âgé de quatre-vingt-sept ans, affaibli dans son intelligence, n'avait plus la pleine conscience des horreurs qui s'accomplissaient autour de lui, et assistait, en témoin presque désintéressé, à la ruine et au déshonneur de la France. »

C'est dans la gueule du loup que M. Molé s'était jeté en rentrant dans sa patrie. Il ne tarda pas à en ressentir les dents acérées. Il fut compris dans les arrestations en masse opérées à la suite du 10 août par la Commune de Paris, et au moyen desquelles se préparait la matière sur laquelle allait travailler, dans les massacres de septembre, l'horrible machiavélisme de Danton. Pourtant, grâce au dévouement d'un fidèle domestique, M. Molé fut arraché, d'une façon vraiment extraordinaire, à la boucherie organisée dans les prisons. Le récit tragique et touchant de cet épisode nous est fait en ces termes par M. le marquis de Ségur (1) :

(1) Ouvrage cité, pp. 51-54.

« Le tribunal d'assassins qui s'était installé dans la cour de la prison où était écroué M. Molé tenait depuis le matin ses horribles assises, et chaque prisonnier, interrogé pour la forme, était successivement *élargi*, c'est-à-dire conduit à la sortie de la prison où l'attendaient les piques et les couperets des exécuteurs de la justice populaire. Le courageux Duval, valet de chambre de M. Molé, s'était mêlé à la foule des septembriseurs, et avait trouvé le moyen de pénétrer avec eux jusque dans l'intérieur de la prison. Il attendait l'appel du nom de son maître, ne sachant pas encore ce qu'il ferait, mais décidé à tout tenter pour le sauver.

« Quand ce nom fut enfin prononcé, personne n'y répondit. M. Molé, averti de l'horrible comédie qui se jouait ou l'ayant devinée, avait gravi l'escalier de la prison et s'était caché dans les combles. Tandis qu'on s'étonne de son absence, que les juges se consultent, s'emportent et blasphèment, Duval sort de la foule, et s'adressant à ceux qui l'entourent aussi bien qu'au tribunal, il s'écrie en empruntant la phraséologie du jour : « C'est un ami du peuple ! Il y a erreur ! Ce n'est pas un aristocrate. Je le connais et l'aime beaucoup, car il m'a fait du bien. Vous devez le connaître comme moi. C'est un ami du peuple, qui ne cherchait qu'à faire du bien au peuple : le peuple ne peut avoir à se plaindre de lui. C'est sa femme que vous avez vu cent fois visiter les pauvres dans les mansardes, porter des remèdes aux malades, payer les mois d'apprentissage de nos enfants. C'est un vrai citoyen et je ne sais pourquoi on veut le faire mourir. On l'a certainement pris pour un autre ! » — L'animation de Duval, son accent de vérité, le souvenir des bienfaits de Madame Molé, dont le nom était populaire dans tout le quartier de Saint-Sulpice, peut-être la lassitude du crime et la fantaisie qui joue un si grand rôle dans les foules, toutes ces causes diverses agirent sur l'horrible auditoire du brave valet de chambre : « Eh bien ! s'écria quelqu'un des juges, va le chercher, et si tu le trouves, dis-lui que le peuple lui pardonne ! »

« Duval court, cherche partout son maître, et soupçonnant qu'il s'est caché dans les combles, y monte et l'appelle à haute voix. M. Molé l'entend et d'abord ne répond pas. Il a reconnu la voix de son serviteur et croit qu'il le cherche pour le livrer aux assassins. Enfin, se voyant au moment d'être découvert, il sort de sa cachette, et lui dit d'un accent de douloureux reproche : « Eh quoi ! Duval, c'est toi qui me trahis ! — Non, Monsieur, s'écrie le fidèle serviteur, ce n'est pas pour vous trahir, à Dieu ne plaise ! J'ai obtenu votre acquittement. Venez tout de suite. »

« M. Molé le croit, l'embrasse, le suit, descend avec lui dans la cour de la prison. Duval le présente à la foule qui l'acclame, qui le place de force sur un brancard, et rapporte en triomphe celui qu'elle s'apprêtait une demi-heure auparavant à déchirer en mille pièces (1).

« Depuis le matin Madame Molé était sur la croix. Le bruit du massacre des prisonniers s'était répandu dans tout Paris, et elle se demandait, à chaque minute qui s'écoulait, si ce n'était pas la dernière de la vie de son époux. Au bruit de la foule envahissant la cour de son hôtel, à l'aspect de ces figures, de ces hommes ensanglantés, elle frémit d'horreur et croit d'abord que c'est le cadavre de M. Molé qu'on lui apporte pour insulter à sa douleur. Mais un second coup d'œil la rassure. Elle le reconnaît, voit qu'il est en vie et devine à l'air rayonnant de Duval que le bon serviteur a réussi à sauver son maître.

« Elle se précipite au devant de l'étrange cortège, veut se jeter dans les bras de son mari. Mais les septembriseurs qui le portaient l'arrê-

---

(1) A propos de ces soudaines volte-face de la foule et même des massacreurs dans les journées de septembre, cf Taine. *Les Origines de la France contemporaine. La Révolution*. t. IV. *La Conquête Jacobine*, chap. IX, § V, p. 296 et suiv.

tent, et tandis que la foule, au milieu de laquelle elle reconnait des visages amis, l'acclame à son tour et l'accueille avec des cris sympathiques, les bourreaux mis en belle humeur lui disent en ricanant : « Tiens, petite citoyenne, voilà ton mari, nous te l'apportons, mais à la condition que tu nous embrasseras ! » Ils lui auraient demandé comme à Mlle de Sombreuil, de boire un verre de sang humain (1), qu'elle l'eût fait sans hésiter.

« Elle se prêta donc à leur caprice de tigres apprivoisés et de ses lèvres pures toucha la joue de ces bandits. Puis elle rentra chez elle en possession de son époux reconquis, tous deux brisés d'émotion, suivis du bon Duval qui jouissait plus qu'eux-mêmes de leur bonheur, tandis que le vieux président Molé, qui, de sa fenêtre, avait regardé en souriant le retour triomphal de son fils, l'accueillait comme s'il l'avait quitté la veille, également préservé, par le triste privilège de son âge et de son infirmité, des angoisses de l'inquiétude et de l'excès non moins dangereux de la joie (2). »

(1) L'authenticité de l'anecdote relative au verre de sang bu par Mlle de Sombreuil est contestée.
(2) Parmi les victimes des massacres de septembre, Madame Molé eut la douleur de compter son plus récent directeur spirituel, le P. Lenfant, ancien jésuite, et l'un des zélateurs du culte du Sacré-Cœur. Cf. Ségur, ouvrage cité, pp. 54, 55, et Victor Alet, ouvrage cité, pp. 276-278.

Mais cette délivrance ne fut qu'un répit. A la fin de 1793 ou au commencement de 1794, M. Molé fut arrêté de nouveau. Cette fois, les démarches pressantes, héroïquement opiniâtres du même serviteur, demeurèrent vaines (1). Le 20 avril 1794, après avoir reçu secrètement les secours de la religion, M. Molé paya de sa tête le nom qu'il portait et le rang qu'il avait occupé au parlement de Paris. Ce fut pour sa veuve un choc terrible. « Soit qu'elle eût espéré jusqu'à la fin dans la démarche de Duval près de Fouquier-Tinville, soit que de si terribles inquiétudes et de si longues douleurs eussent épuisé toutes ses forces physiques, la nouvelle de la mort de M. Molé la frappa comme un coup inattendu. Son saisissement fut tel qu'elle en resta terrassée et qu'elle tomba dès ce moment dans un état de paralysie de tous les membres qui dura plusieurs mois et qui mit sa vie en danger. » Toutefois « le premier moment de déchirement passé, elle retrouva toute son énergie morale, toute sa vertu

---

(1) « Le matin du jour fatal, d'après les traditions constantes conservées dans la famille, dit M. de Ségur, le brave valet de chambre entra précipitamment chez Fouquier-Tinville, et lui offrit au nom de Madame Molé une somme considérable, un million, dit-on, pour rançon de sa victime. Fouquier-Tinville se leva vivement, se frappa le front et s'écria: « Ah ! que n'êtes vous venu une demi-heure plus tôt ; maintenant il est trop tard : la charrette est partie ! » Ouvrage cité, pp. 57, 58.

chrétienne ; et la certitude du salut éternel de l'âme de celui qu'elle pleurait la consola de tout le reste. Le jour même où l'abbé de Sambucy vint lui annoncer qu'elle était veuve, elle se consacra immédiatement à Dieu par un vœu solennel qu'elle prononça entre ses mains, et elle offrit tout le reste de sa vie pour l'âme de son époux et pour le bonheur de ses enfants (1). »

Le respect des veuves et des orphelins n'était pas une vertu jacobine. « Quelques semaines après le mort de son mari, Madame Molé fut réveillée en sursaut un matin à sept heures par un bruit de pas précipités, des cris, des jurements, qui annonçaient quelque visite officielle. C'était une troupe de gardes municipaux qui venaient l'arrêter avec ses enfants... On lui laissa à peine le temps de se vêtir ;... elle ne put prendre et cacher sur elle qu'une petite bible, une *Imitation de Jésus-Christ* et un crucifix dont elle ne se séparait jamais... Comme elle ne pouvait marcher, on la mit sur un matelas, et quatre des municipaux l'emportèrent à travers les rues jusqu'à la prison où elle fut écrouée (2). » Dans son état de santé elle eut à subir dans cette prison de longues et cruelles souffrances, redou-

---

(1) Ségur, ouvrage cité, pp. 61, 63.
(2) Ségur, ouvrage cité, pp. 64, 65.

blées par celles de ses enfants (1). Toutefois, par une grâce particulière de la Providence, non seulement elle échappa à la mort, mais la paralysie dont elle était atteinte s'atténua graduellement, et quand elle fut mise en liberté, en 1795, elle put légitimement concevoir l'espérance, qui se réalisa en effet, d'un retour à la santé.

Elle se retira au château de Méry, avec Mme de Lamoignon, sa mère, et Mme Berryer, son aïeule, et s'y dévoua toute à l'éducation des trois enfants qui lui restaient et qui avaient partagé sa captivité : Louis-Mathieu Molé, son fils, qui devait ajouter encore à l'illustration de sa race en occupant dignement, sous trois régimes successifs, les plus hautes fonctions administratives et politiques (2), et deux filles, Marie-Félicité-Augustine, mariée en 1798 au vicomte Christian de Lamoignon, frère de Madame Molé, son oncle, et Louise, qu'elle eût la douleur de perdre

---

(1) On en peut voir le tableau dans le livre de M. de Ségur, p. 66 et suiv.

(2) Auditeur, puis maître des requêtes au Conseil d'Etat, préfet de la Côte-d'Or, conseiller d'Etat, directeur général des ponts-et-chaussées, grand juge ou ministre de la justice sous Napoléon, le comte Molé fut nommé pair de France, puis ministre de la marine, puis membre du Conseil privé sous Louis XVIII. Sous Louis-Philippe, il fut ministre des affaires étrangères et président du Conseil. Il fut élu membre de l'Académie française, le 21 février 1840. Né à Paris, le 24 janvier 1781, il mourut au château de Champlâtreux, le 23 novembre 1855.

peu de temps après son arrivée à Méry. Quand elle eut relevé la fortune et assuré l'avenir de ses enfants, elle résolut d'acquitter son engagement envers Dieu et tout d'abord reprit à Paris, sous l'habit laïque, la vie de piété ardente et de charité infatigable qu'elle y avait menée avant la Révolution.

La renaissance religieuse, sous le Directoire et dans les premiers temps du Consulat, se manifestait comme une aurore voilée de nuages et troublée par des retours de tempête. « L'état de l'Eglise, dit M. Léon Aubineau (1), paraissait lamentable : la milice sacerdotale était encore dispersée ; çà et là quelques prêtres revenus de l'exil ou échappés aux bourreaux cherchaient à rendre au peuple les pratiques publiques du culte, et aux âmes les enseignements dont elles avaient besoin. Ils manquaient de tout pour atteindre à leur but, leur dénûment aurait dû les décourager. L'esprit révolutionnaire, contrarié un instant dans son triomphe, pouvait croire sa victoire définitive. En présence des ruines qu'il avait faites, le temps d'arrêt que les circonstances lui imposaient était à peine à ses yeux un temps

---

(1) Notice sur *Madame Molé de Champlâtreux*, dans l'ouvrage intitulé : *Les Serviteurs de Dieu*. Paris, Victor Palmé, 1888, in-12, t. II, pp. 275-279. Cf. Ségur, ouvrage cité, p. 86 et suiv.

de repos dont il se flattait que personne ne saurait profiter contre lui...

« Aucune congrégation n'existait encore. Les membres des anciennes corporations dispersés songeaient à peine à se rejoindre : les uns tâchaient de rester isolément fidèles à quelques pratiques d'austérité, de prières et de pauvreté de la vie commune ; les plus heureux avaient trouvé asile à l'étranger, dans les maisons de leur ordre ; la mère Saint-Raphaël, l'élève de Madame Louise de France, qui réunit plus tard les débris du Carmel de Saint-Denis, était en Piémont ; elle y avait été appelée, après son expulsion de Besançon, par la *Vénérable* reine, Madame Clotilde de France qui naguère à Saint-Denis avait assisté à la prise d'habit de l'héroïque fille de Louis XV.

« Les Sœurs de Saint-Vincent de Paul, privées de leur costume, de leur nom, de leurs directeurs, dispersées en groupes peu nombreux, n'avaient pas encore essayé de se réunir rue du Vieux-Colombier, et encore moins de recevoir des novices, dont une des premières fut la sœur Rosalie. Tout était précaire, hésitant, mais tout renaissait néanmoins. Les chapelles privées se multipliaient ; on essayait de quelques prédications publiques. M. Rauzan élevait la voix dans la chapelle des Carmes ; M. de Lalande réorganisait les catéchismes à la Sainte-Chapelle.

D'autres voix s'appliquaient à faire retentir les enseignements divins dans quelques églises. Un des prêtres revenus de l'exil, M. Mayneaud de Pancemont, curé de Saint-Sulpice avant la Révolution, recommença à exercer son ministère sur sa paroisse avant même que l'église fût rendue au vrai culte. Son zèle, ses lumières étaient connus : Madame Molé le consulta ; il prit la direction de son âme ; il connut ses secrets et ses désirs, les approuva, croyant y reconnaître une véritable inspiration de l'esprit de Dieu.

« Les obstacles, il est vrai, étaient formidables. Outre l'état général des choses, Madame Molé avait des devoirs qui l'attachaient au monde. Elle s'en acquittait généreusement, en chrétienne et en mère, avec tous les attendrissements de la nature. Elle se reprochait cette faiblesse ; elle supportait amèrement les délais et les obstacles qui retenaient son ardeur de se donner entière à Dieu.

« Je suis malheureuse sur cette terre, s'écriait-elle ; mon cœur est comme noyé dans un océan d'amertume. D'où vient cela ? Je le sens, ô mon Dieu ! vous m'en avez convaincue, je ne suis pas là où vous m'appelez. Je ne pourrai jouir de la véritable paix que lorsqu'il me sera permis de tout quitter pour me livrer, dans la solitude, à la connaissance du divin Jésus, à l'étude de votre sainte loi, au recueillement et à la prière. Mon cœur, mon Dieu, vous le savez, est bien tout à vous ; mais il se trouve souvent ému, attendri, troublé par les liens du sang, de l'amitié ou de la reconnaissance : c'est pourquoi je soupire après le moment où les liens seront rompus, où il me sera donné de marcher d'un pas assuré et tranquille vers vous, qui êtes la source de tout bien. Vous le voulez, j'en suis certain ; mais quand viendra cet heureux instant ? Oh ! que vous vous faites attendre, jour mille fois désiré ! »

« C'était par ces aspirations que cette âme, languissant dans les liens du monde, de la richesse et des honneurs, calmait et nourrissait tout à la fois son ardeur de renoncement, de sacrifice et de pauvreté. Elle épanchait son cœur, elle répandait ses larmes et ses soupirs aux exercices publics du culte déjà restaurés et non encore reconnus cependant par la loi. L'hôtel Molé était situé dans la circonscription de la paroisse de Saint-Sulpice : mais la belle église en était toujours occupée par les prêtres intrus ; les paroissiens fidèles se réunissaient dans la chapelle des Carmes. Madame Molé avait sa place habituelle près de l'autel du Sacré-Cœur ; elle portait à ce cœur divin la plus tendre dévotion, et elle le conjurait avec ardeur de répondre à ses désirs et d'accepter ses engagements.

« M. Mayneaud de Pancemont, avons-nous dit, aussitôt qu'il était entré à Paris, avait repris le soin de sa paroisse, dont la vaste étendue et les besoins extrêmes lui offraient tous les moyens d'utiliser le zèle et la charité de sa pénitente envers les pauvres. Toutefois, Paris n'était pas le lieu où Madame Molé devait s'immoler et faire pénitence. En 1802, M. Mayneaud de Pancemont fut nommé évêque de Vannes : il proposa à Madame Molé de le suivre dans son diocèse, et d'y essayer enfin l'entreprise qu'elle méditait. »

Ce ne fut pas sans de vives résistances de la part de sa famille et de cruels déchirements intérieurs que Madame Molé suivit l'appel de Dieu et de son directeur spirituel et fixa irrévocablement sa vie dans une région écartée de la Bretagne, loin de tous les siens. Elle eut du moins la consolation d'y emmener avec elle Mme de Lamoignon, sa mère, alors âgée de soixante ans, et qui sans prononcer aucun vœu, ne se sépara plus désormais de sa fille, dont elle fut la constante auxiliaire, et à laquelle elle survécut. Avec cette vénérable dame et six autres compagnes, qu'elle avait choisies et dont elle avait soigneusement éprouvé la vocation, Madame Molé s'établit à Vannes dans une maison spacieuse mais délabrée, dont elle fit l'acquisition. « C'était, dit M. de Ségur (1), un ancien couvent, occupé avant la Révolution par une communauté de dames pieuses, et connu de temps immémorial sous le nom de *Père éternel*. On croit que ce nom un peu étrange qui, dans le langage populaire, a continué jusqu'à ce jour à désigner la congrégation des Sœurs de Saint-Louis, venait à cette maison d'un groupe en sculpture qu'on y voyait autrefois et qui représentait le Père éternel bénissant le monde. Située sur le bord du canal qui forme le port de Vannes, à deux pas du palais épiscopal, cette propriété touche à la ville par sa façade, et de l'autre côté s'étend dans la campagne. Le quai qui borde le canal est large, planté de grands arbres, de sorte que cette maison vraiment privilégiée joint aux avantages de la cité le calme, le silence et la liberté qu'on ne trouve habituellement que dans la solitude des champs. Elle était à vendre pour quarante mille francs, somme considérable pour le temps et pour le lieu, mais qui s'explique par l'étendue de terrain où sont établis aujourd'hui les ateliers de jeunes filles et les vastes jardins de la communauté. »

Tel fut le berceau et tel est encore le siège principal, la maison-mère de la congrégation

(1) Ouvrage cité, p. 101.

fondée par Madame Molé et à laquelle elle donna le nom d'Institut de la Charité de Saint-Louis. Le choix de ce patron, outre les raisons tirées des vertus propres du saint roi, reporte naturellement l'esprit sur les sentiments traditionnels de la fondatrice, sur ses relations religieuses et charitables avec la famille royale avant la Révolution, et sur l'horreur que lui avait fait éprouver l'odieux supplice des augustes prisonniers du Temple. Il n'est pas douteux que le motif principal de sa détermination et de sa fondation religieuse ait été une pensée d'expiation pour la Terreur, et que son intention primitive se soit avant tout dirigée vers une vie de pénitence et de prière. Son propre témoignage en fait foi : « Dès le début de son œuvre, dit M. de Ségur (1), alors qu'elle préparait les constitutions de sa communauté naissante, elle écrivait à Mgr de Pancemont :

« Je crois devoir vous manifester l'esprit que Dieu m'inspire. Si je ne me trompe, c'est un esprit de pénitence, je dirai même de victime, pour tous les crimes qui ont été commis en France. »

« Et un peu plus tard, après avoir reçu la réponse approbative du prélat :

(1) Ouvrage cité, p. 123.

« Quels sont les desseins de Dieu sur son œuvre et sur moi ? Il m'est permis de dire que je n'en doute plus, puisque, au témoignage intérieur de ma conscience et de ce divin Esprit qui, depuis tant d'années, me fait entendre sa voix, je joins encore le vôtre, et que vous êtes le seul organe par lequel je puisse connaître d'une manière certaine et sensible la volonté de Dieu. Vous avez prononcé qu'il était vrai que cette œuvre devait être une œuvre d'expiation, de pénitence et de réparation pour mon malheureux pays ; que tels en étaient le but et l'esprit. Qu'il est consolant pour moi d'avoir cette assurance ! Mon pays m'a persécutée ; je l'ai haï. C'est pour cela que je me trouve plus portée à m'immoler pour lui. Oui, je donnerais tout à l'heure ma vie pour y voir la foi de Jésus-Christ triomphante. Si vous me le permettez, je donnerai plus que ma vie ; car j'accepterai de bon cœur de vivre encore longtemps, s'il le faut, pourvu que ma vie ne soit qu'un long martyre de satisfaction, d'expiation et de pénitence. »

Toutefois, et aussi comme un exercice de pénitence en même temps que comme une œuvre de charité et d'apostolat, Madame Molé entendait consacrer une part de sa vie religieuse et de celle de sa congrégation au service actif de l'humanité, surtout de l'humanité souffrante,

Dans sa pensée, « le toit qui abritait sa communauté naissante devait abriter aussi la misère dans sa forme la plus touchante et la plus chère au Sauveur, celle de l'enfance malheureuse ou abandonnée, et la maison du Père éternel de Vannes reçut presque le même jour ses premières religieuses et ses premières pensionnaires. » Tout en donnant sa pleine approbation aux vues expiatoires et aux tendances contemplatives de Madame Molé, Mgr de Pancemont s'attacha plutôt à modérer de ce côté son ardeur et son zèle, tandis qu'il les développait du côté des œuvres actives. Il était en effet frappé, dans les circonstances où s'exerçait sa mission épiscopale, des immenses besoins de l'Eglise de France en général et de son diocèse en particulier. Il n'ignorait pas non plus les ménagements qu'imposaient l'état des choses et les dispositions du pouvoir civil. « Les lois prohibant les congrégations religieuses existaient encore, les préjugés et les habitudes révolutionnaires n'avaient point disparu avec la période violente de la Révolution, et le gouvernement du premier consul, qui venait de rétablir le culte catholique et de signer le Concordat, n'avançait qu'à pas mesurés dans son œuvre de restauration religieuse, pour ne pas heurter de front des préjugés toujours vivants dans le monde politique et militaire. Il fallait donc de toute nécessité abriter la religion sous le manteau de la charité, et laisser dans une ombre prudente le caractère mystique de la nouvelle communauté pour ne laisser en lumière que son but secourable (1). »

C'est dans cet esprit que le pieux et sage prélat revit la règle du nouvel institut, qu'il avait ordonné à Madame Molé de rédiger. Quand elle fut achevée et qu'il l'eût revêtue de son approbation, Madame Molé prononça entre ses mains ses vœux solennels, le jour de l'Annonciation, 2 mars 1803. Elle prit le nom de sœur Saint-Louis. Aussitôt après, Mgr de Pancemont la déclara, malgré sa profonde et sérieuse répugnance, supérieure à vie de la congrégation, qui ne tarda pas à s'enrichir de ferventes recrues. Dans une audience qu'elle obtint du pape Pie VII, alors à Paris où il était venu pour sacrer Napoléon, elle reçut, le 14 janvier 1805, pour elle et pour sa fondation, la bénédiction du Souverain Pontife. Avec une grande prudence elle préféra ne point demander encore l'approbation formelle et canonique du Saint-Siège, comme l'y engageait Mgr de Pancemont, afin de laisser plus aisément place aux modifications que l'expérience pourrait indiquer et qu'elle indiqua en

(1) Ségur, ouvrage cité, p. 104.

effet dans la règle primitive. En revanche, elle sollicita l'autorisation légale, et comme l'affaire traînait en longueur, selon l'usage, dans les bureaux du ministère des cultes, elle en écrivit directement à l'Empereur, dont la décision prompte et favorable s'exprima en ces termes officiels : « La maison des petites filles de charité, fondée à Vannes, demeure autorisée pour servir à l'éducation des enfants du sexe, à leur entretien gratuit, ainsi qu'à celui des ateliers de dentelle, qui y sont établis » — « On voit, fait observer M. de Ségur (1), que, dans ce décret, il n'était question que de l'établissement de charité et que l'institut religieux était passé sous silence. »

En 1804, la Congrégation de la Charité de Saint-Louis comptait déjà dix-sept religieuses et donnait l'éducation à 70 enfants pauvres, reçues et entretenues dans la maison conventuelle. Dès les premiers mois de sa fondation, Madame Molé ajouta à cette première œuvre des classes gratuites pour les enfants du dehors et aussi un pensionnat pour les jeunes filles d'une condition plus aisée. « L'établissement de Vannes, écrivait Mgr de Pancemont dans un rapport au ministre des cultes Portalis, présente aussi une ressource à des parents bien nés mais que le

---

(1) Ouvrage cité, p. 119.

malheur des temps a réduit à l'impossibilité de donner à leurs enfants une éducation convenable. On y a établi, séparément des enfants entretenues gratuitement, un assez vaste pensionnat, où, pour une modique pension, les jeunes filles trouvent des maîtresses qui leur apprennent la lecture, l'écriture, le calcul, la géographie, la grammaire, l'histoire, les différents ouvrages qui leur conviennent et les règles des bonnes mœurs (1). »

La multiple tâche dont s'était chargée Madame Molé et dont le poids s'accrut de jour en jour davantage était certes un lourd fardeau. Mais elle était femme à y suffire. Nous n'avons pas à nous étendre ici sur sa ferveur ascétique, sur ses qualités et ses dons surnaturels qui, toutes proportions gardées, amènent naturellement dans la pensée de ses historiens le souvenir de sainte Thérèse (2). Ses austérités rappellent à quelques égards celles du grand fondateur de Clairvaux.

« Il n'y avait pas une seule parmi ses filles, dit M. de Ségur (3), qui fût plus misérablement vêtue. Elle avait tout naturellement employé à

---

(1) Ségur, ouvrage cité, p. 147.
(2) Nous ne pouvons mieux faire que de renvoyer sur ce point à l'excellent ouvrage de M. le marquis de Ségur et à la remarquable notice de M. Léon Aubineau.
(3) Ouvrage cité, pp. 186, 188, 254, 255.

des ornements d'autel les riches étoffes et les dentelles qu'elle portait autrefois dans le monde. Avant même d'avoir prononcé ses premiers vœux, elle s'était dépouillée de tout, à tel point qu'au jour de l'entrée des enfants internes, Mgr de Pancemont ayant fait appel à la charité de Madame Molé et des dames qui l'avaient suivie, pour fournir ces pauvres petites filles du linge nécessaire, chacune apporta devant le prélat une part de son trousseau, les unes des chemises, les autres des jupons, des camisoles, des bas ou des mouchoirs. Seule la Mère fondatrice n'offrait rien. — « Eh bien ! Madame, lui demanda l'évêque étonné, presque scandalisé, serez-vous la seule à ne rien donner ? » Et en même temps, de la canne qu'il tenait à la main, il souleva le bas de sa robe. — « Non, Monseigneur, répondit humblement la sainte femme, je n'ai plus rien à donner. » Et en effet, sous la robe déjà bien modeste et bien vieillie, il n'aperçut qu'un misérable jupon presque en lambeaux. C'était tout son trousseau.

« Ces débuts font juger de la suite de sa vie religieuse. Ses habits étaient si usés qu'on avait bien de la peine à les raccommoder. Quelques-uns n'avaient plus de couleur et les pièces rapportées faisaient disparaître l'étoffe primitive. Un jour, elle fut obligée de garder le lit, pour qu'on pût rapiécer son unique robe. Quelquefois la

Sœur chargée de la lingerie venait lui dire qu'il était impossible de raccommoder son linge, tant il était vieux et usé. Alors elle lui répondait avec douceur d'un air moitié riant, moitié suppliant: « Allons, ma fille, prenez courage; essayez encore cette fois. Par là, nous acquerrons chacune un mérite de plus, vous en pratiquant la patience, et moi en pratiquant la pauvreté. »

« N'osant pas mettre à la même épreuve la patience du cordonnier de Vannes qui murmurait d'avoir toujours à rapiécer les mêmes chaussures, elle les envoyait à Auray où quelque pauvre ouvrier se chargeait de cette humble besogne.

« Quant à son logement, il était digne de sa toilette. Il se composait d'un petit oratoire et d'une chambre. L'oratoire, propre dans sa pauvreté à cause de sa destination, n'avait pour tout ameublement qu'un prie-Dieu, un crucifix, une image de la Sainte Vierge, et les sept psaumes de la pénitence grossièrement encadrés. Mais la chambre, qui pourrait la décrire? Un plancher ouvert en plusieurs endroits, des murs dégradés, la toiture en si mauvais état qu'il pleuvait de toute part dans les grandes averses, enfin des cloisons si mal jointes que le vent y entrait comme dans un bois... Aucune de ses religieuses n'était aussi mal logée, et elle ne l'eût pas souffert. Mais pour elle, elle se fût reproché d'y faire la moindre réparation. Il fallut que Mme de Lamoignon, sa mère, profitant d'une de ses absences, fît réparer cette misérable cellule et qu'elle en payât les frais...

« Nous avons dit ce qu'était la pauvreté de ses vêtements et de son logement. Son coucher et sa nourriture étaient à l'unisson. La règle prescrivant une paillasse et un matelas, elle n'osait y déroger en supprimant l'un ou l'autre, mais elle avait fait piquer sa paillasse pour qu'elle fût plus dure à ses pauvres membres fatigués, et quant à son matelas, elle ne le fit battre que deux fois en vingt ans. C'est sur cette couche, digne d'un trappiste, qu'elle se reposait de ses veilles prolongées, de ses infirmités précoces, et qu'elle prenait quelques heures à peine de sommeil; car elle était exacte à se lever dès l'aurore, à l'heure règlementaire, à quelque heure de la nuit qu'elle se fût couchée.

« Sa nourriture était aussi pauvre et insuffisante. Elle ne prenait jamais que d'un seul plat par repas, l'acceptait tel qu'il lui était présenté, sans y ajouter jamais de sel, de poivre ni d'aucun autre assaisonnement, et sans jamais faire entendre une plainte s'il était mal apprêté. — Comme on savait qu'elle aimait beaucoup les fruits, on lui en servait quelquefois; mais elle n'y goûtait jamais, et elle trouvait moyen de couvrir sa mortification d'un prétexte de santé.

« Elle ne faisait jamais de feu, quelle que fût la rigueur de la saison. Seulement quand sa main engourdie ne pouvait plus tenir la plume ou l'aiguille, elle allumait quelques enveloppes de lettre, quelques vieux chiffons de papier, et réchauffait un moment ses doigts à cette flamme passagère. Quand elle devint trop malade pour continuer ces austérités, il fallut, pour l'y faire renoncer, l'ordre formel de son directeur, et encore se reprochait-elle devant ses sœurs ces adoucissements forcés comme des lâchetés. »

C'est le secret des âmes saintes, dans leur commerce intime avec Dieu, qu'une telle vie fasse leurs délices. Il en était certainement ainsi pour Madame Molé. Nous l'entendions naguère gémir au sein de l'abondance et des honneurs du monde. Voici comment elle s'exprime maintenant dans sa misérable cellule, avec cette plume qu'ont peine à conduire, à tenir l'hiver ses doigts engourdis : « Quand je pense à mon bonheur, aux douceurs que j'éprouve dans ma retraite, au calme intérieur qu'elle me fait goûter, je ne cesse de m'écrier : que vos tabernacles sont aimables, ô mon Dieu ! Qu'il est doux d'habiter dans votre maison ! un seul jour passé auprès de vous vaut mieux que mille passés auprès des enfants des hommes. Je chanterai éternellement la miséricorde dont vous avez usé envers moi, en m'appelant à vivre dans ce sanctuaire (1). »

La dureté de Madame Molé pour elle-même ne s'étendait point à son entourage. Le courant du christianisme rigoriste auquel la rattachaient plutôt son origine et son éducation première avait été entièrement modifié en elle par le mélange de l'autre courant, manifesté dans son âme par son culte spécial pour le Sacré-Cœur et son goût prononcé pour la pratique de la communion quotidienne (2). « Ce qui dominait, dit M. de Ségur (3), dans son système de correction, c'était la bonté. Naturellement, elle eût été rigide plutôt que facile dans sa conception des devoirs de la vie chrétienne et dans l'application de la règle. Mais l'humilité et la charité avaient changé en bonté et en douceur cette disposition première, et son commandement était plein de mansuétude. »

Ce que Madame Molé avait surtout conservé des traditions de l'ancienne magistrature française en ses meilleurs jours, c'était une fermeté d'âme et d'esprit qui avait pour ainsi dire quelque chose de cornélien (4), et une dignité de

(1) Ségur, ouvrage cité, p. 264.
(2) Cf. Ségur, ouvrage cité, pp. 191, 192.
(3) Ouvrage cité, p. 265.
(4) M. de Ségur fait avec raison cette observation à

grande dame, survivant sous l'humble habit de la religieuse, et qui se réveilla fort à propos un jour dans cette jolie réplique à certaines exigences du préfet du Morbihan : « Monsieur le préfet, quand on paie les violons, on fait jouer la danse que l'on veut (1). » C'était aussi la forte et solide culture de son intelligence et ses qualités littéraires et même oratoires. « Ce n'est pas, dit M. de Ségur (2), sans une surprise mêlée d'admiration que nous avons parcouru la longue série de ses instructions et de ses discours. Elle ne les lisait pas, mais elle les écrivait avec soin avant de les prononcer, et les archives de la communauté, qui les conserve précieusement, se trouvent renfermer un cours presque complet de dogme et de morale égal et même supérieur à beaucoup de ceux qu'on lit avec édification dans les recueils d'éloquence sacrée. Ce cours se compose de deux instructions pour chaque dimanche de carême, d'une instruction pour chaque dimanche de l'avent, d'exhortations sur chacune des vertus religieuses, d'une retraite complète, de discours pour chaque fête importante de l'Eglise, et de divers

propos de la belle parole citée plus haut : « Mon pays m'a persécutée, je l'ai haï. C'est pour cela que je me trouve plus portée à m'immoler pour lui. » Ouvrage cité, p. 124.
(1) Ségur, ouvrage cité, p. 117.
(2) Ouvrage cité, pp. 269, 270.

sujets de circonstance. Il y faut joindre l'explication très détaillée de la Règle, article par article, qu'elle écrivit de mémoire d'après ses entretiens avec Mgr de Pancemont. Tous ces écrits publiés formeraient certainement huit ou dix volumes. On y remarque les qualités maîtresses de l'écrivain et de l'orateur sacré, une connaissance approfondie de la langue latine, de l'Ecriture sainte et des Pères, une logique serrée, une exposition lumineuse, une fermeté de pensée et de style presque sans défaillance, une analyse du cœur humain qui, par sa profondeur et son expression, rappelle Bourdaloue. »

C'est tout-à-fait à bon droit que M. le marquis de Ségur signale cette analogie, si honorable pour Madame Molé, de sa pensée et de son style avec ceux du grand jésuite français. La similitude en frappe à première lecture, et ne vient pas seulement, croyons-nous, de la ressemblance de leurs esprits, mais d'une étude approfondie des œuvres de l'illustre prédicateur, commencée de bonne heure et toujours poursuivie par la descendante des Lamoignon, famille où la vénération et l'admiration pour Bourdaloue devaient être comme héréditaires. Les échantillons assez étendus donnés par M. de Ségur des écrits de Madame Molé justifient pleinement les éloges qu'il en fait, comme en conviendront nous en sommes certain, tous ceux qui en prendront connaissance dans son remarquable livre. Nous nous contenterons, pour notre part, de rapporter ici quelques fragments de l'allocution adressée par la sœur Saint-Louis à ses filles spirituelles au sujet de leurs devoirs de religieuses enseignantes.

« Après avoir indiqué, dit M. de Ségur (1), qu'elles sont responsables du soin de l'esprit de leurs élèves, du soin de leur cœur, et du soin de leur corps, elle développe en ces termes le premier point :

« ..... Vous êtes chargées du soin de leur esprit pour leur donner l'instruction nécessaire, pour leur apprendre à connaître, à aimer, à servir Dieu par la pratique de notre sainte religion. Mais à cette instruction, vous devez joindre celle qui leur est nécessaire pour être utiles à la société dont elles sont membres dans la classe où la divine Providence les a placées.

« Rien de votre part ne doit être négligé pour développer leur intelligence, ouvrir leur esprit à

---

(1) Ouvrage cité, p. 139 et suiv. — Remarquons en passant, à propos de cette allocution de Madame Molé, quelle judicieuse influence les supérieures des communautés religieuses peuvent avoir sur le développement intellectuel de leur personnel enseignant, par le seul déploiement intérieur de leur autorité et de leur mérite propres.

la lumière, et former leur raison. Cette faculté de l'esprit et de la raison n'est-elle pas la plus belle de toutes celles que Dieu nous a données? Or, si c'est un devoir pour chacun de nous de ne pas enfouir un talent aussi précieux, il n'est pas moins commandé à ceux qui sont chargés du soin de la jeunesse de ne rien négliger pour lui en faire connaître le prix et la mettre à portée d'en faire un bon usage pendant toute sa vie. Oui, l'instruction, la culture de l'esprit et de la raison sont les plus grands services de charité que l'on puisse rendre à ces pauvres enfants, ceux auxquels nous devrions nous porter avec le plus de zèle... Si vous n'avez pas assez d'instruction vous-mêmes, il faut que vous travailliez à en acquérir : c'est pour vous un devoir essentiel et rigoureux dans l'état que vous avez embrassé. Notre sainte règle ne fait-elle pas, dans un de ses premiers articles, un précepte à chacune de nous de se mettre en état d'instruire les enfants ? Si nous avions été exactes, depuis que nous sommes dans cette maison, à nous acquitter de ce devoir, serions-nous aujourd'hui aussi incapables que nous prétendons l'être?... Que ne puis-je vous en faire sentir la nécessité pour vous-mêmes autant que pour le prochain ? Oui, toutes sans exception, vous êtes obligées, comme chrétiennes d'abord et ensuite comme voulant embrasser l'état religieux dans cette maison, de vous instruire autant qu'il vous sera possible, et vous devez le faire avec zèle, courage et satisfaction, regardant cette étude comme un de vos devoirs principaux... Travaillez donc, ajoute-t-elle en terminant, je vous aiderai de mes avis et de mes prières, et j'ose espérer de la miséricorde de Dieu, pour l'amour duquel nous allons nous livrer à ces travaux, qu'il daignera bénir notre bonne volonté et faire que son divin Esprit répande en nous ses lumières pour éclairer notre entendement, en même temps qu'il embrasera nos cœurs d'un nouveau zèle. »

Une épreuve aussi cruelle qu'inattendue frappa Madame Molé en 1807. Ce fut la mort de Mgr de Pancemont, dont la santé déjà ébranlée ne put résister longtemps aux émotions éprouvées par lui dans une tragique aventure, bien caractéristique de la Bretagne d'alors et, dans une certaine mesure, des difficultés de l'œuvre d'apaisement religieux, qui sera l'éternel honneur de Pie VII et, malgré sa conduite ultérieure, celui aussi de Napoléon (1). Les landes du Morbihan étaient encore peuplées d'anciens

(1) Cf. notre ouvrage intitulé : *Napoléon, son caractère, son génie, son rôle historique.* Paris, Perrin, 1894, in-16, pp. 103-105.

chouans, devenus bandits à la longue, et accrus de réfractaires à la conscription impériale, tous ayant les *bleus* en horreur et comprenant sous ce nom détesté leur évêque lui-même, parce qu'il devait sa nomination au gouvernement actuel. Mgr de Pancemont fut leur victime. Le 23 août 1806, il avait quitté Vannes en voiture, accompagné de son secrétaire et de l'un de ses vicaires généraux, suivi de son domestique à cheval, pour aller donner la confirmation dans la paroisse de Monterblanc, située à une distance d'environ quatre lieues. Voici ce qui lui advint d'après le récit dicté par lui-même :

« Arrivé, raconte-t-il (1), à environ trois quarts de lieue de notre destination vers neuf heures du matin, tout à coup ma voiture est arrêtée sur une lande unie et découverte, et cernée par cinq individus armés de fusils simples, fusils à deux coups, espingoles, pistolets d'arçon et poignards sous la chemise.

« Leur chef se présente à ma portière et me remet un billet non signé, portant en substance que si les deux individus arrêtés récemment en Fulniac (deux réfractaires sans doute) n'étaient pas rendus sous huit heures au village de Lange, paroisse Saint-Jean, on fusillera les personnes

(1) Ségur, ouvrage cité, pp. 152-155.

arrêtées et qu'elles subiront le même sort si la gendarmerie se présente pour les délivrer.

« J'avais à peine lu ce laconique billet que, s'adressant à moi : « Vous avez lu, Monsieur, me dit le chef. Eh bien ! descendez. » Je voulus en vain leur parler. Au milieu des jurements et des blasphèmes, je suis tiré violemment hors de ma voiture, et, le pistolet sur la poitrine, on me dépouille de mon chapeau, de ma soutane : ils sont remplacés par des vêtements de paysan, par la capote de mon cocher, le gilet et le chapeau du maire de Monterblanc, qui arrivait à ma rencontre pour m'indiquer la route à travers la lande. Mon secrétaire reçoit aussi l'ordre de quitter sa soutane et de se revêtir des habits de mon domestique.

« A peine ce travestissement terminé, mon grand vicaire est remis en voiture, et on lui dit : « Si vous aimez votre évêque, allez trouver M. le préfet avec le billet que vous avez. Crevez, s'il le faut, ces deux rosses, et souvenez-vous que sous huit heures ceux-ci perdront la vie. » — J'étais alors avec mon secrétaire. On me place rudement sur le cheval de mon domestique, et on nous entraîne à travers la lande jusqu'à une demi-lieue environ de l'endroit où l'on m'avait arrêté. Là, mes ravisseurs conçurent quelques inquiétudes à la vue de mes bas violets. Ils en firent prendre et payer une paire en coton, assez malpropre, dans une maison voisine; et se mirent en devoir de me les passer aux jambes ; mais on renonça à cette précaution, mes souliers devenant trop étroits, et on continua la marche jusqu'à un chemin creux et couvert, où on nous fit faire une halte pour nous offrir quelque nourriture. Nous étions à jeun l'un et l'autre. Voyant que nous n'étions pas habitués à l'eau-de-vie, le chef expédia un des siens pour chercher du vin dans le voisinage. Comme il ne revenait point, un autre fut envoyé, qui ne revint pas de suite non plus. Alors le chef, impatienté de ces délais et jaloux de mettre sa proie en sûreté, donna l'ordre de repartir. On me fit faire divers circuits dans une vaste lande, et lorsque je fus arrivé à une portée de fusil d'un bois, on réunit tout le monde à l'aide du sifflet. On me fit un siège composé de branches d'arbres, couvertes de genêts et de fougères, et on me commanda de parler très bas.

« Dans cette position, on ne pensa plus qu'à se féliciter du succès de ce coup de main et à se livrer à la joie. On essuie les armes, on se sèche au soleil de la pluie de la nuit précédente, et on s'occupe du dîner. Du beurre, des œufs durs et de l'eau-de-vie en faisaient tous les frais.

« J'avais à peine commencé ce repas que,

tout-à-coup, des cris, des coups de fusil se font entendre, et redoublent en se rapprochant. Mes ravisseurs se répandent aux diverses extrémités du taillis, et reviennent en disant : « Sauvons-nous, ce sont les bleus ! » puis sautent sur leurs armes, qu'ils amorcent, bien résolus d'en faire usage s'ils sont atteints.

« Pendant ces préparatifs extrêmement courts, je leur adresse en vain les paroles les plus douces, je leur offre de les couvrir de ma personne : je ne suis point entendu. On me saisit avec violence pour me remettre à cheval, et à pas précipités, je suis emmené à travers les branches, les ronces et les épines. On me fait franchir un large fossé, et sans égard à l'accablement où cette alerte m'avait jeté, on continue de pousser mon cheval au grand trot jusqu'à un champ planté de genêts fort élevés, où j'arrivai au bout de trois quarts d'heure environ, épuisé de fatigue.

« J'y restai jusque vers cinq heures du soir, attendant ou l'arrivée des deux prisonniers réclamés ou la mort. Ils arrivèrent enfin et après un conseil secret, tenu à peu de distance de moi, on m'annonça que j'allais partir pour Vannes. Je le crus et je m'en félicitais déjà avec mon secrétaire, qui s'attendait à m'accompagner : mais il n'en fut pas ainsi. Ma liberté fut mise au prix de 24000 francs en or. On me fit promettre de les faire tenir dans un lieu que je désignai, le lendemain avant midi. En les attendant mon secrétaire demeurerait en otage. Il fallut bien souscrire à ces dures conditions : j'embrassai M. Jarry et je partis (1).

« Je fus conduit, du champ de genêts jusqu'à la grande route, par un des prisonniers élargis le matin. Arrivé là, il me quitta et je fus accueilli

(1) « M. l'abbé Jarry, raconte M. de Ségur, resta dans le champ de genêts, après le départ de son évêque, jusqu'à la chute du jour. A ce moment, deux hommes le mirent entre eux, le tenant chacun par un bras. D'autres ouvraient la marche en éclaireurs, le reste formait l'arrière-garde. Après une demi-heure de route, on frappa à la porte d'une maison dont les habitants faisaient leur prière du soir, qu'on leur donna le temps d'achever. Ils ouvrirent ensuite et servirent au prisonnier deux œufs qu'il avait demandés. Après ce souper, on le fit monter par une échelle dans un grenier, où il trouva de la paille toute préparée pour lui servir de lit, ainsi que pour ses gardiens. Ces étranges brigands, ayant fait leur prière, se débarrassèrent de leurs armes, et s'étendirent auprès du captif qui, épuisé de fatigue, s'endormit profondément jusqu'au lendemain matin.

« M. Jarry essaya alors de les amener à des sentiments de repentir et de soumission ; il se fit fort de leur obtenir leur grâce, même après qu'ils auraient reçu les 24000 fr. exigés par eux, avec l'anneau d'or et la croix de la Légion d'honneur de Mgr de Poncemont, qu'ils avaient également réclamés, s'ils voulaient abandonner leurs armes, leur vie coupable et se soumettre à la loi, mais ils s'y refusèrent absolument.

« Vers midi la rançon de l'évêque et de son secrétaire arriva et M. Jarry fut mis immédiatement en liberté. » Ouvrage cité, pp. 155, 156.

par un des vicaires de Grandchamps qui me conduisit jusqu'à Mençon. Le recteur de cette paroisse se joignit à lui, et tous deux m'accompagnèrent jusqu'à Vannes, où j'arrivai vers neuf heures du soir. »

« Malgré son épuisement, ajoute M. de Ségur (1), Mgr de Pancemont se rendit d'abord à la cathédrale pour remercier Dieu de sa délivrance, puis à la préfecture, où il fit connaître les conditions exigées par ses ravisseurs pour délivrer son secrétaire. Alors ses forces l'abandonnèrent ; il tomba dans un long évanouissement, et ce ne fut que vers minuit qu'ayant repris ses sens, il put être ramené à son palais épiscopal... Depuis ce jour, il traîna une vie languissante, s'affaiblissant de plus en plus, jusqu'à ce qu'enfin, le 5 mars 1807, c'est-à-dire six mois après, il fut frappé d'apoplexie. Il perdit aussitôt la parole et la connaissance, demeura huit jours dans ce triste état et mourut le 13 mars, âgé de cinquante et un ans, après un épiscopat de quatre ans et quelques mois. » — Conformément au vœu qu'il avait exprimé, il fut enterré, non dans sa cathédrale, mais dans une chapelle que Madame Molé avait fait construire à l'extrémité du jardin de la communauté des religieuses de la Charité de

---

(1) Ouvrage cité, pp. 155, 157.

Saint-Louis, dont le pieux prélat avait été le fondateur avec elle.

Après un moment d'accablement, que surmonta l'énergie de sa foi, Madame Molé continua et développa leur œuvre commune avec l'aide et les conseils de deux directeurs successifs, également zélés, quoique d'un caractère très différent, les abbés Grigon et Le Gal, l'un et l'autre vicaires généraux du diocèse. Une maison nouvelle fut fondée à Auray, le 12 août 1807, dans un site admirable. « C'était un vaste bâtiment, ancien couvent de Cordelières, placé dans une situation admirable, sur les hauteurs du Loch qui dominent la ville et la campagne. L'air y est parfaitement pur, et la vue embrasse d'un côté le bras de mer qui va s'élargissant jusqu'à Locmariaquer ; de l'autre le plateau couvert de landes où s'élève le clocher de Sainte-Anne, et en face le quartier de Saint-Goustan, la paroisse des marins, séparée d'Auray par un vieux pont, et dont le quai est bordé de vieilles maisons d'une architecture et d'un aspect tout à fait particuliers... Du premier jour, cet établissement, connu sous le nom de maison du Père éternel, comme la maison de Vannes, répondit à l'attente de la population. Il l'édifia par sa piété et sa charité, éleva sagement et gratuitement les petites filles de la ville, soit dans l'intérieur de la communauté, soit dans des classes d'externes. » En outre et surtout, Madame Molé et l'abbé Grignon y restaurèrent une œuvre d'apostolat fondée au dix-septième siècle par deux grandes âmes, M. de Kerlivio et Mademoiselle de Francheville, « l'œuvre des retraites », chère à la Bretagne et féconde en fruits abondants pour la religion et la civilisation chrétienne (1). — La communauté d'Auray passa en 1815 par de terribles angoisses pendant le combat livré dans cette ville, au mois de juin 1815, par l'insurrection royaliste aux troupes de Napoléon. La maison fut envahie et pillée par les soldats, qui respectèrent toutefois les personnes et la chapelle.

La restauration de l'ancienne dynastie et de la monarchie traditionnelle ne pouvait qu'être bien accueillie par Madame Molé, et, d'autre part, le gouvernement de Louis XVIII devait se montrer favorable à un institut qui portait le nom de Saint-Louis. Ce nom lui fut officiellement reconnu, avec pleine attribution de la personnalité civile, par une ordonnance royale du 21 mars 1816, que confirma et compléta, sous le gouvernement de Louis-Philippe, celle du 22 juillet 1844. Les approbations canoniques ne lui

---

(1) Ségur, ouvrage cité, pp. 170, 171 et suiv. — Cf. Léon Aubineau, ouvrage cité, p. 287 et suiv.

ont pas fait défaut davantage. Le 24 avril 1816, Mgr de Bausset, évêque de Vannes, avait authentiquement renouvelé l'approbation de Mgr de Pancemont. Traversées par certaines difficultés, de pure forme d'ailleurs, les instances de Madame Molé pour obtenir celle du Saint-Siège n'aboutirent qu'assez longtemps après sa mort. Le 4 décembre 1840, le pape Grégoire XVI, confirma la décision favorable adoptée sur ce sujet, dans sa séance du 28 août, par la Congrégation des évêques et réguliers (1).

C'est du vivant de Madame Molé et sous son action personnelle que fut fondée la première maison de la Congrégation située hors du diocèse de Vannes. Cette nouvelle création eut lieu à Pléchâtel (Ille-et-Vilaine), dans le diocèse de Rennes, au mois de septembre 1816 (2). Mais ce fut seulement sur son lit de mort qu'en son diocèse propre la vénérée supérieure signa l'acquisition qui rattache sa biographie à notre sujet, au point de départ et au point de retour de notre excursion historique à travers les âges : l'antique monastère de Saint-Gildas de Ruis. « En 1825, dit M. l'abbé Luco (3), l'abbaye, avec

---

(1) Cf. Ségur, ouvr. cité, p. 223 et suiv.
(2) Voyez les intéressants détails donnés sur cette fondation dans l'ouvrage de M. le marquis de Ségur, p. 230 et suiv.
(3) Ouvrage cité, p. 316.

quelques-unes de ses terres, fut achetée environ 55000 francs, tous frais compris, par Madame Molé de Champlâtreux, née de Lamoignon, pour les religieuses de la Charité de Saint-Louis, qui en prirent possession l'année suivante. » — Lors de cette prise de possession, Madame Molé reposait dans la même chapelle de sa maison-mère, qui avait déjà reçu les restes de Mgr de Pancemont. Elle était morte en odeur de sainteté, le 4 mars 1825, âgée de soixante et un ans, après vingt-deux années de profession religieuse (1).

« La Mère Sainte-Julie, qui succéda à la fondatrice, dit M. de Ségur dans ''Appendice

---

(1) Voyez les édifiants détails donnés par M. le marquis de Ségur sur sa dernière maladie et ses derniers instants, ainsi que sur les guérisons obtenues par son intercession, ouvrage cité, pp. 289 et suiv., 307 et suiv., 325 et suiv. Le récit relatif à la sœur Marie-Fidèle, directrice du pensionnat d'Auray, offre des traits particulièrement touchants. — Mme de Lamoignon, qui avait assisté sa fille à son lit de mort, ne voulut point quitter la maison de Vannes où elle était entrée en même temps qu'elle. Elle continua, autant que son grand âge le lui permettait, à suivre les exercices de la communauté, et s'éteignit doucement, au mois d'août 1831, âgée de quatre-vingt-onze ans. « Son souvenir, dit M. de Ségur (pp. 314, 315) est resté vivant dans l'Institut comme celui de Madame Molé, et on l'y appelle comme autrefois : notre bonne mère de Lamoignon. Elle fut inhumée à côté de sa fille et leurs tombes reçoivent chaque jour la visite des Sœurs de Saint Louis qui viennent s'y prosterner après leur récréation. »

ajouté par lui à son excellent ouvrage (1), envoya des religieuses à Saint-Gildas en 1826, à la prière des recteurs de cette paroisse et des environs, qui gémissaient de voir les enfants grandir dans l'ignorance.

« Les sœurs eurent de grandes difficultés, non seulement quant au matériel, mais aussi eu égard à la mauvaise impression restée dans ce pays, au sujet des moines (2), depuis la Révolution.

« Les bâtiments étaient dans l'état le plus pitoyable, les toitures étaient enlevées en grande partie ; les seuils des portes, et quantité d'autres pierres avaient été emportées par les gens des environs pour réparer ou construire leurs demeures. Pas un seul appartement n'était convenable. La vaste pièce au rez-de-chaussée de la maison conventuelle était transformée en écurie et les immondices des bestiaux s'écoulaient dans

---

(1) Ouvrage cité, pp. 339-342. — Les renseignements contenus dans la notice sur Saint-Gildas émanent évidemment de la Congrégation elle-même.

(2) Ce que nous a dit M. l'abbé Luco de la vie peu édifiante de l'un des derniers moines de Saint-Gildas après la dispersion, peut servir à expliquer l'impression dont il s'agit. Mais il faut peut-être aussi tenir compte, même dans ce pays plutôt religieux et conservateur, des rancunes intéressées des anciens *censitaires* de l'abbaye, ainsi que des calomnies générales et, pour ainsi dire, officielles, contre les moines, si abondamment répandues partout pendant la période révolutionnaire.

la belle cave voûtée, par un immense trou pratiqué dans la terrasse de cette pièce.

« Le reste était à l'avenant : le jardin négligé, les terres en friche, les murs écroulés ; il y avait là un champ immense au dévouement, à l'abnégation la plus complète...

« Ici la nature ne pouvait être flattée, car, dès les premiers jours, on sentait toutes les rigueurs de la pauvreté. Un jour, les trois premières sœurs furent réduites au pain et à l'eau ; l'une d'elles pourtant, triste de voir souffrir ses sœurs, s'en alla chercher une petite écuellée de lait, dont chacune eut une part pour tremper son pain : ce fut tout leur repas.

« La première supérieure fut une sainte religieuse qui a laissé après elle des parfums de vertu : Mlle Rialan, en religion Sœur Sainte-Dosithée, fille d'un président du tribunal de Vannes.

« On ouvrit une école ; un petit pensionnat se forma peu à peu. En 1830, on commença à recevoir des internes gratuites ; elles furent d'abord huit, puis dix et douze, et enfin maintenant on en reçoit ordinairement quinze (1). Ces jeunes

(1) Ces chiffres, comme ceux qui suivent, nous reportent naturellement à l'époque où M. de Ségur a recueilli ces détails, c'est-à-dire à une vingtaine d'années en arrière. La prospérité de la maison est aujourd'hui à tous égards beaucoup plus grande.

filles, au lieu des travaux à l'aiguille qui occupent ordinairement les orphelines, sont formées à la culture des terres, ce qui est plus conforme à leur position. Du reste, elles apprennent aussi à coudre et à avoir soin du ménage. Elles ont leurs heures de classe et d'étude.

« Leur première maîtresse fut Sœur Saint-Arsène... Elle a donné là des exemples de dévouement que l'on n'oublie pas. Ainsi, les enfants n'ayant pas suffisamment de vêtements de rechange, la bonne mère s'en allait de grand matin au lavoir, nettoyait, lavait les effets de ses chères petites, chargeait des habits tout mouillés sur ses épaules, revenait à la communauté, et, comme souvent le son de la messe la prenait en ce pénible exercice, elle s'en allait ainsi à l'église, ne voulant pas manquer, pour se changer, le saint sacrifice qui allait s'offrir.

« L'établissement des bains de mer date de 1833 ; Sœur Saint-Etienne était alors supérieure.

« Les sœurs souffraient jusque-là tellement que Mère Sainte-Julie fut sur le point de rappeler ses religieuses. Le pensionnat était tombé, et les terres, malgré toutes les fatigues et les travaux des pauvres sœurs qui s'exténuaient, ne produisaient pas de quoi soutenir la maison ; les classes se continuaient et portaient leurs fruits : les enfants répondaient au dévouement de leurs Mères.

« Après les épreuves vint le succès. La maison se releva peu à peu. Les soins donnés aux terres reçurent leur récompense. Nous pourrions parler de Sœur Anne-Marie, Sœur Saint-Jérôme, etc., qui lassaient les hommes robustes, tant elles étaient courageuses. Puis les bains de mer prospéraient, on connaissait, on aimait Saint-Gildas ; chaque année on y venait en plus grand nombre. En 1855, sous le gouvernement de Sœur Saint-Zozime, on recevait trente personnes à la fois ; l'année suivante, il y en eut cinquante, et il s'en est vu jusqu'à quatre-vingts ensemble, à certains moments de l'année.

« Les personnes qui fréquentent Saint-Gildas dans la saison des bains veulent échapper au bruit des villes, aux fêtes, au mouvement que l'on trouve dans les grands établissements de bains, et c'est dans la vue de satisfaire ces désirs de calme, de paix et de solitude que l'on a accueilli les demandes faites à cette occasion.

« Une chapelle, dédiée au Sacré-Cœur, commencée en 1863, fut terminée et bénite, le 10 juillet 1866, par Mgr Bécel, évêque nommé de Vannes.

« La maison de Saint-Gildas a été considérablement agrandie ou réparée par les différentes supérieures qui en ont eu le gouvernement. »

Dans ses vicissitudes quatorze fois séculaires, l'histoire de l'abbaye de Saint-Gildas de Ruis, des personnages et des évènements qui s'y rapportent, avec ses alternatives de bien et de mal, de ferveur et de décadence, de chûte et de renaissance, ne nous offre-t-elle pas comme un intéressant symbole de l'histoire même de l'Eglise ? Il est bon de constater que la vérité et la charité chrétiennes, dont l'Eglise a reçu le divin dépôt, peuvent bien s'obscurcir, s'éclipser même çà et là sous l'effort des passions humaines, mais qu'elles reparaissent toujours avec un nouvel éclat, et triomphent sans cesse, à travers les âges, et des vices du dedans et des violences du dehors. La fécondité de l'Eglise est inépuisable. Elle a refleuri et refleurira sur les ruines jusqu'au dernier jour. Et à ce dernier jour même, sa victoire définitive éclatera, selon la promesse divine, sur les débris du temps et de l'univers, et se perpétuera désormais, sans retour et sans ombre, dans le séjour lumineux de l'éternité.

FIN

TABLE DES MATIÈRES

Avant-Propos	v
Préambule	1
I. — Le monastère celtique	3
II. — La colonie de Saint-Benoît-sur-Loire	49
III. — Abélard	105
IV. — L'abbaye jusqu'à la Révolution. — La Réforme de Saint-Maur	287
V. — Nouvelle renaissance. — La Congrégation de la Charité de Saint-Louis	362

PARTHENAY — IMPRIMERIE A. RAYMOND

ON TROUVE A LA MÊME LIBRAIRIE

OUVRAGES DU R. P. GRATRY
DE L'ACADÉMIE FRANÇAISE

Etude sur la Sophistique. 1 vol. in-8.	5 fr. »
De la Connaissance de Dieu. 2 vol. in-12.	8 fr. »
De la Connaissance de l'Ame. 2 vol. in-12.	7 fr. 50
Les Sophistes et la Critique. 1 vol. in-8.	6 fr. »
Lettres sur la Religion. 1 vol. in-8.	6 fr. »
— *Le même*, 1 vol. in-12.	3 fr. »
Les Sources. Nouvelle édition. 1 vol. in-18.	2 fr. 50
La Philosophie du Credo. 1 vol. in-18.	5 fr. »
Petit Manuel de Critique. 1 vol. in-18.	1 fr. 50
Souvenir de ma Jeunesse. Œuvres posthumes. l'enfance, le collège, l'école polytechnique, Strasbourg et le sacerdoce. 1 vol. in-18.	3 fr. »
Méditations Inédites. Œuvres posthumes. 1 vol. in-18.	3 fr. »
Crise de la Foi, trois conférences philosophiques de Saint-Etienne-du-Mont, 1863. 1 vol. in-18.	1 fr. 50
La Morale et la Loi de l'Histoire. 2 vol. in-8.	12 fr. »
La Morale et la Loi de l'Histoire. 2 vol. in-12.	7 fr. 50
Commentaire sur l'Evangile selon saint Matthieu, 2 vol. in-8.	8 fr. »
Henri Perreyve, nouvelle édition, précédée d'une préface par S. Em. le Cardinal PERRAUD, évêque d'Autun, membre de l'Académie française. In-12.	3 fr. »
Mois de Marie de l'Immaculée-Conception. Nouvelle édition. 1 vol. in-18. Prix :	2 fr. 50
La Logique. 2 vol. in-8.	12 fr. »
Une Etude sur la Sophistique contemporaine. 1 vol. in-8.	5 fr. »

OUVRAGES DE L'ABBÉ HENRI PERREYVE

CHANOINE HONORAIRE D'ORLÉANS
PROFESSEUR A LA SORBONNE

Lettres du R. P. Lacordaire à des jeunes gens, recueillies et publiées par l'Abbé H. PERREYVE, augmentées de lettres inédites et des approbations de NN. SS. les archevêques. 1 vol. in-12, 11ᵉ édition. — 4 fr. »

La Journée des Malades. Réflexions et prières pour le temps de la maladie, avec une introduction par le R. P. PÉTÉTOT, supérieur de l'Oratoire de l'Immaculée-Conception. 1 vol. in-12, 8ᵉ édit. revue et augmentée. — 3 fr. 50

Biographies et Panégyriques. *Biographies :* Le R. P. Lacordaire. — Herman de Jouffroy. — Rosa Ferrucci. — Mgr Baudry. — *Panégyriques :* Saint-Thomas d'Aquin. — Saint Louis. — Sainte Clotilde. — Jeanne d'Arc. 1 beau vol. in-12, 2ᵉ édition. — 3 fr. 50

Lettres de l'Abbé Henri Perreyve (1850-1865). 6ᵉ édition, augmentée de plusieurs lettres, avec une lettre de Mgr l'évêque d'Orléans et le portrait de l'abbé Perreyve, 1 vol. in-18 jésus. — 4 fr. »

Lettres de Henri Perreyve à un ami d'enfance (1847-1865). 1 vol. in-12, 6ᵉ édition. — 4 fr. »

Méditations sur le Chemin de la Croix, 11ᵉ édition, 1 vol. in-18. — 1 fr. 50

Pensées choisies, extraites de ses œuvres et précédées d'une introduction par S. Em. le cardinal PERRAUD, de l'Académie française. In-18. — 1 fr. 50

Etudes historiques (Œuvres posthumes). Leçons et fragments du cours d'histoire ecclésiastique. 1 vol. in-18. 4 fr. »

Sermons. Sermons inédits. — Une station à la Sorbonne. 1 vol. in-12. — 4 fr. »

Souvenir de Première Communion. In-24 allongé. 1 fr.. »

Méditations sur quelques versets de l'Evangile de saint Jean. In-24 allongé. — 1 fr. »

Méditations sur les saints ordres. (Œuvres posthumes). — 3 fr. 50

OUVRAGES DU MÊME AUTEUR

Jeanne d'Arc. Tours, Alfred Mame et fils. Éditions diverses.

Gerbert et le changement de dynastie. Paris, Victor Palmé, 1870, in-8.

Le Drapeau de la France. Paris, Victor Palmé, 1873, in-12.

Les Prophètes du Christ, études sur les origines du théâtre au moyen-âge. Paris, Didier, 1878, in-8.

Le Drame chrétien au moyen-âge. Paris, Didier, 1878, in-12.

Les Préliminaires de la Révolution. Paris, Retaux-Bray, 1890, in-18 jésus.

La Chute de l'ancienne France. — Les Débuts de la Révolution. Paris, Victor Retaux, 1892, in-18 jésus.

Napoléon, son caractère, son génie, son rôle historique. Paris, Perrin, 1894, in-12.

La Chute de l'ancienne France. — La Fédération. Paris, Victor Retaux, 1895, in-18 jésus.

En Congé. — Promenades et séjours. Paris, Téqui, 1895, in-12.

Les Maîtres de la période classique. Tours, Alfred Mame et fils, 1895, gr. in-8.

Saint Louis, dans la collection « Les Saints ». Paris, Victor Lecoffre, 1896, in-12.

SOUS PRESSE

Voyages de corps et d'esprit.

EN PRÉPARATION

La Chute de l'ancienne France. — La Fuite du Roi. La Constitution.

Les Origines du théâtre moderne. Revue et augmentée.

www.ingramcontent.com/pod-product-compliance
Lightning Source LLC
Chambersburg PA
CBHW070923230426
43666CB00011B/2282